Acadêmicos

versus

Pirrônicos

Acadêmicos *versus* Pirrônicos

Roberto Bolzani Filho

alameda

Copyright © 2013 Roberto Bolzani Filho

Grafia atualizada segundo o Acordo Ortográfico da Língua Portuguesa de 1990, que entrou em vigor no Brasil em 2009.

Publishers: Joana Monteleone/ Haroldo Ceravolo Sereza/ Roberto Cosso
Edição: Joana Monteleone
Editor assistente: Vitor Rodrigo Donofrio Arruda
Projeto gráfico, capa e diagramação: Rogério Cantelli
Revisão: Agnaldo Alves
Assistente de produção: Gabriela Cavallari
Imagens da capa: Disponível no site: <sxc.hu>

CIP-BRASIL. CATALOGAÇÃO-NA-FONTE
SINDICATO NACIONAL DOS EDITORES DE LIVROS, RJ

B678a

BOLZANI FILHO, Roberto
ACADÊMICOS VERSUS PIRRÔNICOS
Roberto Bolzani Filho
São Paulo: Alameda, 2013
262p.

Inclui bibliografia
ISBN: 978-85-7939-166-8

1. Filosofia moderna. 2. Ceticismo. I. Título.

12-7663	CDD: 190	
	CDU: 1(4/9)	
		040042

ALAMEDA CASA EDITORIAL
Rua Conselheiro Ramalho, 694 – Bela Vista
CEP 01325-000 – São Paulo – SP
Tel. (11) 3012-2400
www.alamedaeditorial.com.br

Sumário

Introdução — 7

Capítulo 1 - O surgimento do ceticismo na Academia: Arcesilau — 25
1. As bases do pirronismo: não apreensão e suspensão de juízo — 27
2. A posição filosófica crítica de Arcesilau — 35
3. Arcesilau e o problema da ação: o εὔλογον — 97

Capítulo 2 - A crítica acadêmica ao estoicismo — 119
4. A teoria estoica da representação e da apreensão — 121
5. A argumentação pela não-apreensibilidade — 137

Capítulo 3 - Carnéades e o "probabilismo" — 167
6. *Acad. II, 99-111* — 173
7. *AM VII, 159-89* — 197
8. *Eúlogon, Pithanón, Phainómenon* — 223

Conclusão — 241

Bibliografia — 255

Introdução

Este trabalho aborda um tema que vem recebendo crescente atenção dos historiadores contemporâneos do ceticismo antigo: o tema das diferenças e semelhanças entre as duas tradicionais correntes céticas, denominadas acadêmica e pirrônica. Tema cuja pertinência e relevância se impõem, sem necessidade de maiores justificativas, simplesmente em virtude de sua origem: trata-se, na verdade, de questão clássica, de uma "antiga questão", uma *vetus quaestio*, que nos chega formulada por Aulo Gélio, em suas *Noites Áticas*, nos seguintes termos:

> "É uma antiga questão, considerada por muitos escritores gregos, em que e quanto diferem filósofos pirrônicos e acadêmicos. Pois ambos são ditos céticos, suspensivos, aporéticos, visto que ambos nada afirmam e julgam que nada se apreende".[1]

O assunto, até onde se sabe, foi objeto de tratamento por um dos principais céticos pirrônicos, Enesidemo, que, no primeiro livro de seus *Escritos Pirrônicos*, provavelmente pela vez primeira introduz, segundo o testemunho de Fócio, a diferença entre pirrônicos e acadêmicos (διαφορὸν τῶν τε Πυρρωνίων καὶ τῶν Ἀκαδημαικῶν εἰ

---

1 *Vetus autem quaestio et a multis scriptoribus Graecis tractata, an quid et quantum Pyrronios et Academicos philosophos intersit. Utrique enim* σκεπτικοί, ἐφεκτικοί, ἀπορητικοί *dicuntur, quoniam utrique nihil adfirmant, nihilque comprehendi putant* (XI, 5, 6). *Apud* F. Decleva Caizzi, "Pirroniani ed Accademici nel III secolo A.C.", *in Aspects de la Philosophie Hellénistique*, Foundation Hardt, Genebra, 1985, p. 147.

σάγων).² Sabe-se também, com base no catálogo de Lâmprias, que mais tarde Plutarco retoma o tema, escrevendo um tratado intitulado "Sobre a diferença dos pirrônicos e dos acadêmicos".³ E Sexto Empírico, outro cético pirrônico, posterior a Enesidemo, registra, como veremos, já no início de sua *Hipotiposes Pirronianas*, mas também num outro capítulo do primeiro livro desse tratado, algumas diferenças e críticas que deve ter tomado de empréstimo a seu antecessor. É bem provável, entretanto, que outros tenham-se pronunciado sobre o problema, algo que a precariedade de documentos a nós disponíveis jamais permitirá saber com certeza.

Mas a escassez de informações nas fontes doxográficas conhecidas não é tanta que pudesse lançar dúvida sobre a importância e a consistência de nossa questão. Pois os textos mesmos das fontes principais e mais remotas que nos restaram, referentes às duas correntes, em certos momentos, entram, como veremos, em rota de colisão, apresentando-nos, cada uma delas, um perfil filosófico de sua concorrente que nem sempre, até raramente, se harmoniza com aquilo que essa mesma concorrente diz professar. Assim, o chamado ceticismo grego, desenvolvendo-se quase que paralelamente por essas duas vias, propondo um modo de pensar que se pretende substancialmente original em relação a todas as filosofias anteriores, portador de uma nova atitude filosófica que significaria, a bem dizer, a denúncia do quanto nelas há de dogmático, precipitado e autoritário, logo se verá vítima de uma controvérsia, uma espécie de conflito interno que decerto um cético gostaria de poder afirmar típico e exclusivo de seus adversários dogmáticos.

---

2 Cf. Fócio, *Biblioteca*, 169b 36-7; utilizamos aqui a edição "Les Belles Lettres", trad. René Henry, tomo III, Paris, 1962.

3 Cf. G. Striker, "On the difference between the Pyrrhonists and the Academics", *Essays on Hellenistic Epistemology and Ethics*, Cambridge, 1996, p. 135, n. 1.

Tentemos, então, sucintamente descrever esse conflito e apresentar as dificuldades envolvidas para sua tentativa de solução. O "ceticismo pirrônico" recebe esta denominação por pretender-se uma retomada das ideias de Pirro de Élis, que viveu no século IV a.C. Dentre os poucos pensadores céticos pirrônicos de que temos notícia, destacam-se Timão de Flionte, discípulo direto de Pirro, Enesidemo, Agripa e Sexto Empírico, este, ao que parece, já no segundo ou terceiro século d.C. Quase tudo o que sabemos do ceticismo pirrônico está contido em suas *Hipotiposes Pirronianas* (HP), que, em três livros, expõem as características distintivas da filosofia pirrônica (livro I) e numerosos argumentos dirigidos contra a lógica, a física e a ética dogmáticas em geral (livros II e III); e também nos onze livros denominados *Contra os Matemáticos* (*Adversus Mathematicos*) (AM), onde se encontra o mesmo material dos dois últimos livros das *Hipotiposes*, acrescido de outros argumentos e também de críticas novas às várias ciências e técnicas dogmáticas.[4] Num dos primeiros capítulos do primeiro livro das *Hipotiposes*, explica-se, um tanto laconicamente, por que se utiliza a denominação "pirrônico": foi Pirro o primeiro a assumir de modo notável a postura cética (HP I, 7), o que o torna uma espécie de patrono dessa atitude filosófica que esse primeiro livro de Sexto vai descrever.

Ocorre, contudo, que Pirro nada escreveu, o que torna inevitavelmente hipotética e até certo ponto discutível toda tentativa de traçar as linhas que delineiam seu perfil filosófico, disso não se excluindo a empresa dos pirrônicos posteriores de nele ver o ponto de partida de sua filosofia. Isso porque as informações extraídas a seu respeito das diferentes fontes, se reunidas e comparadas, parecem não produzir,

---

4 Utilizaremos aqui, para todos os textos de Sexto Empírico, as edições a cargo de R. G. Bury, na coleção Loeb (ver *Bibliografia*). As passagens serão sempre citadas segundo as abreviações mencionadas.

aos olhos do historiador, mais do que uma involuntária e pouco nítida caricatura.

A respeito de fontes explicitamente encomiásticas, como Enesidemo (nunca diretamente, sempre referido nas outras fontes) e Sexto Empírico, mas também de fontes que se podem considerar neutras, como Diógenes Laércio (no nono livro de suas *Vidas dos Filósofos Ilustres*, 61-108) e o peripatético Aristoclés (cuja descrição da filosofia de Pirro se encontra na *Preparatio Evangelica* de Eusébio de Cesareia [XIV, 18]), pode-se constatar que se utilizam, para falar do filósofo, de uma série de conceitos que, muito provavelmente, provêm dos pirrônicos posteriores, como o próprio Enesidemo, comprometidos com o projeto de caracterizá-lo como iniciador do autêntico ceticismo. Com exceção dos fragmentos laudatórios de Timão, é bastante provável que os textos acima mencionados apresentem essa dificuldade, que, para o conhecimento sobre Pirro, se torna uma limitação. Uma análise histórica mais aprofundada mostra que, quando se atribui a Pirro, como neles se pode constatar, ideias como as de suspensão de juízo, não-apreensibilidade e investigação da verdade, é grande o risco do anacronismo.[5] Acresce que tal sofisticação terminológica e conceitual, típica, por exemplo, do primeiro livro das *Hipotiposes*, não condiz com o propalado desinteresse de Pirro pela *theoría* pura e simples.[6]

---

5   Caizzi, *art. cit.*: "em nenhuma das fontes antigas sobre Pirro aparece o tema da investigação da verdade" (p. 150). Sobre a não-apreensibilidade (*akatalepsía*) e a suspensão de juízo, comenta L. Robin, *Pyrrhon et le Scepticisme Grec*, PUF, 1944, p. 15; "A primeira não tem sentido, senão em oposição à famosa 'representação apreensiva', *catalepsis*, dos estoicos, que a Academia combatia. Quanto à segunda, de modo nenhum tem, na época de Pirro, a significação que recebeu mais tarde, em correlação com a *acatalepsia*".

6   Tais dificuldades não têm impedido, por outro lado, análises do fragmento de Aristoclés das quais Pirro emerge como um cético incontestável, como legítimo precursor, em teoria, daqueles que se dirão seus seguidores. É o caso, por exemplo, de C. Stough, *Greek Skepticism*, Univ. of California Press,

Evidentemente, não temos aí uma "má leitura": temos aí uma leitura filosófica, que está em busca de seus primórdios e, para tanto, como acontece com toda e qualquer filosofia, tem de erigi-los. Pirro, por sua postura em face das coisas, aparece como um bom candidato a patrono da nova filosofia. Não custa lembrar que, quando Sexto Empírico explica a denominação "pirrônico", o faz recorrendo a uma *comparação*: em relação aos seus antecessores, Pirro "parece-nos ter-se dedicado *mais concretamente e mais claramente* (σωματικώ τερον καὶ ἐπιφανέστερον) ao ceticismo do que seus antecessores τῶν πρὸ αὐτοῦ" (HP I, 7). Pois, para o cético, como informa Diógenes Laércio, nalguma medida o ceticismo já aparece em Homero, que nunca afirma nada dogmaticamente, e em vários outros depois dele: os Sete Sábios, Arquíloco, Eurípedes, bem como Demócrito, Xenófanes, Zenão, Empédocles e Heráclito, que já apresentam também afirmações críticas a respeito de nosso conhecimento das coisas (*Vidas* IX, 71-3).[7] Ao mesmo tempo, os pirrônicos logo perceberão que tal olhar retrospectivo não deverá permitir que aspectos semelhantes escondam diferenças nucleares, o que, mais tarde, fará com que o primeiro livro das *Hipotiposes* trate de exibir cuidadosamente as diferenças entre o pirronismo e as filosofias que a ele "se avizinham", inclusive os acadêmicos (HP I, 210-41). É nesse contexto de uma busca retrospectiva das origens do ceticismo que se termina por conceder a Pirro o privilégio da paternidade: nele se enxerga a figura

---

1969. Registre-se, contudo, que seu capítulo sobre Pirro parece deliberadamente passar ao largo das dificuldades históricas, pretendendo-se mesmo apenas uma introdução aos capítulos seguintes: "este capítulo, portanto, onde as ideias originárias do ceticismo grego são localizadas nos fragmentos e brevemente exploradas em sua implicações, constitui-se principalmente, de acordo com a advertência acima, num prefácio à discussão de doutrinas céticas que se encontram nos capítulos seguintes" (p. 16).

7 Utiliza-se aqui, para as *Vidas* de Diógenes Laércio, a edição Loeb, trad. R. D. Hicks, Harvard, 1995.

cuja história parece comportar uma assimilação mais ampla, uma, por assim dizer, apropriação.⁸

No entanto, as fontes acima mencionadas, quer as positivas, quer as que aparentemente nelas se baseiam, não são as únicas. Existe também um outro Pirro, substancialmente diferente desse que acabamos de conhecer, e que dificilmente poderia ser visto como um cético. Não por acaso, ele se encontra em alguns textos filosóficos de Cícero, que apresentam esse filósofo como defensor de uma doutrina da "indiferença" em relação a tudo, doutrina que, segundo Cícero, nem sequer merece ser comentada (cf. *de Finibus* II, 35 e 43; *de Officiis* I, 6), pois resultaria de uma rígida concepção de virtude que suprime toda e qualquer inclinação, inviabilizando a ação (*de Finibus* IV, 43).⁹ Note-se que agora estamos em face de um moralista radical, que dificilmente poderia passar por um cético. E se considerarmos o testemunho ciceroniano como documento mais autorizado, a reivindicação pelos pirrônicos posteriores do pensamento de Pirro só poderá, parece-nos, ser interpretada como uma deturpação do verdadeiro sentido e intenção de sua posição.¹⁰

Entretanto, também aqui há motivo para cautela: se, por um lado, os testemunhos "céticos" sobre Pirro parecem culpados de excesso e até de anacronismo, projetando-se num passado a que é

---

8   Leituras sobre Pirro puderam vê-lo ainda como alguém que não se pronuncia sobre a existência das coisas e sobre a ideia mesma de "coisa", de modo, inclusive, não muito compatível com o pirronismo posterior. Cf. R. Bett, "Aristocles on Timon on Pyrrho: the text, its logic and its credibility", *Oxford Studies in Ancient Philosophy*, vol. XIII, 1994; pp. 163, 168-9, 170-1, 181.

9   Esses dois textos são citados a partir das edições "Les Belles Lettres" (cf. *Bibliografia*).

10 É a interpretação a que se inclina V. Brochard, *Les Sceptiques Grecs*, Vrin, 1969: "se conhecêssemos Pirro apenas pelas passagens bastante numerosas em que Cícero dele fala, jamais suspeitaríamos que tivesse sido um cético" (p. 59); "preservando a letra de sua doutrina, eles (os pirrônicos posteriores) alteraram seu espírito" (p. 75).

preciso necessariamente retornar em busca de uma certidão de nascença perdida, no caso de Cícero, por outro lado, seu juízo tão crítico e mesmo dogmatizante explicar-se-á talvez pelo fato de que sua obra filosófica, os diálogos que escreveu nos anos finais de sua vida, entre os quais os *Acadêmicos* (*Academica*), apresentam, também eles, uma defesa, uma reivindicação filosófica, que consiste em atribuir aos acadêmicos, à chamada "nova Academia", uma posição filosófica que, embora não se expresse pela denominação de "cética", apresenta características que permitem que concorra com o pirronismo pelo título de genuína expressão do ceticismo.

Assim, as informações disponíveis sobre Pirro, no que têm de díspares e talvez até contraditórias, exibem paradigmaticamente a disputa filosófica que as fundamenta e que está na origem de nossa questão. A respeito delas e das dificuldades que as envolvem, cabe retomar a expressão de L. Robin, para diagnosticar que estamos, na verdade, diante de "dois efeitos contrários de uma única causa".[11]

De fato, parece que foi na Academia fundada por Platão que, em algum momento do terceiro século a.C., pela primeira vez se desenvolveu uma filosofia cujas características e conceitos nucleares permitissem considerá-la *stricto sensu* cética. Uma tal filosofia, como vimos, dificilmente terá sido elaborada por um Pirro que era muito mais preocupado com "ações" (*érga*) do que com "discursos" (*lógoi*) (D. Laércio IX, 66). Enquanto isso, a já tradicional escola criada por

---

11 "De um lado, os filósofos da nova Academia reivindicaram a dúvida filosófica como a característica original de sua restauração do platonismo; por conseguinte, *puderam* ser naturalmente levados a obscurecer o aspecto teórico da posição de Pirro e, inversamente, a aclarar vivamente seu aspecto moral. Mas, de outro lado, os céticos que vieram após a nova Academia *puderam* ceder inconscientemente a uma tendência contrária: protestando contra a pretensão da nova Academia, eles *puderam* ser levados a enriquecer o que havia, no ancestral, de real ceticismo, de toda a argumentação que depois dele a escola havia sistematicamente acumulado e sistematizado. Estaríamos, portanto, em presença de dois efeitos contrários de uma causa única" (*op. cit.*, p. 12).

Platão inicia uma fase em que se verá dominada por um modo de pensar um tanto diferente, mas que seus defensores pretendem ser a mais fiel e legítima retomada do espírito que animava o platonismo. Segundo a mais antiga e autorizada fonte que possuímos a respeito do chamado ceticismo acadêmico, os *Academica* de Cícero, o iniciador dessa nova posição filosófica foi o escolarca Arcesilau de Pitane (c. 315 – 241 a.C.), que, segundo Diógenes Laércio, conheceu Pirro (cf. IV, 33). Ele teria sido o primeiro cético, o fundador desse modo de pensar que se manteria hegemônico na Academia pelo menos até o século I a.C., à época de Cícero, que escreve seus *Academica* já após uma transformação significativa, devida a Antíoco de Ascalão (c. 120 – 67 a.C.), em favor de uma espécie de ecletismo de inspiração estoica. Nesse entretempo de dois séculos, a doutrina da nova Academia conheceu refinamentos e modificações empreendidas por escolarcas sucessores de Arcesilau, a começar por Carnéades de Cirene (c. 213 – 129 a.C.), que provavelmente retomou a filosofia do precursor e deu-lhe formulação mais bem acabada; em seguida, seu discípulo Clitômaco de Cartago (c. 187 – 110 a.C.), importante sobretudo por compilar e registrar o enorme arsenal de argumentos do mestre e sua discutida doutrina do "probabilismo"; e Filo de Larissa (c. 140 – 80 a.C.), mestre de Cícero, que teria dado à doutrina de Carnéades uma interpretação que teria alterado e enfraquecido seus princípios céticos, bem como motivado a polêmica com Antíoco e a consequente ruptura.

O juízo "dogmático" de Cícero a respeito de Pirro pode, assim, ter-se originado da necessidade de desqualificar a tentativa, já em curso, de interpretar os principais conceitos e temas desenvolvidos por esses filósofos acadêmicos, para lhes conferir essa nova procedência, de sorte a encontrá-los, ao menos em gérmen, no filósofo de Élis.

Interessa-nos aqui, justamente, compreender o que terá motivado tal tentativa, pois, a julgar pelos poucos documentos existentes, ela está intimamente ligada às vicissitudes por que passava então a doutrina da Academia. Segundo Fócio, Enesidemo dedicou seus *Escritos Pirrônicos* a um certo romano, de reputação ilustre e participação política, chamado Tibero, "um companheiro da Academia" (*Bibl.* 196b, 32-4). Isso permite inferir que Enesidemo, antes de se professar um pirrônico, fora membro da Academia, o que dá à sua subsequente crítica aos acadêmicos o estatuto de declaração de um rompimento, de um afastamento, em favor de uma nova posição, que o texto de Fócio apresentará somente após ter relatado as diferenças que o filósofo julga existir entre pirrônicos e acadêmicos, diferenças que o ocupavam, como vimos, em seu primeiro livro, como se a nova direção a ser seguida devesse ser antecedida por esse ajuste de contas com a filiação agora abandonada. Pode-se então concluir que o pirronismo é fruto de uma dissidência que se origina do descontentamento de Enesidemo com o estado em que se encontrava então a filosofia desenvolvida na Academia.

Ora, a julgar mais uma vez pelo que informa Fócio, o que deve ter movido Enesidemo a afastar-se da Academia foi a intenção de preservar, de, por assim dizer, salvar o núcleo originário de uma filosofia que, com o passar do tempo, se viu modificada substancialmente, com consequências inaceitáveis para um cético. Os termos em que Fócio expressa o diagnóstico de Enesidemo sobre o estado de coisas na Academia não deixa dúvidas sobre isso: "Os membros da Academia, diz ele, sobretudo os de agora (μάλιστα τῆς νῦν), às vezes concordam com opiniões estoicas e, para dizer a verdade, mostram-se como estoicos combatendo estoicos (Στωικοὶ φαίνονται μαχόμενοι Στωικοῖς)" (*Bibl.*, 170a 14-17). Aos olhos de um Enesidemo, dizer de um filósofo da Academia, a partir de Arcesilau, que é estoico, identificando-o com seu principal contendor, é dizer que não mais é um filósofo da Academia – ou, então, que a Academia já não é mais a mesma, sendo preciso, assim, abandoná-la. E certamente são os membros da Academia contemporâneos de Enesidemo, os "de agora", os principais responsáveis por essas mudanças. Embora não seja possível afirmar categoricamente o período em que viveu Enesidemo, considera-se geralmente que sua crítica tem em mira o afrouxamento de princípios por que terá passado a antiga doutrina nas mãos de Filo de Larissa, de quem Cícero foi ouvinte, e a consequente polêmica com Antíoco de Ascalão, responsável pela introdução de teses estoicas na Academia.[12]

Assim, pode-se entender melhor em que sentido as alusões recíprocas entre as duas correntes se fazem sobre o pano de fundo de uma disputa: de um lado, a pesada descrição de Pirro que se encontra em Cícero estará talvez mirando a alternativa dissidente de Enesidemo para a restauração dos elementos fundamentais do ceticismo, algo que ameaça uma das principais pretensões dos acadêmicos: localizá-los em Sócrates e Platão; de outro lado, algumas das críticas que então os pirrônicos, de Enesidemo a Sexto Empírico, passarão a fazer aos acadêmicos, tomando-os às vezes em bloco, seriam também devidas à necessidade de robustecer a autenticidade da nova filiação, assim afastando o ceticismo da contaminação com o dogmatismo produzida, na Academia, por excessivas concessões ao estoicismo.[13]

---

12 Cf. D. Sedley, "The Protagonists", *Doubt and Dogmatism*, Oxford, 1980, p. 16. G. Striker, "On the difference between the Pyrrhonists and the Academics", pp. 135-6.

13 Os motivos que tornam necessário considerar cautelosa e criticamente as recíprocas alusões também são bem expressos por P. Couissin: "os testemunhos não têm nada de desinteressado: a maior parte pertence a uma das duas escolas, cuja rivalidade, bastante áspera desde os tempos de Tímão e Arcesilau, havia sobrevivido, após quatro séculos e meio, aos eclipses, duradouros ou momentâneos, de ambas. Os filósofos da nova Academia contentam-se com ignorar desdenhosamente o ceticismo de Pirro. Os pirrônicos, mais agressivos, censuram aos acadêmicos, ora, com Tímão, serem plagiadores de Pirro, ora, ao contrário, com Enesidemo, serem no fundo dogmáticos: dogmáticos envergonhados e dissimulados, ou dogmáticos negativos e inconscientes. Falando claramente, dispomos apenas de testemunhos parciais

De tudo isso pode-se extrair uma conclusão muito importante para a compreensão da pertinência de nossa questão: por um motivo ou por outro, parece que ambas as correntes viram-se levadas a procurar, encontrar e afirmar diferenças profundas e incompatíveis ali onde, em certos casos, haveria talvez apenas variações em torno de um mesmo tema. Há, assim, espaço para uma linha de interpretação que recomenda observar com prudência as diferenças de conteúdo alegadas pelas duas correntes, de modo a tornar plausível a dúvida sobre tais diferenças e indagar: em que medida, em que sentido e em que momentos diferem realmente acadêmicos e pirrônicos? Quando já Aulo Gélio descreve nosso tema como uma *vetus quaestio*, percebe-se, assim, que ele tem boas razões para isso, pois os antigos devem ter notado aquilo de que os atuais leitores vêm suspeitando com frequência crescente: se existem realmente diferenças importantes, há também semelhanças relevantes, que seriam tão ou mais significativas do que as diferenças, às vezes até fundamentais. Aquilo que as duas correntes, no calor da disputa, provavelmente não poderiam admitir, é hoje mais visível aos estudiosos do ceticismo grego, que se sentem autorizados a diagnosticar, por exemplo, que "a contraposição entre ceticismo acadêmico e ceticismo pirrônico não é tão radical como poderia parecer à primeira vista".[14]

Eis aí o prisma pelo qual se buscará aqui observar e avaliar as críticas que se encontram nos pirrônicos a propósito dos acadêmicos. Como dissemos, devem ter sido formuladas inicialmente por Enesidemo, sendo mais tarde retomadas e desenvolvidas, reaparecendo em Sexto Empírico. Segundo Fócio, para Enesidemo, "os acadêmicos são dogmáticos (δογματικοί) e algumas coisas dizem de modo convicto e outra negam sem ambiguidade. Mas os pirrônicos

---

e de fidelidade contestável" ("L'Origine et l'Évolution de l' ΕΠΟΚΗΕ", *Revue des Études Grecques*, 42, 1929, p. 374).

14 Cf. Caizzi, *art. cit.*, p. 148.

são aporéticos (ἀπορητικοί) e livres de todo dogma (δόγματος), e nenhum deles disse absolutamente que todas as coisas são não-apreensíveis, ou que são apreensíveis" (*Bibl.*, 196b 38 – 170a 1). Será essa a acusação principal do pirrônico ao acadêmico: dogmaticamente afirmar que as coisas não são objeto de apreensão. Acusação que é reiterada por Sexto Empírico já no primeiro capítulo das *Hipotiposes* e dirigida a "Carnéades, Clitômaco e outros acadêmicos" (HP I, 3; cf. também 226). Além dessa crítica, existem outras. Como veremos, Sexto Empírico alude também a um possível platonismo de Arcesilau, o que o tornaria um dogmático (HP I, 234), e afirma que os acadêmicos, diferentemente dos pirrônicos, dão preferência a certas representações, crendo que são "mais prováveis" do que outras, enquanto o pirrônico, seguindo os preceitos de uma posição cética, não o faz (HP I, 226). Daí, segundo Sexto, se estabelece um conceito de "probabilidade" que, para os "partidários de Carnéades", é "critério de verdade" (AM VII, 173).[15]

Este trabalho tentará avaliar o julgamento pirrônico a respeito dos acadêmicos, tal como se apresenta nas *Hipotiposes Pirronianas* de Sexto Empírico. Para tanto, tomará como objeto de análise as principais fontes disponíveis: Cícero, antes de todos, e sobretudo os *Academica*, mas também, eventualmente, passagens de seus outros escritos filosóficos; o próprio Sexto Empírico, quando, em alguns

---

15 Como se sabe, com a tradução para o latim das *Hipotiposes*, no século XVI, e a profunda influência da obra de Cícero a partir do Renascimento, a história dessa briga de família, particularmente as críticas pirrônicas, teve significativa repercussão filosófica, especialmente no período mais intenso de revivificação dos temas e dúvidas céticas nos séculos XVII e XVIII: quando não se endossou o veredicto pirrônico de que os acadêmicos eram dogmáticos, passou-se a ver o ceticismo acadêmico como uma espécie de variante moderada, matizada, do pirronismo. O caso mais notável de exploração filosófica dessa distinção é certamente o de Hume, que confere positividade a essa forma "mitigada" de ceticismo, transformando o pirronismo numa forma "excessiva" do mesmo.

momentos, descreve a doutrina dos acadêmicos, particularmente no primeiro livro *contra os Lógicos*; Plutarco, numa passagem importante de seu *contra Colotes*; e informações esparsas em Diógenes Laércio. Mas é sempre ao mencionado diálogo de Cícero que procuraremos retornar, como a uma instância de decisão que nos permitisse, mediante o cotejo com seu conteúdo, julgar as críticas pirrônicas. E esse procedimento nos parece autorizar a que se tirem duas conclusões gerais, que caberá à sequência deste trabalho fundamentar.

A primeira delas é que uma análise mais detida dos textos revela a presença, na origem do chamado ceticismo acadêmico com Arcesilau e em seu desdobramento com Carnéades, de uma espécie de núcleo duro de genuíno ceticismo. Se o ceticismo, em sua versão pirrônica, advoga como características que o distinguem a suspensão de juízo sobre todas as coisas e um critério de ação com ela compatível, parece-nos possível mostrar que é exatamente isso que encontramos nos textos a respeito desses dois filósofos, e que, paralelamente a sua extraordinária produção de argumentos contra as teses dogmáticas, todo o esforço de Carnéades e sua doutrina do "probabilismo" se concentra na tarefa de retomar, nos estritos e rigorosos limites impostos por uma noção de suspensão de juízo sustentada por Arcesilau, a resposta ao desafio de um critério não-dogmático de ação que o antecessor já propusera, para lhe dar formulação mais satisfatória e definitiva. Tratar-se-á aqui, portanto, de tentar refazer parte daquele trajeto de cerca de dois séculos, mas apenas em seu momento, digamos, filosoficamente mais consistente e rico, sem abordar o tema do sentido e da intenção das reformulações que teria feito Filo de Larissa, e que teriam ocasionado a dissensão de Enesidemo. Por que não dizer, parece-nos que, no fim de nosso trajeto, será possível constatar que a ruptura de Enesidemo com os acadêmicos foi, por curioso que possa parecer e até ironicamente, uma forma de restaurar o essencial da posição de Arcesilau e Carnéades, contra tais interpretações deturpadoras.

Isso não quer dizer que não existam diferenças relevantes entre o pirronismo de Enesidemo e Sexto Empírico, e a filosofia dos dois acadêmicos. Mas parece-nos que só se compreende bem seu sentido e, principalmente, seu alcance, se forem pensadas no interior de um leque mais amplo de semelhanças, pois estas se encontram, como dissemos, no coração das duas propostas, nos conceitos fundamentais que as regem. E as diferenças, em boa medida, parecem dizer respeito a distintas estratégias de argumentação, que se guiam, entretanto, pelo mesmo norte: a crítica ao dogmatismo e a defesa da suspensão de juízo.

O que nos leva a nossa segunda conclusão geral. Tais diferenças de estratégia, semelhantes variações no encaminhamento e tratamento crítico de temas fundamentais do dogmatismo, parecem-nos permitir detectar, nos acadêmicos, um modo peculiar, se comparado com o pirrônico, até mesmo singular, de enfocar o problema filosófico do conhecimento, modo esse que renderá frutos maduros quando for preciso apresentar uma proposta positiva, não-crítica, para um critério de ação. É quando, assim nos parece, será possível divisar com mais clareza a presença dessa característica, inicialmente explorada com intenções críticas, mas cuja face positiva logo teria sido descoberta e explorada. Em sentido nada secundário, esse enfoque, esse ponto de vista instaurado pelos acadêmico é, parece-nos, bastante próximo, ainda que não idêntico, àquilo que na filosofia moderna irá desempenhar papel de marca distintiva de sua própria modernidade, de divisor de águas, passando por ser, e com razão, o conceito inovador por excelência: a ideia de subjetividade. Apesar do quanto, decerto, há de surpreendente nessa afirmação, é convicção deste trabalho que o correto acompanhamento do modo como o ceticismo de Arcesilau e Carnéades se desenvolve nos textos dos *Academica* e outras fontes nos conduzirá a encontrar, no final do trajeto, algo que se aproxima em boa e importante medida de um conceito moderno de subjetividade. E que, apesar de aparentemente incompatíveis, ceticismo e subjetividade, no sentido em que esta pode ser pensada por um cético grego, não são entre si excludentes. Se assim for, poderemos terminar nosso itinerário ao menos apontando para um modo estimulante de pensar, ou repensar, o tema da continuidade e ruptura entre antigos e modernos.

Para isso, contudo, é preciso compreender como se origina e desdobra, desde Arcesilau, até Carnéades, o ceticismo da nova Academia.

Capítulo 1

O surgimento do ceticismo na Academia: Arcesilau

1. AS BASES DO PIRRONISMO: NÃO APREENSÃO E SUSPENSÃO DE JUÍZO

O célebre e sucinto primeiro capítulo das *Hipotiposes Pirronianas*, ao apresentar e distinguir os três tipos de filosofia segundo a visão pirrônica, já nos exibe a incompatibilidade que o pirronismo vê entre sua posição e a postura dos acadêmicos. Tradicionalmente, costuma-se caracterizar o ceticismo a partir de uma dicotomia na qual seu contrário denomina-se simplesmente "dogmatismo". Não há dúvida de que isso é correto, mas a tripartição que esse capítulo faz nos convida a considerar mais detidamente o caso dos acadêmicos, para localizá-los no interior dessa dicotomia. Para tanto, é necessário compreender minimamente os fundamentos do ceticismo pirrônico, não só para divisar com clareza os motivos da crítica, como também para, posteriormente, avaliar sua pertinência.

Na tipologia filosófica que esse primeiro capítulo faz, os "particularmente chamados dogmáticos" (οἱ ἰδίως καλούμενοι δογματικοί) – Aristóteles, Epicuro, estoicos e outros – afirmam ter descoberto a verdade (τὸ ἀληθές). Alguns – Clitômaco, Carnéades e outros – declaram que não pode ser apreendida (ἀπεφήναντο μὴ δυνατὸν εἶναι τοῦτο καταληφθῆναι), considerando não-apreensíveis as coisas (περὶ ἀκαταλήπτων ἀπεφήναντο) e reconhecendo sua não-apreensibilidade (ἀκαταληψίας ὁμολογίαν). Estes são os "acadêmicos" (Ἀκαδημαικοί). Enquanto isso, os céticos "ainda investigam" (ἔτι ζητοῦσιν), sustentando a "permanência da investigação" (ἐπιμονὴν ζητήσεως) (HP I, 1-3).

A posição cética, segundo o pirronismo, consiste, portanto, na recusa simultânea da afirmação da apreensibilidade *e* da não-apreensibilidade. O conceito que expressará essa posição será o de suspensão de juízo (ἐποχή), certamente a noção que opera como marca distintiva do ceticismo em relação a todo dogmatismo. É a esta noção, de fato, que o pirrônico frequentemente recorre, quando trata do tema da distinção entre o ceticismo e algumas filosofias que, embora à primeira vista pareçam a ele idênticas, apenas se lhe avizinham, revelando porém seu quinhão de dogmatismo (cf., por exemplo, HP I, 209, 215, 219, 232). E é quando analisa esse tema que, como veremos, o pirrônico faz suas críticas aos acadêmicos.

Permanecer na *zétesis* filosófica – considerar indecidida a questão da apreensão ou não-apreensão da verdade – significa justamente a abstenção de qualquer pronunciamento tético sobre o mundo e sobre os discursos que o dogmatismo filosoficamente desenvolve na tentativa de explicá-lo. Eis o que a suspensão cética de juízo propõe. Ela resulta de uma incapacidade: a de escolher ou optar por qualquer pretensa solução para problemas relativos à natureza mesma das coisas. A pretensão de possuir os meios para empreender semelhante escolha é justamente a característica nuclear do dogmatismo, que então acaba por fazer aquilo mesmo que o cético evita: pronunciar-se sobre "não-evidentes" (ἄδηλα) e a eles dar assentimento (cf. HP I, 197). O pirrônico não dá assentimento a não-evidentes (HP I, 13), o que não é o caso, por exemplo, de Heráclito, que afirma o fogo como elemento primordial e sustenta que na mesma coisa existem contrários (HP I, 210, 212); ou de Demócrito, que defende a existência de átomos e do vazio (HP I, 214), bem como de Protágoras e a fluidez da matéria (HP I, 220). Mas também dos cirenaicos, que teriam afirmado para as coisas uma natureza não-apreensível (φύσιν ἀκατάληπτον) (HP I, 215). A "não-evidência", aqui, como se pode ver, é limitação que acomete as teorias, os discursos (*lógoi*) que tentam fornecer a verdadeira descrição do mundo, a correta reprodução do modo como as coisas são. E a defesa da não-apreensibilidade, na medida em que, como ocorre com as filosofias positivas, envolve um pronunciamento sobre a natureza das coisas, consiste apenas numa forma mais peculiar e menos frequente de dogmatismo: um "dogmatismo negativo", que nem por isso consegue escapar da mesma crítica.

Exemplo paradigmático da especificidade da posição pirrônica em face dessas duas formas de dogmatismo são as considerações finais feitas a respeito da noção de critério de verdade, fundamental para o estabelecimento de qualquer dogmatismo e cuja irrealidade o cético acaba de defender: " É suficiente isto dizer, por agora, em esboço, também em relação ao critério 'de acordo com o qual' se dizia que as coisas são julgadas. Mas deve-se saber que não propomos afirmar que o critério de verdade é irreal (ἀνύπαρκτον) (pois isso é dogmático) (τοῦτο γὰρ δογματικόν); mas, visto que os dogmáticos parecem ter estabelecido de modo plausível que há um critério de verdade, opomos a eles argumentos que parecem ser plausíveis, não assegurando (διαβεβαιούμενοι) que são verdadeiros, ou mais plausíveis do que seus opostos, mas concluindo, em virtude da igual plausibilidade que aparece (διὰ τὴν φαινομένην ἴσην πιθανότητα) desses argumentos e daqueles propostos pelos dogmáticos, pela suspensão de juízo (τὴν ἐποχήν)" (HP II, 79). Afirmar que o critério de verdade é "irreal" constitui-se no meio para produzir uma situação de igualdade, no confronto com a argumentação tipicamente dogmática, positiva, em favor de sua realidade. E a antítese que o cético produz pode dizer-se também nos termos da não-apreensibilidade, como ocorre, por exemplo, quando se examinam os sentidos como um possível critério de verdade: "portanto, será indecidível e não-apreensível (ἀ νεπίκριτον καὶ ἀκατάληπτον) se os sentidos têm afecções vazias ou apreendem algo" (HP II, 50). Aqui, o fato de a investigação mostrar que não se pode apreender nada sobre o poder apreensivo dos sentidos, além de deixar claro que a *zétesis* cética alcança até mesmo nossa eventual capacidade cognitiva, os instrumentos mesmos do conhecimento possível, mostra também que a situação de impasse a respeito do tema pode, para o cético, ser expressa também em termos de ausência de apreensão. Não é por outro motivo que se julga no direito de adotar, como uma das expressões (φωναί) que comunicam sua posição própria, a frase "todas as coisas são não-apreensíveis" (πάντα ἐστὶν ἀκατάληπτα): trata-se de fazer referência ao estado em que se encontra, até agora, ao investigar as questões dogmáticas e não-evidentes; de modo que a frase não é "de alguém que assegura (διαβεβαιουμένου), sobre a natureza das coisas investigadas pelos dogmáticos, ser ela tal que essas coisas sejam não-apreensíveis, mas de alguém que comunica sua própria impressão (τὸ ἑαυτοῦ πάθος), segundo a qual diz: 'concebo que até agora (ἄχρι νῦν) nenhuma dessas coisas apreendi, em virtude da igual força persuasiva dos opostos (διὰ τὴν τῶν ἀντικειμένων ἰσοσθένειαν)'" (HP I, 200).

Para compreender como exatamente se relacionam as noções de suspensão de juízo e não-apreensibilidade no pirronismo, faz-se necessário retraçar a gênese do cético, tal como exposta nas *Hipotiposes*. Aquelas considerações finais sobre o conceito de critério de verdade mostram-nos aspectos fundamentais do sentido do pirronismo, pois nelas estão presentes etapas importantes do itinerário que o filósofo cético percorreu e, de algum modo, prossegue ainda percorrendo. Essas linhas sugerem que a permanência da investigação, que no primeiro capítulo se dizia a respeito da verdade, se exercita agora como uma análise crítica do dogmatismo e de suas construções conceituais e discursivas. Não poucas passagens dos textos mostram que a busca da verdade passa a dar-se na investigação mesma das filosofias dogmáticas.[1] Não é fácil, a nosso ver, compreender como

---

1   Entre as passagens que poderiam aqui ser lembradas, registre-se sobretudo o primeiro capítulo do segundo livro das *Hipotiposes Pirronianas*, que se

seriam realmente conciliáveis estes dois alvos que a *zétesis* cética busca atingir. De qualquer modo, pode-se dizer, a partir de passagens de especial importância do início das *Hipotiposes*, que o cético, instado de início – como qualquer filósofo dogmático – à procura da verdade, passará a ver tal busca, nalguma medida, à luz da necessidade de uma análise crítica do dogmatismo. Esse novo enfoque se deverá, numa palavra, à *epokhé*, que fará o cético repensar o sentido mesmo de seu filosofar.

De fato, o princípio (ἀρχή) do pirronismo é a busca da tranquilidade, da supressão da perturbação (ἀταραξία), perturbação que se produz no filósofo, quando este depara com os mistérios e obscuridades que o mundo nos exibe (cf. HP I, 12). De início convencido – como todo filósofo dogmático – de que tal perturbação será suprimida pela descoberta da verdade, este filósofo, que ainda não é cético, se vê em face de uma discordância (διαφωνία), que emerge da consideração dos vários discursos que visam a comentar e explicar as coisas, discordância que não consegue dissolver, pois tais discursos revelam uma igual força (ἰσοσθένεια) de persuasão que os nivela a todos como candidatos ineficientes à condição de discurso verdadeiro. A constatação dessa incapacidade de resolver o conflito, de dar assentimento a uma doutrina em detrimento das outras todas, esse estado de equilíbrio (ἀρρεψία, HP I, 190) e repouso do intelecto (στάσις διανοίας, HP I, 10), no qual se encontra então, essa impressão ou afecção (πάθος, HP I, 7, 187, 190, 192, 198), nada mais são do que a *epokhé*. E é nessa situação de suspensão que, inesperadamente, o filósofo – agora cético – se descobre em *ataraxía* (cf. HP I, 29).

A meta de todo filosofar, agora, se obtém não mais com a posse da verdade – a partir daí problemática –, mas sim com a produção

---

pergunta "se o cético pode investigar sobre (ζητεῖν περί) as afirmações dos dogmáticos". Fala-se de uma investigação, ζήτησις, que tem por alvo os dogmáticos (πρὸς τοὺς δογματικούς).

sempre renovada desse estado intelectual que se impôs a uma análise acurada e isenta dos argumentos que os filósofos têm proposto para justificar suas doutrinas dogmáticas. Por isso, o pirronismo afirma possuir um outro princípio, que não é cronológico, mas programático: "opor a todo argumento um argumento igual" (HP I, 12, 202-5), tradução da prática filosófica de que se ocupará o cético a maior parte do tempo, da "investigação" que doravante fará. Eis por que a esmagadora maioria das páginas dos textos pirrônicos (parte do primeiro livro e todo o segundo e terceiro livros das *Hipotiposes*, bem como todos os onze livros *Contra os Matemáticos*) consiste na elaboração de argumentos críticos contra as pretensões otimistas do dogmatismo. Eis por que, também, esses argumentos serão, via de regra, *negativos*: produzidos para contrabalançar a força tética positiva da maior parte das filosofias dogmáticas, a eles cabe fornecer, com vistas à equipotência e consequente suspensão, a alternativa oposta, contrária ou simplesmente conflitante.

Quando o pirrônico nos explica o que é o ceticismo (HP I, 8 e segs.), mostra-nos, assim, que a suspensão de juízo *resulta* de uma "capacidade de oposição" (δύναμις ἀντιθετική) que leva à igual força persuasiva (ἰσοσθένεια). Daí se pode concluir que no pirronismo a argumentação negativa, frequentemente propondo, para produzir o equilíbrio de força persuasiva, a não-apreensibilidade, *não conflita* com a suspensão – muito ao contrário, *é o meio de sua obtenção*. E todos os argumentos antitéticos que o cético proporá serão, então, "escadas" que subirá e das quais se livrará assim que chegar ao local desejado: a assunção cética desses argumentos, não-dogmática, dura o tempo necessário para o estabelecimento da desejada posição (cf. AM VIII, 481).

No momento oportuno, veremos como o pirrônico entende legitimar conceitualmente esse emprego do discurso isento de assentimento dogmático. Por ora, interessa notar que a acusação feita aos acadêmicos de que sustentam a impossibilidade de apreensão e de conhecimento sugere que estes não compreendem seus argumentos negativos à maneira pirrônica, a saber, como modo de obtenção da suspensão de juízo. É o que o pirrônico pretende esclarecer, quando, no primeiro livro das *Hipotiposes*, tratando do tema das distinções em relação às outras filosofias, faz sua crítica ao rival acadêmico: "Os partidários da nova Academia, embora afirmem que tudo é não-apreensível, entretanto diferem dos céticos justamente, ao que parece, no afirmarem que tudo é não-apreensível (pois o asseguram (διαβεβαιοῦνται), enquanto o cético aceita ser possível que algo também seja apreendido (ἐνδέχεσθαι καὶ καταληφθῆναί τινα προσδοκᾷ))" (HP I, 226). Com base na descrição preparatória feita acima das características principais do pirronismo e do sentido que possui sua argumentação negativa, tentemos, à luz dos *Academica* de Cícero e outras fontes doxográficas, analisar a noção acadêmica de não-apreensibilidade e confrontá-la com a crítica pirrônica.

2. A POSIÇÃO FILOSÓFICA CRÍTICA
CRÍTICA DE ARCESILAU

Os *Academica* de Cícero, nossa principal fonte de informação sobre o ceticismo acadêmico, mostram-nos que, de fato, os acadêmicos argumentam em favor da não-apreensibilidade. Segundo Cícero, os acadêmicos "negamos que algo possa ser apreendido" (*aliquid...percipi posse negamus*) (*Acad.* II, 73). Que nada pode ser apreendido (*nihil posse percipi*) (II, 78), eis o que vários argumentos presentes no texto tratarão de mostrar. Para compreender o sentido e a intenção da defesa acadêmica da não-apreensibilidade, bem como sua relação com um possível conceito acadêmico de suspensão de juízo – para, enfim, considerar a pertinência da crítica pirrônica –, faz-se necessário remontar ao momento em que a tradicional Academia platônica teria tomado uma direção cética, tal como descrito nessa obra de Cícero.

Mas é preciso compreender também o contexto filosófico em que Cícero elabora esse escrito. Trata-se de uma defesa dessa direção – que em nenhum momento é denominada "cética" – contra uma outra, uma inflexão, que pretenderia propor, como correto desenvolvimento da antiga doutrina acadêmica de Sócrates, Platão e Aristóteles, justamente aquela filosofia que dominara o universo filosófico helenístico e que, com o tempo, se havia transformado no principal alvo da crítica cética, acadêmica ou pirrônica: o estoicismo. Todos os interlocutores de Cícero nas duas versões da obra são porta-vozes da posição defendida por Antíoco de Ascalão, para quem a escola fundada por Zenão de Cício corrige e às vezes modifica as filosofias predecessoras (cf. *Acad.* I, 35, 40). Uma análise detida da descrição que, em nome de Antíoco, faz-se no primeiro livro a respeito dessas filosofias (cf. *Acad*. I, 15-34) mostraria certamente que em alguns momentos tal descrição é já impregnada de estoicismo. Mas o que importa aqui é demarcar a posição de Antíoco: trata-se de introduzir o estoicismo na Academia. É nesses termos que Sexto Empírico a ele se refere, quando considera, nas *Hipotiposes*, a filosofia acadêmica: "transferiu o estoicismo para a Academia, de modo que se diz mesmo sobre ele que na Academia ensina a filosofia estoica, pois mostrava que em Platão estão os dogmas dos estoicos (ὁ Ἀντίοχος τὴν στοὰν μετήγαγεν εἰς τὴν Ἀκαδήμιαν, ὡς καὶ εἰρῆσθαι ἐπ᾽ αὐτῷ ὅτι ἐν Ἀκαδημίᾳ φιλοσοφεῖ τὰ στωικά· ἐπεδείκνυε γὰρ ὅτι παρὰ Πλάτωνι κεῖται τὰ τῶν στωικῶν δόγματα)" (HP I, 235).

Por sua vez, Cícero defenderá que a correta retomada do pensamento socrático-platônico-aristotélico se encontra na reflexão desenvolvida por aqueles que tradicionalmente chamamos "céticos acadêmicos": Arcesilau de Pitane, Carnéades de Cirene, Clitômaco de Cartago, todos eles escolarcas da Academia, assim como Filo de Larissa, mestre de Cícero. Assim, a "antiga" Academia encontra na "nova" sua continuação correta: eis o que Cícero pretende, contra o ensino estoicizante de Antíoco, mostrar, seguindo a orientação do mestre Filo, que negava mesmo haver duas Academias (cf. *Acad*. I, 13). As indicações que Cícero faz em sua correspondência mostram que os *Academica*, obra da qual possuímos apenas uma colagem fragmentada de partes das duas versões por ele escritas, visavam a apresentar a doutrina filoniana como o momento decisivo e definitivo na polêmica com Antíoco. Segundo tais indicações, a primeira versão, que Cícero acabou por considerar insatisfatória, constava de dois livros, o "Catulo" e o "Luculo", nomes dos respectivos interlocutores de Cícero; a segunda se compunha de quatro livros, com apenas um interlocutor, Varrão. Ao que parece, não acontecem mudanças substanciais de conteúdo e doutrina, havendo maior preocupação com a forma de exposição, o que teria levado à divisão em quatro livros. Restaram-nos o segundo livro da primeira edição e uma parte apenas do primeiro livro da segunda: aproximadamente três quartos do material completo.²

O que se pode perceber em ambas as versões é que a defesa final da posição acadêmica é precedida, inicialmente, de uma descrição dessa mesma posição, tal como elaborada originariamente, e, a seguir, da consequente crítica dogmática de Antíoco, porta-voz do estoicismo. E nesse movimento a doutrina de Filo viria, digamos, coroar e arrematar o que se atribui inicialmente a Arcesilau e em seguida a Carnéades, respondendo definitivamente às críticas do adversário. O que nos restou do primeiro livro consiste, assim, de uma exposição da posição de Antíoco e do início da réplica acadêmica, de que possuímos apenas o momento inicial, a posição de Arcesilau, posição essa que por assim dizer evoluirá, passando por Carnéades, até Filo. Quanto ao segundo livro de nossa colagem, contém a primeira versão da crítica de Antíoco – uma tréplica, pode-se dizer, à réplica acadêmica que completaria o primeiro livro – e a defesa final dos acadêmicos, tudo isso dirigido por aquilo que constituiria a contribuição original

---

2   Para mais informações a esse respeito, ver a introdução à tradução dos *Academica* da Loeb Classical Library, ambas a cargo de H. Rackham. Daí também cabe registrar informações muito importantes sobre as *fontes* dos *Academica*: "Os argumentos em defesa do ceticismo vêm parcialmente de uma obra de Filo duas vezes referida, embora não por seu nome (*Ac.* I, 13; II, 11): isso sem dúvida forneceu a Cícero a justificação histórica da nova Academia que conclui o Livro I e, provavelmente, também as referências históricas com que ele começa seu discurso que encerra o livro (*Ac.* II, 66-78). Os argumentos destrutivos a seguir são muito provavelmente tomados a Clitômaco, que sucedeu Carnéades como chefe da Nova Academia em 129 a.C. As doutrinas construtivas de Carnéades que vêm a seguir são extraídas de duas obras de Clitômaco mencionadas pelos nomes (II, 98, 103); e a passagem histórica que conclui é sem dúvida também originada em Clitômaco, que escreveu um livro Περὶ Αἱρέσεων (Diógenes Laércio, II, 92)". Não se poderá deixar de levar em conta o fato das distintas procedências das informações de que se serve Cícero.

de Filo: a tese da unidade da Academia, de Sócrates até o próprio Filo, passando por Platão, Aristóteles, Arcesilau e Carnéades, tese que, provavelmente, se associa à defesa de sua doutrina própria sobre a apreensão. Contra tal pretensão, Antíoco de Ascalão, ex-discípulo de Filo, profundamente influenciado pelo estoicismo, proporá, contra seu antigo mestre, cuja nova tese o enfurecera (*Acad.* II, 11), que a Academia só pode encontrar sua unificação se devidamente corrigida e aperfeiçoada pela doutrina estoica.

É controversa e em boa medida obscura a interpretação que Filo dá de seus antecessores. O material doxográfico a esse respeito é escasso. Mas, segundo Sexto Empírico, que não se refere à tese da unificação da Academia e registra que alguns consideram que com Filo temos uma "quarta" Academia (HP I, 220), esse filósofo afirmava que as coisas são por natureza apreensíveis, embora sejam não--apreensíveis pelo critério estoico de apreensão (cf. HP I, 235). Tal afirmação, como se sabe, tem levado as diversas leituras a ver em Filo um momento de afrouxamento da posição sustentada por Arcesilau e Carnéades. Não nos interessa aqui abordar esse tópico com profundidade, algo a que uma análise histórica completa a respeito da chamada nova Academia certamente não poderia se furtar, mas sim analisar a exposição ciceroniana, em boa medida determinada pela visão de Filo, a respeito do pensamento dos dois principais céticos acadêmicos, Arcesilau e Carnéades, pois a polêmica entre Antíoco e Filo nada mais faz, afinal, do que repor o confronto entre o estoicismo e a posição considerada cética da chamada nova Academia.[3] É o

---

3   É preciso então levar em conta que, como observa Rackham, parte dos textos fundamentais que aqui serão analisados sobre esses dois filósofos precursores passam pelo crivo do projeto filoniano da unificação, o que torna plausível a hipótese de que certas características a eles atribuídas sejam acréscimos e enriquecimentos posteriores. Será preciso, sem dúvida, enfrentar tal hipótese. Da mesma forma, é preciso reconhecer que, eventualmente, a análise de algumas passagens do texto de Cícero correrá o risco de estar

que se vê no início da réplica de Cícero, no primeiro livro, a Varrão, que acabara de defender a posição de Antíoco, remontando ao fundador do estoicismo, Zenão. Essa réplica se inicia – e rapidamente se encerra para nós, pois o texto é interrompido – com uma ligeira mas importante menção a Arcesilau, o primeiro da linhagem dos novos acadêmicos, o qual desenvolve sua crítica tendo em vista diretamente o fundador do estoicismo. É esse momento dos *Academica* de Cícero – I, 44-5 – que deve servir ao intérprete como porta de entrada para a reconstrução dos inícios da posição cética desenvolvida na Academia, pois nele Arcesilau emerge como fundador dessa posição.[4]

Obscuridade e suspensão de juízo: Acad. I, 44-5

Cícero inicialmente esclarece o motivo do ataque de Arcesilau a Zenão (*Cum Zenone...Arcesilas sibi omne certamen instituit*): não por obstinação ou desejo de vencer (*non pertinacia aut studio vincendi*), mas pela *obscuridade das coisas* (*obscuritate earum rerum*) (*Acad.* I, 44). Tal declaração, reivindicando o valor da seriedade, da pertinência e

---

detectando rigor filosófico na escolha e ordenação dos termos, ali onde o grande orador terá talvez apenas enriquecido a terminologia de suas fontes por sua própria conta e risco. Apesar dessa inegável possibilidade, pondere-se que os principais trechos que serão aqui analisados têm suas fontes frequentemente explicitadas, e que é pouco provável e razoável que um escrito como os *Academica*, que faz parte de um grupo de tratados cuja razão de ser está em introduzir na língua latina o vocabulário filosófico, deixasse, em momentos cruciais como os que aqui serão abordados, de adotar e reproduzir *ipsis verbis* a terminologia e disposição dos conceitos aí mobilizados.

4 D. Sedley, ao registrar e endossar uma posição que, se não é unânime, é significativamente compartilhada, afirma que coube a Arcesilau "o surpreendente passo da instituição do ceticismo como sua (da Academia) política oficial" ("The Protagonists", *in Doubt and Dogmatism: Studies in Hellenistic Epistemology*, Oxford, 1980, p. 11). Lembre-se também D. Laércio, IV, 28: Arcesilau teria sido "o primeiro a suspender as afirmações, por causa das oposições dos discursos" (πρῶτος ἐπισχὼν τὰς ἀποφάσεις διὰ τὰς ἐναντιότητας τῶν λόγων).

não da pertinácia, poderia parecer apenas um expediente retórico de introdução da defesa de Arcesilau, bem ao modo do que ocorre num tribunal.[5] Nela, porém, há muito mais, pois nos proporciona uma informação importante: se Arcesilau afirma sua posição crítica tendo como alvo direto e, ao que parece, exclusivo, o estoico Zenão, o faz, no entanto, a partir da consideração filosófica de um certo estado de coisas que se impõe, para além de características próprias da filosofia estoica. O ataque ao estoicismo seria, então, *resultado* de uma conclusão obtida num contexto filosófico mais amplo e não limitado à doutrina estoica. Se Zenão é alvo de ataque, mesmo que o seja exclusivamente, é porque sua posição transgride e desafia uma constatação que a Arcesilau já se impunha como inevitável e incontornável.

É justamente isso o que nos mostrará a sequência do texto de Cícero, pois Arcesilau teria observado retrospectivamente que a filosofia anterior se empenhara em denunciar tal obscuridade: "não por obstinação ou desejo de vencer, mas pela obscuridade daquelas coisas que conduziram à confissão de ignorância Sócrates e, já antes de Sócrates, Demócrito, Anaxágoras, Empédocles e a quase todos os antigos, que afirmaram que nada se pode conhecer, apreender, saber, e que os sentidos são limitados, as almas, débeis, breve o curso da vida, e, como Demócrito, disseram que a verdade está imersa num abismo, que tudo é ocupado por opiniões e tradições, que nada resta à verdade, enfim, que tudo está rodeado por trevas" (*sed earum rerum obscuritate quae ad confessionem ignorationis adduxerant Socratem et iam ante Socratem Democritum, Anaxagoram, Empedoclem,*

---

5 Quando nega que Arcesilau fosse movido por obstinação ou desejo de vencer, Cícero acrescenta: *ut mihi quidem videtur*, "como, de qualquer modo, me parece", "como, em verdade, me parece". Ao assumir que ele próprio, ao contrário do que pretendia o próprio Arcesilau, via aí desejo de vitória e obstinação, Cícero estará talvez expressando o que *à primeira vista* é comum ver na atitude daquele filósofo, pondo-se então estrategicamente como exemplo dessa equivocada impressão.

omnes paene veteres, qui nihil cognosci, nihil percipi, nihil sciri posse dixerunt, angustos sensus, imbecillos animos, brevia curricula vitae, et, ut Democritus, in profundo veritatem esse demersam, opinionibus et institutis omnia teneri, nihil veritati relinqui, deinceps omnia tenebris circumfusa esse dixerunt) (Acad. I, 44).

Dessa obscuridade, Arcesilau, segundo o relato de Cícero, é levado a uma certa formulação do estado de ignorância herdado de Sócrates e seus predecessores: "Assim, Arcesilau negava haver algo que pudesse ser conhecido" (*Itaque Arcesilas negabat esse quidquam quod sciri posset*) (*Acad.* I, 45). Se o testemunho ciceroniano sobre Arcesilau se encerrasse neste passo, teríamos aquilo que, como sabemos, o juízo pirrônico atribui a alguns acadêmicos posteriores: a negação da possibilidade do conhecimento. Mas o texto prossegue: "... nem aquilo mesmo que Sócrates mantivera para si; eis como julgava que tudo estivesse oculto no obscuro e que nada havia que pudesse ser discernido ou compreendido" (*ne illud quidem ipsum, quod Socrates sibi reliquisset: sic omnia latere censebat in occulto, neque esse quidquam quod cerni aut intellegi posset*) (*Ibid.*). Arcesilau não adere à confissão socrática de ignorância, e isso marca a diferença e originalidade de sua posição em relação à tradição que denunciava a obscuridade das coisas. Ora, isso pode conferir à sua afirmação de "não-apreensibilidade" um sentido um tanto peculiar, mais complexo e sofisticado, que necessita ser analisado.

Em que teria consistido a confissão de ignorância de Sócrates? O texto acima sugere que Arcesilau nela vê uma sintética consequência da constatação de obscuridade feita a partir da filosofia anterior, que, segundo a passagem de Cícero, fora também levada a essa admissão. Seu sentido provavelmente encontra sua melhor formulação no relato platônico da *Apologia de Sócrates*: apontado pelo oráculo como o mais sábio dentre os homens, Sócrates, que imagina não o ser, decide investigar a sentença, indo ter com os que são considerados, na cidade, mais sábios. E descobre sempre que tem sobre eles uma vantagem: enquanto julgam saber sem, na verdade, nada saberem, ele sabe ser ignorante – eis a sabedoria que lhe atribui o oráculo (cf. *Apol.* 21c-23c). "Só sei que nada sei", essa poderia ser uma formulação da confissão socrática de ignorância, eis a única verdade que podemos possuir. Evidentemente, a passagem de Cícero, ao descrever a maneira como Arcesilau teria assimilado a experiência socrática, faz já uma interpretação, cujo valor histórico poderia ser discutido.[6] A ignorância, *ignoratio*, que Sócrates aí reconhece é comentada também a partir do vocabulário da não-apreensibilidade, o que revela uma apropriação ditada por interesses filosóficos de Arcesilau – e talvez, nalguma medida, de Filo –, não de Sócrates. Mas, aqui, importa justamente atentar para o modo pelo qual o acadêmico opera com a tese atribuída ao mestre de Platão, para o rendimento filosófico que dela extrai: quando Arcesilau afirma que tudo é obscuro e nada pode ser apreendido, nisso inclui aquele resíduo de saber que Sócrates retivera. Assim, em vez de afirmar algo como: "só sei que nada sei", Arcesilau parece concluir: "nada sei; portanto, nem mesmo sei se nada sei". Se tudo é obscuro, o é também a afirmação de que tudo é obscuro. Se nada é passível de conhecimento, também não

---

6 A questão é riquíssima e, como sempre é o caso quando se trata de Sócrates, repleta de fascinante obscuridade. Mas pode-se ao menos conjecturar que talvez o "saber" socrático a respeito de sua própria ignorância não lhe parecesse de mesma natureza que aquele que versaria sobre as coisas e que ele dizia não possuir; sua "sabedoria", assim, seria uma espécie de "tomada de consciência subjetiva" de sua ignorância, um saber sobre si próprio, "verdadeiro" apenas nessa medida, embora fundamentado na palavra divina. O vocabulário da *Apologia* é sintomático: investigando os supostos sábios, Sócrates diz raciocinar para ou consigo mesmo (πρὸς ἐμαυτὸν|ἐλογιζόμην, 21d), fala de sua impressão (ἐγὼ ἔπαθόν τι τοιοῦτον, 22a; ἠσθόμην, 22c), diz saber consigo mesmo (ἐμαυτῷ συνῄδη, 22c, expressão que é costume traduzir por "estava consciente..."). Por outro lado, quando o deus se refere a Sócrates como exemplo a ser seguido, afirma que ele é o mais sábio, porque "conheceu (ἔγνωκεν) que, em verdade, em relação à sabedoria, é digno de nada" (23b). Mas quem fala aí é a divindade, não Sócrates.

o é a afirmação da incognoscibilidade. Do mesmo modo, se nada é passível de apreensão, *também não é apreensível a formulação da não--apreensibilidade*. Numa espécie de movimento de retorsão, semelhante àquele que caracteriza certas expressões pirrônicas, ele faz voltar-se contra si mesmos os conteúdos das proposições "nada pode ser conhecido" e "nada pode ser apreendido".[7]

Agora, a afirmação da não-apreensibilidade não consiste numa "tese" que, talvez à maneira socrática, pudesse e devesse ter seu estatuto e seu valor de verdade destacados e preservados. Que esta ilação é correta, a sequência do relato ciceroniano parece-nos corroborá-lo, ao mesmo tempo fornecendo subsídios para que se estabeleçam algumas semelhanças com o pirronismo.[8]

O texto prossegue: "por esses motivos (julgava) que nada se deve professar, nem afirmar, nem aprovar com assentimento, e que se deve sempre coibir a precipitação e mantê-la afastada de todo erro,

---

7 Diz Sexto Empírico que, quando o pirrônico afirma "não mais isto do que aquilo", ou "nada defino", tais fórmulas, semelhantes nisso a proposições como "nada é verdadeiro" e "tudo é falso", "circunscrevem-se a si próprias junto com as outras coisas" (τοῖς ἄλλοις ἑαυτὴν συμπεριγράφει) (HP I, 14).

8 Parece-nos que se deve ler o termo *sic* em nossa passagem de *Acad.* I, 45 do seguinte modo: "eis como...", "é assim que...", "é desse modo que..." – adverbialmente, remetendo ao que precede, e não como se introduzisse uma conclusão, como se lê, por exemplo, na tradução de J. Pimentel Álvarez: "pensaba, en consecuencia, que todo está escondido no oculto...". Poder-se-ia, no máximo, ver na construção a intenção de uma consecutiva, o que parece ter feito Rackham em sua tradução: "so hiddem in obscurity did he believe that everything lies"; embora essa não nos pareça a melhor opção, ela ao menos não tem por efeito, como no outro caso, ocultar o que seria a intenção fundamental que move a afirmação: expressar o *modo próprio* como Arcesilau desenvolve a constatação da obscuridade, modo que resulta num *passo adiante* em relação ao mestre Sócrates, e que *leva às últimas consequências* sua descoberta. Se a frase expressasse uma conclusão, apenas repetiria algo que, como vimos, acabara de ser afirmado em 44: *omne certamen instituit...earum rerum obscuritate*, e que, em 45, já dera lugar a uma outra conclusão: *Itaque Arcesilas negabat esse quidquam quod sciri posset*.

precipitação que seria evidente, quando fosse aceito algo falso ou incerto, e que nada há aqui de mais vergonhoso do que assentimento e aprovação precederem conhecimento e apreensão" (*quibus de causis nihil opportere neque profiteri neque adfirmare quemquam neque adsensione approbare, cohibereque semper et ab omni lapsu continere temeritatem, quae tum esset insignis cum aut falsa aut incognita res approbaretur, neque hoc quidquam esse turpius quam cognitioni et perceptioni adsensionem approbationemque praecurrere*) (*Ibid.*) Para Arcesilau, a obscuridade introduz a ignorância; esta conduz à não-apreensibilidade; e isso tem como consequência *a suspensão de juízo*: se nada pode ser conhecido e apreendido, nenhuma afirmação deve ser feita, nenhuma tese deve ser defendida (*neque profiteri neque adfirmare*); nada devemos aceitar com assentimento (*adsensione approbare*). Corolário que se impõe em virtude daquilo que, a seu ver, constituir-se-ia em verdadeira *conditio sine qua non* para a obtenção do que terá considerado, para usar uma expressão talvez um tanto arriscada, a atitude "racional" que toda reflexão filosófica persegue: para quem busca a verdade, não cabe aceitar algo falso ou desconhecido (*aut falsa aut incognita res approbaretur*); nosso assentimento a algo como verdadeiro deve resultar de um estado de coisas que inequivocamente se impõe como de conhecimento e apreensão – sem isso, não fazemos senão "antecipar" nossa aprovação e assentimento, nós aceitamos que venham à frente do conhecimento e da apreensão (*cognitioni et perceptioni adsensionem approbationemque praecurrere*). Ao exigir que conhecimento e apreensão precedam nosso assentimento e aprovação, além de expressar lapidarmente uma exigência filosófica incontornável, Arcesilau está também, como veremos, a se referir a um aspecto fundamental do estoicismo, com o qual, na exposição de seu itinerário, está quase que simultaneamente polemizando, ao empregar também vocabulário técnico do estoicismo. Mas trata--se, sobretudo, de denunciar uma atitude "temerária" que é preciso sempre coibir, para evitar o erro (*cohibereque semper et ab omni lapsu continere temeritatem*).⁹

Opera nesse momento uma noção que aproxima o acadêmico do pirrônico: a de *precipitação*, com a qual o pirrônico comenta a atitude dogmática e distingue a sua própria, pois objetiva "mostrar a precipitação (προπέτειαν) dos dogmáticos" (HP I, 20). Em nossa passagem sobre Arcesilau, a ideia serve mesmo, como ocorre no pirronismo, na pintura do perfil filosófico dogmático que deve ser condenado.¹⁰ E opera também, na ideia de *obscuridade*, um similar acadêmico a outra noção estratégica do pirronismo, também ela encarregada de distinguir o pirrônico do dogmático: a de *não-evidência* – como sabemos, "o pirrônico não dá assentimento a nenhum dos não-evidentes (τῶν ἀδήλων) (HP I, 13).¹¹

Vale notar que a descrição do caminho reflexivo percorrido por Arcesilau em nossa passagem nunca dá a *percipi*, verbo escolhido

---

9   Note-se que a seguir Cícero, para referir-se a todo esse itinerário, usará o termo *ratio*, de amplíssima gama de significados, traduzido por "teoria" nas duas edições aqui utilizadas, e que traduzimos por "raciocínio". Parece-nos que isso torna mais plausível a ideia de que estamos aqui perante a afirmação das condições necessárias para uma atitude filosófica eleita como "racional". Na mesma direção nos parece levar a distinção, em vários sentidos importante, feita no segundo livro e defendida pelos acadêmicos contra a crítica de Antíoco, entre *ratio* e *auctoritas* (II, 60).

10 O termo usado por Cícero, que se traduz por "precipitação", é *temeritas*, que também é bem traduzido por "irreflexão". A ideia do termo grego ("cair antes", "precipitar-se"; Sexto usa também, na mesma passagem, a forma verbal προπετεύεσθαι) encontra melhor resposta filológica no verbo *praecurrere*, que Cícero usa poucas linhas abaixo, que significa "anteceder", mas também pode querer dizer, como o verbo grego, "sobrepujar". Eis o que não pode ocorrer, para Arcesilau e para o pirrônico: que assentimento e aprovação "sobrepujem" conhecimento e apreensão. Eis o que, para eles, acontece nos dogmatismos.

11 A terminologia tornar-se-á ainda mais próxima quando se fizer referência, no segundo livro, na crítica de Antíoco, ao fato de os acadêmicos "a todas as coisas tornarem incertas (*omnia ... reddere incerta*)". Acrescenta o crítico: "chamo *incerta* o que os gregos chamavam ἄδηλα" (*Acad.*, II, 54).

por Cícero, bem como seus cognatos, para a tradução do vocabulário estoico relativo à fundamental noção de "apreensão" (além de *comprehensio*), nenhum destaque, nenhuma importância especial em relação a outros verbos aí empregados, de significação mais lata e uso menos específico e restrito, cuja função nos parece ser desenhar esse caminho no terreno mais amplo da investigação que remonta aos pré-socráticos e chega a Sócrates. Ganha assim grande relevância destacar que Arcesilau, assim o mostra o relato de Cícero, chega à não-apreensibilidade, ao *nihil percipi*, porque a experiência paradigmática de Sócrates, para ele síntese da tradição e reveladora da *obscuritas* das coisas, o conduz a concluir, não apenas pela incognoscibilidade (*negabat esse quidquam quod sciri posset*), como também pela impossibilidade de *discernimento* e *compreensão* das coisas (*censebat...neque esse quidquam quod cerni aut intellegi posset*), terminologia que permite estender a obscuridade à esfera da *significação* mesma das teses e doutrinas, de sua *inteligibilidade* possível. É somente então que comparecem expressões técnicas do estoicismo como *adsentio* (assentimento) e *perceptio* (apreensão), além de *approbatio* (aprovação), que só se misturaram às outras, num uso à primeira vista indiferenciado, quando se expuseram as origens históricas da obscuridade, com Demócrito, Empédocles, Anaxágoras, Sócrates e "quase todos os antigos".[12]

---

12 ...*omnes paene veteres, qui nihil cognosci, nihil percipi, nihil sciri posse dixerunt...* Mesmo aí, se *percipi* antecede *sciri*, no entanto é precedido por *cognosci*. Parecem-nos pertinentes os comentários, a esse respeito, de A. M. Ioppolo: "Mas Arcesilau devia ter uma terminologia própria com que comunicar, para além de sua polêmica contra os estoicos, a sua posição também a outros. Se se tivesse limitado a usar o termo ἀκατάληπτα para indicar a relação dos objetos externos com o conhecimento, não somente ter-se-ia tornado inevitavelmente um dogmático negativo, nas também teria demonstrado a insuficiência da sua posição, ao menos porque incomunicável" (*Opinione e Scienza – Il dibattito tra Stoici e Accademici nel III e nel II secolo a.C.*, Bibliopolis, 1986, pp. 65-6). Também p. 70: "Arcesilau não indicou certamente as coisas com o termo ἀκατάληπτα, porque sua doutrina nem se limita à crítica ao estoicismo nem quer expressar um juízo, mesmo se negativo, sobre a

A descrição da posição filosófica de Arcesilau neste momento do primeiro livro dos *Academica* revela-a, assim, como *exemplo*, talvez paradigmático, de *observância das exigências de racionalidade* que, obtidas mediante uma incursão na história da filosofia anterior, essa mesma posição preconiza. Ora, se tudo é obscuro, se nada pode ser objeto de apreensão segura, de conhecimento – inclusive esta mesma constatação –, o que resta, para quem segue – como provavelmente, a seu modo precipitado, terá pretendido fazer toda, ou boa parte da filosofia dogmática – estes imperativos do bem filosofar, a não ser suspender o juízo – literalmente, nada afirmar e declarar, nem aceitar com assentimento (*nihil...neque profiteri neque adfirmare quemquam adsensione approbare*)? Ao apresentar sua conclusão como exercício exemplar da postura filosófica e racional por excelência, postura que *condiciona* a aprovação e o assentimento ao prévio conhecimento e apreensão, Arcesilau só poderia dar à confissão socrática de ignorância o desenvolvimento que Cícero expõe: se nada sei, é porque o conhecimento não se impõe de modo a proporcionar qualquer assentimento; então, não posso assentir à proposição de que nada sei e só o poderia, se fosse ela precedida por um tal estado inconteste de conhecimento e apreensão. O conteúdo dessa "descoberta" que o filósofo faz impõe o próprio estatuto epistemológico, precário, de sua formulação.

---

cognoscibilidade do mundo externo". Eis, em suma, a tese geral que move sua leitura, tese que aqui subscrevemos, ao menos em suas linhas gerais: "Na verdade, se o objetivo de Arcesilau parece ser a destruição da doutrina estoica, é justamente porque ele era contra todo dogmatismo. Por isso, para além das argumentações antiestoicas, tinha de poder comunicar aos outros a própria posição, mesmo se esta consistia em não professar nenhuma teoria. Tinha de explicar como se podia chegar à posição de não sustentar nenhuma posição" (*op. cit.*, p. 10; trata-se aí da suspensão). E ainda: "O fato de Filo, fonte de Cícero nesta passagem, declarar que a luta de Arcesilau foi dirigida contra o estoicismo, não significa que ele fizesse derivar as razões de seu ceticismo da oposição a Zenão" (p. 36, n. 46).

Note-se para onde nos leva a linha de interpretação que aqui se segue, no que concerne ao espinhoso tema da relação entre a suspensão de juízo, a *epokhé*, e a não-apreensão, *akatalepsía*. Em princípio, ambas as ideias, em seus sentidos mais rigorosos, proíbem qualquer conciliação – quem suspende o juízo, como vimos afirmar Sexto Empírico no início das *Hipotiposes*, não pode sustentar dogmaticamente a impossibilidade de apreensão das coisas, e quem o faz torna-se, *ipso facto*, dogmático.[13] À primeira vista, contudo, com Arcesilau poderia parecer que estivéssemos em face de uma variante curiosa e até aberrante desse dilema, pois, em certo sentido, a descrição que Cícero nos dá das etapas do caminho por ele trilhado apresentaria a *epokhé* como *consequência da akatalepsía*, o que justificaria a seguinte interpretação: porque se dá conta de que nada pode ser apreendido, o filósofo suspende o juízo, o que significaria conciliar aquilo que não pode, por definição, ser conciliado. Com base na leitura desenvolvida aqui, duas características do texto de Cícero devem ser, mais uma vez, lembradas: o movimento de retorsão que explica o ponto a que chega Arcesilau – nada pode ser conhecido, nem o próprio fato de nada poder ser conhecido – e as distinções de terminologia que indicam que a não-apreensão é um modo complementar, até alternativo, de expressar a ignorância. A primeira característica nos auxilia a entender que, se a suspensão decorre da constatação de uma impossibilidade, tal constatação também vê seu estatuto epistemológico posto em xeque, e tal impossibilidade, como vimos, se esvazia de dogmatismo.[14] Ora, a *epokhé* nada mais será, então, do que

---

13 Como vimos, o pirrônico encontra um uso diferente, não dogmático, da afirmação da *akatalepsía*, uso que não tem lugar neste caso.

14 Como bem observa H. Maconi a propósito de nossa passagem, "se digo: 'não creio em nada – nem mesmo nisso', então minha afirmação certamente é paradoxal, se não contraditória; mas, se digo: 'nada pode ser conhecido – nem mesmo isso', não há cheiro de paradoxo no ar. Pois, ao dizer 'nada pode ser conhecido', não afirmo *saber* que nada pode ser conhecido (em geral, dizer

expressão dessa impossibilidade, desse *esvaziamento total* – não era isso, afinal, na descrição de Cícero, o que destacava Arcesilau da tradição, até mesmo de Sócrates? Nesse sentido, mas nesse sentido apenas, pode-se, sim, dizer que a suspensão é uma consequência da referida impossibilidade. A segunda característica nos alerta para que o fato de que a suspensão resulta de *ignorância e incognoscibilidade*, e não, *stricto sensu*, de *impossibilidade de apreensão*. Pretender que a *epokhé* é consequência da *akatalepsía* é conferir a esse conceito estoico um peso específico muito superior àquele que, como vimos, ele possui no trajeto de Arcesilau. Resulta daí uma consequência a nosso ver importante: pode-se e deve-se afirmar que a suspensão de juízo, em Arcesilau, não resulta exatamente de não-apreensão, o que permite preservar o sentido genuíno e rigoroso da noção de *epokhé* – nem afirmar nem negar – e evitar, ao mesmo tempo, a incômoda alternativa de, estabelecendo tal relação, terminar, na verdade, por conferir a Arcesilau uma defesa da *akatalepsía*, não mais da suspensão.[15]

> que P não é o mesmo que afirmar saber que P") ("*Nova Non Philosophandi Philosophia* – A review of Anna Maria Ioppolo, Opinione e Scienza", *Oxford Studies in Ancient Philosophy*, n. 6, 1988, p. 247). Diferentemente das duas edições utilizadas aqui, a passagem, tal como o autor a cita (cf. pp. 241 e 247), apresenta, após *Socrates sibi reliquisset*, a frase *ut nihil scire se sciret*. Seja como for, tal frase apenas explicita o reconhecimento de Sócrates a respeito de sua ignorância.

15 Esta última é a posição a que se inclina Maconi: "Talvez, então, devêssemos, afinal, seguir a evidência antiga e fazer de Arcesilau um proponente da ἀκαταλεψία" (*art. cit.*, p. 247). Cremos que isso não teria sido necessário se o autor, que, como vimos, compreende bem o movimento de retorsão, não o houvesse feito à luz desse conceito estoico, e sim a partir de um pano de fundo filosófico mais amplo: "pois o *ne illud quidem* não é introduzido para qualificar ou temperar a ἀκαταλεψία geral atribuída a Arcesilau na parte principal da sentença: ao contrário, é aduzido para mostrar quão completa sua ἀκαταλεψία era" (*ibidem*). Maconi tem razão sobre a função da retorsão, mas nos parece não tirar daí sua consequência plena: a incapacidade de apreender vale, então, também para sua própria expressão, o que significa dizer que não se deve defender a não-apreensibilidade. Por outro lado, para A. M. Ioppolo, que atribui a Arcesilau um conceito próprio de suspensão

Vimos que, em nosso trecho dos *Academica*, a "retenção de assentimento" é precedida de uma conclusão que assim se formula: "nem afirmar nem declarar" (I, 45), formulação que então pode e deve ser vista como expressão do resultado daquela análise abrangente da filosofia anterior, que passa, a seguir, a ser comentada também no vocabulário que remete – com maior ou menor generalidade – ao universo conceitual do estoicismo. Mas é preciso lembrar que o conceito de "retenção de assentimento" é algo que, à sua maneira, o sábio estoico veicula, provavelmente ainda *in fieri* com Zenão e só aparecendo plenamente elaborado e formulado, em réplica a Arcesilau, com Crisipo. De fato, pode-se perceber a ideia como que germinando em Zenão, que, a propósito das características fundamentais do conceito de sabedoria que construía, via o assentimento como voluntário e a opinião, erro e precipitação como algo que o sábio deve afastar de si: "e o erro, a precipitação, a ignorância, a opinião, a conjectura e, numa palavra, tudo que fosse alheio ao assentimento firme e constante, afastava da virtude e da sabedoria" (*errorem autem et temeritatem et ignorantiam et opinationem et suspicionem, et uno nomine omnia quae essent aliena firmae et constantis adsensionis, a virtute sapientiaque removebat*) (*Acad.* I, 42). Isso permite, certamente, concluir que a *epokhé* de Arcesilau pode ser expressa como um modo de

---

de juízo, ele ao mesmo tempo "não admite que haja algo apreensível, nem mesmo hipoteticamente" (*op. cit.*, p. 116, n. 31). Não nos parece ser essa a conclusão a extrair de *Acad.* I, 44-5. Mais uma vez, tudo gira em torno da interpretação do "passo adiante" de Arcesilau em relação a Sócrates: "apenas" estender a confissão de ignorância a si mesma? Mas isso não significa retirar-lhe estatuto forte? Se tudo é obscuro, inclusive a afirmação de que tudo é obscuro, não estamos longe da tese da não-apreensibilidade? Essa é a interpretação que, agora contra Ioppolo, pretende-se aqui defender: a *epokhé* a que chega nosso filósofo significa deflacionar a proposição de que tudo é não-apreensível; sem isso, não há como defender a *epokhé*. O que, contudo, não significa, como veremos, destituir a não-apreensibilidade de uma fundamental função estratégica e *dialética*. Nisso, cremos que acadêmicos e pirrônicos se aproximam.

ampliar o alcance de algo que, para o estoico, o sábio faria apenas esporadicamente, em questões de natureza obscura ou momentaneamente ambíguas.[16] Contudo, isso pode apenas significar que, *quando faz a crítica do estoicismo*, sua estratégia será a de *universalizar* aquilo que, para o sábio estoico, é eventual e esporádico. E isso não permite inferir que a suspensão de juízo a que chega Arcesilau resulte simplesmente de seu embate com Zenão. Acabamos de constatar, na passagem que encerra o primeiro livro de Cícero, que a introdução de um vocabulário que nos leve a pensar no estoicismo é precedida de uma análise e terminologia mais ampla, em certo sentido filosoficamente indiferenciada, mas decerto, em princípio, não-estoica. Eis o que significa dizer que a suspensão de juízo, em Arcesilau, resulta da *obscuridade das coisas* – eis por que, como veremos, será preciso, *doravante*, universalizar a suspensão do sábio estoico: se, como este pretende, devemos suspender o juízo diante de obscuridade, e se tudo é obscuro...É somente após descobrir sua posição própria que nosso filósofo a pensa à luz da doutrina que o motiva, a estoica, e constrói sua crítica a ela específica.[17]

---

16 A esse respeito, tanto os *Academica* como os textos de Sexto Empírico nos informam: perante procedimentos e questões por ele julgadas falaciosas ou obscuras, como no caso, por exemplo, do argumento do *sorites*, o sábio – os textos mencionam Crisipo e seus partidários – não prossegue na argumentação, abstendo-se de assentir (*Acad.* II, 93-4; em Sexto, cf. AM VII, 416-18, HP II, 253, III, 80). Sobre isso, análise clássica é a de P. Couissin: "É possível, pois, que a palavra (*epokhé*) seja de Arcesilau, mas a coisa é estoica. Arcesilau estendeu a todos os casos, em sua polêmica, uma atitude que Zenão reservava a casos excepcionais" ("L'Origine et L'Évolution de L'ΕΠΟΧΗ", *Revue des Études Grecques*, 42, 1929, p. 392).

17 É realmente essa, como veremos, a estratégia que dirige os fundamentais argumentos desenvolvidos no segundo livro (67 e segs., 77 e segs.). Mas deve-se observar que a conclusão que Arcesilau quer obter contra o estoico, se lida à luz de *Acad.* I, 44-5, significa, para ele, a expressão de sua filosofia: tratar-se-á, nas passagens referidas do segundo livro, de mostrar que o sábio deve fazer aquilo mesmo que ali se impôs – suspender o juízo sobre tudo. Ora, isso não quer dizer necessariamente que estamos aqui apenas em

Assim, se se entende a afirmação da suspensão, em *Acad.* I, 44-5, no sentido de uma retenção de assentimento, como um *modo de comentar* a necessidade de "nada mais declarar" que a antecede – como um modo de *dizer estoicamente* essa necessidade resultante de uma visão sinóptica da tradição filosófica –, pode-se então compreender algo à primeira vista nebuloso: como, do refinamento da confissão socrática da ignorância, resulta algo que possa ser expresso na terminologia mais precisa e técnica da suspensão de juízo.[18]

---

face de dialética. Terá talvez ocorrido a Arcesilau, ao eleger o estoicismo nascente de Zenão como êmulo, a ele recorrer também para dizer sua posição própria. Isso o aparenta, e a seus principais seguidores, com os pirrônicos, que também sustentam uma relação complexa com o estoicismo, simultaneamente de crítica e de empréstimo terminológico e conceitual – a começar pela noção de suspensão de juízo.

18 Decerto não se elimina o grande destaque de que o estoicismo goza como alvo privilegiado – até talvez exclusivo, no caso de Arcesilau – dos acadêmicos. Mas isso não nos deve levar a *reduzir* todas as construções conceituais dos acadêmicos, a partir de Arcesilau, a simples estratagemas de refutação. O grande representante dessa linha de interpretação, que se passou a denominar "dialética", foi P. Couissin (cf. o já citado "L'Origine et L'Évolution de L' ΕΠΟΧΗ" e, principalmente, "The Stoicism of the New Academy", *in The Skeptical Tradition*, Univ. California Press, 1983, pp. 31-63 (publ. orig.: *Revue d'Histoire de la Philosophie* 3 (1929), pp. 241-76)). Mas também é possível sustentar, com D. Sedley, que a atitude dialética de Arcesilau "dependia de um suprimento regular de teses dogmáticas", e "assim começou a longa tradição acadêmica de refutar o estoicismo, naquela época em Atenas a mais fértil e prestigiosa fonte de dogma filosófico" (*art. cit.*, p. 12). Tal influência, vimos, chega a levar o acadêmico a expressar sua posição em termos estoicos, mas bem outra é a conclusão da interpretação "dialética": Arcesilau nada diria *in propria persona*, tudo afirmaria *contra stoicos*. Os argumentos de Couissin e os desenvolvimentos a eles dados por estudiosos posteriores são, via de regra, consistentes, merecendo uma análise detida e cuidadosa. No caso da passagem dos *Academica* aqui em análise, as conclusões obtidas a respeito do papel que nela desempenham conceitos técnicos do estoicismo parecem-nos deixar claro que nosso filósofo defendeu uma posição filosófica que considerou própria e que viu como um resultado inevitável de uma atitude filosófica racional e rigorosa. O que nos leva a endossar o comentário de Ioppolo: "O fato de Filo, fonte de Cícero nesta passagem, declarar que a luta de Arcesilau foi dirigida contra o estoicismo,

A referência aos pré-socráticos e a Sócrates se mostra, portanto, fundamental para que se compreenda o *alcance* pretendido por Arcesilau para sua posição. É o que Antíoco, no segundo livro, mais uma vez criticando os acadêmicos – neste momento, principalmente Arcesilau –, nos ajuda a estabelecer, pois descreve, como em nossa passagem do final do primeiro livro, a pretensão acadêmica de ver nos filósofos anteriores as afirmações de que "tudo está oculto, nada percebemos, nada discernimos, não podemos descobrir como seja nada (*abstrusa esse omnia, nihil nos sentire, nihil cernere, nihil omnino quale sit posse reperire*)" (II, 14). Citam-se agora Empédocles, Anaxágoras, Demócrito, Parmênides, Xenófanes, Sócrates e Platão (*ibidem*). Em relação a I, 45, somam-se aqui os chamados eleatas, Xenófanes e Parmênides. O plantel de precursores ganha, com Plutarco, o reforço de Heráclito, quando, em seu *Contra Colotes*, menciona a acusação feita a Arcesilau de, para dar autoridade à sua doutrina da suspensão e da não-apreensão, tê-la atribuído a Sócrates, Platão, Parmênides e Heráclito.[19]

Observe-se que Plutarco alude a uma crítica a Arcesilau feita pelos "sábios de então" (τοὺς τότε σοφιστάς; literalmente, "sofistas": o termo tem aqui, sem dúvida, função depreciativa), e são eles quem dizem ter Arcesilau atribuído aos antigos "sua doutrina sobre a

---

não significa que ele fizesse derivar as razões de seu ceticismo da oposição a Zenão" (*op. cit.*, p. 35, n. 46). Cf. também p. 36.

19 ...προστρίβεται Σωκράτει καὶ Πλάτωνι καὶ Παρμενίδῃ καὶ Ἡρακλείτῳ... (*ad. Col.*, 1121f-1122a). Esta passagem de Plutarco, uma fonte que contém informações que às vezes diferem das encontradas em Cícero e às vezes até não se encontram nele, parece-nos importante, nessa exata medida, para afastar a hipótese de leitura segundo a qual é Filo quem, por sua própria conta e risco, para por assim dizer reconstruir um itinerário de reflexão que Arcesilau de fato não teria percorrido, a ele confere uma análise filosófica do passado. Defender essa hipótese implica mostrar que tal reconstrução terá sido necessária ao projeto filoniano de unificação da Academia, algo que, à primeira vista ao menos, não é nada óbvio.

suspensão de juízo e a não-apreensão (τὰ περὶ τῆς ἐποχῆς δόγματα καὶ τῆς ἀκαταληψίας)". O próprio Plutarco parece concordar com isso, pois, voltando o argumento contra os críticos de Arcesilau, nele vê prova de que o *lógos* do filósofo vem da tradição, o que o isenta de qualquer suposto "desejo por reputação de inovação (καινοτομίας τινὰ δόξαν ἀγαπᾶν)". Ora, em Cícero lemos que Arcesilau não atribui a *epokhé* aos predecessores, estando aí o específico de sua filosofia. Essa nos parece dever ser, de fato, a boa lição a respeito do tema: a suspensão, passo adiante dado por Arcesilau em relação à tradição, resulta de uma obscuridade que, ela sim, a tradição soube reconhecer.[20]

20 Não concordamos com A. M. Ioppolo, que, analisando as passagens supracitadas e corretamente observando que Arcesilau "considerava os filósofos precedentes à luz de seu ceticismo" e os punha como "antecedentes da sua *sképsis*", acrescenta: "e sua pretensão era tanto mais forte quanto, não se preocupando com afirmar uma originalidade de pensamento, a eles atribuía a sua própria posição filosófica" (*op. cit.*, p. 52).

A respeito da obscuridade que Arcesilau já vê detectada por seus antecedentes, cabe uma última observação, inevitavelmente conjectural. O texto de Cícero no fim do primeiro livro dos *Academica* não diz claramente como os filósofos mencionados – e podemos aí incluir aqueles referidos por Plutarco – elaboraram essa ideia. Diz-se apenas que foram todos conduzidos pela obscuridade à afirmação da impossibilidade do conhecimento, seguindo-se uma série de veredictos negativos. Permite o texto, em princípio, concluir categoricamente que todos eles "confessaram-se" ignorantes? Ou é com Sócrates que emerge a consciência da ignorância? Parece-nos que cabe distinguir, no próprio texto, o que fez Sócrates – extrair de um não-saber esse único saber – daquilo que *exibem* as filosofias do passado, ao denunciarem, umas, a fraqueza dos sentidos, outras, a debilidade da alma, outras, o domínio da opinião em detrimento da verdade etc., concluindo algumas até pela absoluta e inevitável ignorância imposta à condição humana. Assim, tudo o que de negativo disseram as distintas filosofias do passado, cada uma a seu modo e com diferentes intenções, explica-se pelo fato mesmo da obscuridade, que se torna, então, o conceito que Arcesilau mobiliza para *comentar e justificar* tal variedade de teses negativas. Isso significa que é o cotejo das díspares propostas filosóficas o que permite observar obscuridade, já que elas divergem mesmo quanto a o que deve ser julgado negativamente. Noutros termos, afirmações críticas sobre a possibilidade do conhecimento se insinuam com frequência nesses julgamentos e, embora divergentes, permitem *concluir pela obscuridade* e localizar em Sócrates o momento em

Até aqui, portanto, o texto de Cícero sobre Arcesilau ao fim do primeiro livro dos *Academica* nos mostra como esse filósofo chega a uma posição que lhe é própria, que se expressa como recusa de afirmação e também como retenção de assentimento, como suspensão de juízo, *epokhé*. Nela, a "tese da não-apreensibilidade" tem lugar, mas um lugar *intermediário*, consistindo num momento importante, mas *não culminante* do itinerário que Cícero expõe. Parece-nos que a parte final desse texto poderá ajudar-nos a estabelecer que a não-apreensibilidade não pode ser vista como um *fim* por Arcesilau, além de proporcionar frutífera comparação com alguns dos textos mais importantes sobre a postura filosófica pirrônica.

Cícero acrescenta então que Arcesilau "fazia o que era consequente com esse raciocínio" (*Huic rationi quod erat consentaneum faciebat*) (*Acad.* I, 45). Os resultados da posição a que chega Arcesilau traduzir-se-ão, assim, numa certa "pratica filosófica": "de modo que, dissertando contra as afirmações de todos, conduzia muitos a seu raciocínio, de modo que, quando numa mesma questão iguais pesos de razões se encontravam em partes contrárias, mais facilmente o assentimento seria retido de ambas as partes" (*ut contra omnium sententias disserens in eam plerosque deduceret, ut cum in eadem re paria contrariis in partibus momenta rationum inuenirentur, facilius ab utraque parte adsensio sustineretur*) (*Ibid.*). A prática filosófica de Arcesilau se afigura aqui um exercício de argumentação *dialética*, contra qualquer afirmação feita (*contra omnium sententias disserens*), no intuito de levar à *ratio* que desenvolvera: suspender o juízo (*in eam... deduceret*). E isso se faz buscando obter os pesos iguais dos argumentos (*paria...*

---

que se explicita uma conclusão em novo patamar, pois o não-saber se torna um saber. Nesse sentido, quando o texto diz que quase todos os antigos "afirmaram" que nada pode ser conhecido, deveremos talvez interpretá-lo como expressando uma avaliação, nos termos que importam a Arcesilau e que julga adequados, de um conteúdo filosófico que está realmente nesse passado, mas que se diz de modo diferente, ainda pouco elaborado.

momenta rationum) constatados nas partes contrárias (*contrariis in partibus*) sobre um mesmo assunto (*in eadem re*). Daí, suspende-se o juízo sobre ambas as partes (*ab utraque parte adsensio sustineretur*).[21]

Para compreender fielmente nossa passagem sobre Arcesilau como um todo, é fundamental nela perceber a distinção entre o relato de uma espécie de "experiência originária", que estabelece a especificidade de sua posição – do início de 44, com a menção a Zenão, até a descrição que alcança o início da segunda metade de 45, com a afirmação da retenção de assentimento[22] –, e a consequência daí resultante: uma prática dialética sobre ambas as partes da questão, *in utramque partem*, em busca de uma equipotência.[23] Se assim é, não cabe dizer que a *epokhé* surgiu, para Arcesilau, de tal equipotência, mas sim que esta última se apresenta agora como o instrumento eficaz para que a suspensão de juízo, advinda originariamente como resultado de uma atitude filosófica estritamente racional posta em face de um estado de obscuridade total, possa ser reproduzida.[24]

---

21 A tradução que apresentamos desta última afirmação: "…o assentimento seria retido de ambas as partes", literalmente corre o risco de soar ambígua, pois pode parecer que "ambas as partes" retêm seus assentimentos. Na verdade, elas são o objeto dessa retenção: a elas o assentimento é negado, delas ele é afastado, "retido". Eis por que acabamos por glosar a passagem conferindo-lhe sentido ativo: "suspende-se o juízo sobre ambas as partes".

22 *Cum Zenone, inquam, ut accepimus, Arcesilas sibi omne certamen instituit… cognitioni et perceptioni adsensionem approbationemque praecurrere.*

23 *Huic rationi…adsensio sustineretur.*

24 Ioppolo, *Opinione…*, p. 57-8, afirma: "Ora, Cícero faz surgir a *epokhé* para Arcesilau da equipotência das teses contrárias, a qual não é extraída dialeticamente das premissas estoicas, mas é sustentada independentemente delas". Parece-nos correta a tese de que Arcesilau defende, como vimos, um conceito de suspensão de juízo que não é apenas uma estratégia de refutação contra Zenão, sendo então "independente das premissas estoicas" (p. 58). Mas isso não nos deve levar a ver já na origem de seu ceticismo tal equipotência. Cícero não o diz realmente e parece-nos que isso não é preciso para compreender o trajeto do filósofo. Em I, 44 a *epokhé* origina-se de uma "obscuridade" que só depois conduziria a uma prática de oposição

Parece-nos haver aqui algo que aproxima o acadêmico do pirrônico. Também este, como vimos, narra uma experiência filosófica originária, na qual seu ceticismo se imporá e determinará sua nova e, por que não dizer?, permanente atitude. A consequência dessa verdadeira revolução em seu modo de pensar não nos parece ser diferente daquela que Cícero atribui a Arcesilau. Para manter-se em consonância com seu novo *lógos*, sua suspensão, este nada mais fará do que adotar, à sua maneira, o lema do pirronismo, seu princípio programático: "a todo argumento, um argumento igual opor (παντὶ

---

de teses que exibirão equipotência. Note-se, aliás, que a produção de igual força para teses contrárias permite "mais facilmente" (*facilius*) suspender o assentimento sobre ambas, o que permite concluir que *não é a única forma* de chegar à suspensão. Certamente, é a maneira que agora se impõe como sistemática e mais adequada, mas o que na origem levou ao resultado filosófico que a fundamenta e motiva foi, parece-nos, a experiência da visada histórica que deparou com a diversidade de teses negativas que, como vimos, está na origem da ideia de obscuridade.

É preciso registrar que a autora faz sua interpretação tendo em vista contrapor-se à leitura "dialética" de Couissin, da qual se mostra um dos críticos mais contundentes e convincentes. Nossa posição geral a respeito desse tema em boa medida segue suas análises, bem como as de Maconi, que, a propósito da leitura "dialética" de Couissin, também concorda com Ioppolo em um ponto importante: "foi em verdade *in propria persona* que Arcesilau suspendeu o juízo sobre tudo" (*art. cit.*, p. 243). Também para ele, Arcesilau pode, ao mesmo tempo, sustentar a *epokhé in propria persona* e atacar o estoicismo (*art. cit.*, p. 245). Embora seja ela, decerto, o primeiro intérprete a propor uma crítica sistemática à interpretação "dialética", Ioppolo atribui a J. Glucker "o mérito de reabrir o problema do significado exclusivamente dialético do ceticismo de Arcesilau" (*op. cit.*, p. 10, n. 3. A autora se refere ao exaustivo estudo de Glucker: *Antiochus and the Late Academy*, Göttingen, 1978; cf. p. 33, n. 78). E reconhece também (p. 10, n. 5) em G. Striker o mérito de distinguir "oportunamente, na filosofia de Arcesilau e Carnéades, duas posições: a posição acadêmica verdadeira e própria, e a das argumentações antiestoicas" (cf. G. Striker: "On the Difference between the Pyrrhonists and the Academics", *Essays on Hellenistic Epistemology and Ethics*, Cambridge, 1996, pp. 135-49; publ. orig. "Über den Unterschied zwischen den Pyrrhoneern und den Akademikern" *Phronesis* 26 (1981), pp. 153-71).

λόγῳ λόγον ἴσον ἀντικεῖσθαι)" (HP I, 12), tratando-se, em ambos os casos, de igual força persuasiva.[25]

E Cícero nos diz mais: Arcesilau não se limitava a aplicar sobre si mesmo sua dialética – ele "conduzia muitos (*plerosque*) a seu raciocínio (*in eam* (*scilicet: rationem*))". Poder-se-ia então falar de uma *terapia* aqui? O pirrônico, como se sabe, vê sua dialética como forma de curar os homens de sua doença dogmática.[26] Os textos não nos parecem conclusivos, mas seria demasiado conjectural concluir por uma "terapêutica" acadêmica. Contudo, pelo menos duas conclusões podem ser tiradas com mais segurança: ao menos no interior da Academia, deve ter-se tratado de exercitar o método das oposições de argumentos, que Arcesilau provavelmente viu como sua única forma possível de "ensino", de mostrar a necessidade de, em conformidade com os parâmetros exigidos de racionalidade, suspender o juízo. Assim nos parece dever ser compreendida a já referida passagem em *Acad.* II, 60, onde Luculo, falando por Antíoco, acusa Arcesilau e Carnéades de possuírem "mistérios" (*mysteria*), de "ocultar sua opiniões como algo vergonhoso" (*cur celatis quasi turpe aliquid sententiam vestram?*), quando falam "contra e a favor de tudo" (*contra*

---

25 Como atesta o próprio Sexto Empírico, Arcesilau "não prefere uma coisa à outra no que concerne a credibiidade ou não-credibilidade (κατὰ πίστιν ἢ ἀπιστίαν), mas sobre tudo suspende o juízo (περὶ πάντων ἐπέχει) (HP I, 232). Uma passagem no *Sobre as contradições dos estoicos* de Plutarco pretende que "os que suspendem o juízo (τοὺς ἐπέχοντας)" viam a possibilidade da apreensão como eventual resultado da argumentação *pro* e *contra* (*de stoic. rep.* 1037b). Para Ioppolo (*op. cit.*, p. 116, n. 31), "essa conclusão não pertence a Arcesilau, mas ao desenvolvimento posterior". Concordamos com a autora: deve tratar-se da ideia filoniana, retomada por Cícero, de que a argumentação *in utramque partem* nos permitiria encontrar o "verossímil", *veri simile*, dado que para Filo as coisas são por natureza apreensíveis. Tal ideia não pode ser atribuída a Arcesilau, consistindo mesmo numa mudança considerável em relação à sua posição.

26 "O cético, por amor da humanidade, quer, pelo discurso (λόγῳ), curar (ἰᾶσθαι), na medida do possível, a presunção e a precipitação dos dogmáticos" (HP III, 280).

omnia...et pro omnibus). A resposta não poderia ser mais sugestiva: "para que os que ouvem sejam conduzidos pela razão (ou "pelo argumento"), antes que pela autoridade (*ut qui audient...ratione potius quam auctoritate ducantur*)". Além disso, pode-se levantar a possibilidade de que, embora sem uma concepção terapêutica do exercício de seu método de oposição, Arcesilau se tenha dedicado a criticar os vários dogmatismos que em sua época afloravam, e não apenas o estoicismo. A passagem em *Acad.* II, 14, onde Antíoco se referia à pretensão acadêmica de encontrar precursores em vários filósofos anteriores, parece dizer-nos algo mais. Em sua crítica, Antíoco afirma que os acadêmicos – Arcesilau é citado a seguir e também em 15 – mencionam todos esses filósofos "quando quereis perturbar uma filosofia já bem estabelecida" (*cum perturbare...vos philosophiam bene iam constitutam velitis*). Parece, pois, que o acadêmico, na crítica a uma filosofia, explora, para usar um termo pirrônico, a *diaphonía*, o conflito e a discordância entre as filosofias. Arcesilau, no exercitar sua dialética, em busca da suspensão, terá então se servido, bem à maneira pirrônica, tal como apresentada por Sexto Empírico, do amplo leque de possibilidades dogmáticas conflitantes.[27]

Algumas semelhanças com o pirronismo se mostram claramente neste trecho, quando retomamos a descrição que Sexto Empírico faz do ceticismo. Pois a disposição de Arcesilau para discorrer contra

---

27 Ioppolo comenta (*op. cit.*, p. 187-9) o ataque epicurista a Arcesilau – sua posição, irracional, impossibilitaria a ação –, por Colotes e depois Polístrato, concluindo que "epicuristas e estoicos eram, pois, aliados no dirigir essa crítica que, ao que parece, atingia um ponto fraco da filosofia de Arcesilau" (p. 189). E afirma que *o próprio Arcesilau se dirigiu criticamente aos epicuristas*: "Arcesilau não poupara flechadas contra os epicuristas. Particularmente contra Colotes, seu ataque fora muito violento" (p. 187). Mesmo que Arcesilau aborde o epicurismo apenas para defender-se de um ataque, vemos aí que não é tão simples reduzir o alvo da sua dialética ao estoicismo. Contra isso, cf. Long e Sedley, *The Hellenistic Philosophers*, Cambridge University Press 1997, vol. 1, p. 456. Voltaremos a isso, a propósito do conceito de *eúlogon*.

toda afirmação pode ser aproximada da "capacidade de oposição" (δύναμις ὰντιθετική) que, como vimos, define o pirronismo (H P I, 8). Em ambos os casos, o passo seguinte é a obtenção de equipotência a respeito daquilo que foi objeto de oposição – a ἰσοσθένεια pirrônica (*ibid.*) e os *paria momenta rationum* de Arcesilau parecem possuir o mesmo sentido. E a oposição das partes contrárias levou, já o vimos em Arcesilau, à suspensão de ambas. Também no pirronismo a *epokhé* envolve esses contrários, como se pode observar na definição de suspensão: "E a suspensão de juízo é dita a partir do fato de o intelecto ser retido, de modo que nada afirma ou nega, devido à igual força das coisas investigadas" (καὶ ἡ ἐποχὴ δὲ εἴρηται ἀπὸ τοῦ ἐπέχεσθαι τὴν διάνοιαν ὡς μήτε τιθέναι τι μήτε ἀναιρεῖν διὰ τὴν ἰσοσθένειαν τῶν ζητουμένων) (HP I, 196). Não afirmar nem negar – o sentido mesmo da suspensão – expressa a problematização de duas propostas alternativas contrárias em uma questão, a positiva e a negativa. Várias passagens dos textos sextianos poderiam ser aqui lembradas para ilustrar o dito acima. Citemos apenas esta, bastante ilustrativa: "três julgo serem as principais posições sobre o movimento. A vida e alguns filósofos supõem que existe movimento; Parmênides, Melisso e alguns outros, que não existe. Os céticos disseram que não mais é do que não é; que, a julgar pelos fenômenos, parece haver movimento, mas a julgar pelo discurso filosófico, parece não existir. Nós, pois, expondo a refutação dos que supõem haver movimento e dos que o declaram nada ser, quando constatarmos a discordância de igual força, seremos forçados a dizer que, a julgar pelo dito, o movimento não mais é do que não é".[28] "Não mais isto do que aquilo" nada mais faz

---

28 Τρεῖς δέ, οἶμαι, γεγόνασιν αἱ ἀνωτάτω περὶ κινήσεως στάσεις. ὁ μὲν γὰρ βίος καί τινες τῶν φιλοσόφων εἶναι κίνησιν ὑπολαμβάνουσιν, μὴ εἶναι δὲ Παρμενίδης τε καὶ Μέλισσος καὶ ἄλλοι τινές. μὴ μᾶλλον δὲ εἶναι ἢ μὴ κίνησιν ἔφασαν οἱ σκεπτικοί· ὅσον μὲν γὰρ ἐπὶ τοῖς φαινομένοις δοκεῖν εἶναι κίνησιν, ὅσον δὲ ἐπὶ τῷ φιλοσόφῳ λόγῳ μὴ ὑπάρχειν. ἡμεῖς οὖν ἐκθέμενοι τὴν ἀντίρρησιν τῶν τε εἶναι κίνησιν

do que expressar, segundo o pirrônico, uma equipotência de coisas opostas (διὰ τὴν ἰσοσθένειαν τῶν ἀντικειμένων) que conduz a um equilíbrio (εἰς ἀρρεψίαν), equilíbrio que é "assentimento a nenhuma das duas (alternativas)" (τὴν πρὸς μηδέτερον συγκατάθεσιν) (cf. HP I, 190) – a própria suspensão de juízo.

Os procedimentos dialéticos de Arcesilau e dos pirrônicos não parecem, então, possuir diferenças de maior relevo; e ambos visam à *epokhé*, conceito nuclear do ceticismo, em suas duas versões. O que não significa que encontramos, *pari passu*, semelhança completa. Talvez a maior diferença esteja na ausência de algo que operasse, no trajeto de Arcesilau, de modo semelhante àquilo que no pirronismo cabe à noção de *tranquilidade*, de *ausência de perturbação*, ἀ ταραξία: como uma *finalidade* que tenha sido, ao mesmo tempo, *o ponto de partida* da investigação. Para o pirrônico, como vimos, tudo se inicia com a esperança de obter tal tranquilidade, que se torna então "princípio causal" (ἀρχὴ|αἰτιώδης) do ceticismo (HP I, 12). Constata-se então uma incapacidade de resolver a "discordância equipotente" (ἰσοσθενὴς διαφωνία) (HP I, 26), o que leva a desistir de encontrar uma solução, suspender o juízo (*ibid.*), o que, inesperadamente, introduz a ἀταραξία desejada (HP I, 29), tranquilidade que se dirá, agora, a finalidade do cético, seu τέλος, em questões de opinião (HP I, 30). Enquanto isso, no caso de Arcesilau, tal finalidade, segundo Sexto Empírico, é a suspensão de juízo, a ἐποχή (HP I, 232). Semelhante diferença, certamente importante, não elimina, contudo, a semelhança de base, que o próprio pirrônico reconhece:

ὑπολαμβανόντων καὶ τῶν μηδὲν εἶναι κίνησιν ἀποφαινομένων, ἐὰν τὴν διαφωνίαν εὑρίσκωμεν ἰσοσθενῆ, μὴ μᾶλλον εἶναι ἢ μὴ εἶναι κίνησιν λέγειν ἀναγκασθησόμεθα ὅσον ἐπὶ τοῖς λεγομένοις) (HP III, 65).

Arcesilau sustenta uma posição em que não se afirma a impossibilidade de apreensão, mas sim a suspensão de juízo.[29]
Algumas outras passagens referentes a Arcesilau permitirão concluir, assim nos parece, por outras semelhanças e diferenças importantes.

---

29 Outro ponto significativo de diferença entre Arcesilau e os pirrônicos nos parece dizer respeito a uma importante característica da noção de *epokhé*. Ioppolo, sempre se defrontando com a interpretação "dialética" sobre nosso filósofo e procurando agora afastar a ideia de que a suspensão, para Arcesilau, seria um *télos*, sustenta que a *epokhé* não seria, em sua filosofia, um *ato voluntário*, pois essa é uma caraterística da teoria estoica do assentimento, que Arcesilau não endossa (cf. *op. cit.*, pp. 61-3). Não é também, portanto, uma *conclusão que se segue e extrai com necessidade*, a partir da equipotência: "Arcesilau não assume a posição de que 'é necessário' suspender o juízo. A *epokhé* é o resultado que a cada vez se segue do igual peso das teses contrapostas. Diante da aporia, não é possível nem afirmar nem negar: a *epokhé* é a descrição de como, a cada vez, se traduz a aporia no comportamento" (*op. cit.*, p. 145; também p. 158). É correto, parece-nos, destacar a suspensão em Arcesilau, como vimos, acima de tudo como um "nem afirmar nem negar", que ganha comentário posterior na linguagem estoica do assentimento. Mas as linhas finais do primeiro livro dos *Academica* não nos parecem deixar margem a dúvidas: a retenção de assentimento se diz uma *consequência* da oposição das teses, um *efeito* dela – "…dissertando contra as afirmações de todos…de modo que (*ut*), quando numa mesma questão…o assentimento seria retido de ambas as partes" (I, 45). Leiam-se sobre isso as críticas de H. Maconi, que mostra a ambiguidade do trecho de Diógenes Laércio que Ioppolo utiliza (IV, 28) e observa, a nosso ver com propriedade: "mesmo que a ἐποχή seja a consequência causal necessária da dialética, pode *também* ser o τέλος – o fim desejado – das atividades do dialético. A elaboração de Sexto sobre como a ἐποχή é o τέλος de Arcesilau (HP I, 233) e a observação casual de Cícero (*Acad.* I, 45) de que Arcesilau praticava a dialética *a fim de* obter ἐποχή sugerem que Arcesilau não era um pirrônico nesse ponto" (*art. cit.*, p. 243). Note-se, então, que é perfeitamente possível conciliar a ideia de que a suspensão *decorre* da dialética *in utramque partem* e a ideia de que tal dialética se exercita *a fim de obter* a suspensão – o que torna pouco relevante aqui, a nosso ver, decidir se o *ut* na linha supracitade de I, 45 introduz uma oração consecutiva (opção aqui adotada) ou uma oração final (o que também é possível). De qualquer modo, na medida em que os textos permitem um julgamento sobre o tópico, parece-nos também que não há lugar para cogitar de um sentido *passivo* da suspensão, como é o caso no pirronismo, na filosofia de Arcesilau.

Verum invenire velle

Em I, 44, o esclarecimento de que Arcesilau não combateu Zenão por "pertinácia ou desejo de vencer", mas sim levado pela *obscuridade* das coisas, deve ser aproximado da ideia de que ele "desejava encontrar a verdade" (II, 76), sendo então a obscuridade resultado da busca que esse desejo ocasiona. Isto permite, como veremos, estabelecer um cotejo com o sentido que o pirrônico passa a conferir à sua *zétesis*, após tornar-se um filósofo da *epokhé*.

Nas duas passagens supracitadas, Cícero procura preservar a atitude crítica de Arcesilau em relação a Zenão, dela afastando interpretações pejorativas que a descrevessem como meramente erística, leviana ou inconsequente. Para tanto, em I, 44, pretende que, se Arcesilau criticou Zenão, o fez, como vimos, porque a isso o levou sua constatação de que tudo é obscuro. Em II, 76, a mesma defesa se faz, mas, agora, não mediante a afirmação de uma consequência, um resultado com que o filósofo depara, mas sim pela afirmação de uma causa, como que origem e móvel de seu filosofar: ele, diz Cícero, não combateu Zenão "para denegri-lo" (*obtrectandi causa*), mas sim porque "quis descobrir a verdade" (*verum invenire voluisse*).[30]

Lidas em cotejo, essas duas defesas ciceronianas de Arcesilau permitem inicialmente concluir que a crítica a Zenão resulta de uma originária busca da verdade que levou à constatação da obscuridade e, consequentemente, à atitude de abstenção de afirmação e retenção ou recusa de assentimento, assim se justificando a polêmica com o fundador do estoicismo e também a dialética que, em I, 45, é dita seguir-se dessa posição. Portanto, o método de oposição característico do ceticismo apresenta-se aqui como uma necessidade imposta pelo

---

30 Para Maconi. *art. cit.*, p. 233, seguindo Ioppolo (*Opinione*, p.p. 109-10), não há dúvida de que Arcesilau é um filósofo "sério", que não se opõe levianamente a Zenão. Isso nos parece expressar bem o espírito das duas passagens.

resultado a que conduziu a tentativa de satisfazer aquilo que se poderá talvez considerar o projeto filosófico por excelência, que também Arcesilau, inicialmente, assumira: a busca e descoberta da verdade. Estamos aqui, já o vimos, perante um tema que mais tarde, em Sexto Empírico, ganhará força significativa, pois o pirrônico das *Hipotiposes*, já no primeiro capítulo desta obra, define-se, como sabemos, à luz da permanência de uma investigação, de uma *zétesis*, que, ali ao menos, só se pode entender como procura da verdade, mas que se vai afirmando e sedimentando, através da obra, como o método mesmo de oposição que se debruça sobre as várias e distintas teses dogmáticas. Investigar a verdade, procurá-la, será então pôr à prova os dogmatismos, testar e desafiar suas tentativas de afirmação dessa verdade, o que vem sempre conduzindo a situações de equilíbrio de persuasão que induzem à renovada suspensão de juízo; no entanto, em princípio, isso não eliminaria completamente a possibilidade de que, resistindo à oposição de argumentos, uma doutrina às outras se impusesse como superior e, portanto, como verdadeira. Possibilidade que, embora real, não sobrepuja, contudo, a força das experiências até então infalivelmente subsequentes de suspensão, o que dá ao pirrônico – ao menos assim lhe parece – o direito de, em face da possível situação de se lhe apresentar uma doutrina que não consegue criticar a contento, evocar a existência possível de uma outra, ainda não descoberta, que a essa se oporia com equipotência persuasiva, a ele permitindo assim recusar-lhe agora seu assentimento e manter-se em sua *zétesis*, ao mesmo tempo em suspensão de juízo, sem escorregar para o dogmatismo negativo que decreta a impossibilidade da verdade.[31]

---

31 A passagem mais rica – e polêmica – para a análise do tema é HP I, 33-4: "quando alguém nos propõe um argumento (λόγος) que não somos capazes de refutar, dizemos-lhe que, assim como, antes do surgimento daquele que introduzirá a doutrina a que ele se filia, ainda não se mostrava o argumento dessa doutrina como válido, embora realmente já existisse, assim também é possível que o argumento oposto àquele que ele agora afirma realmente

O tema, de modo nenhum, é menor no pirronismo: a permanência na investigação da verdade é, como se pode ver, aquilo que, no capítulo inicial das *Hipotiposes*, permite *distinguir o pirrônico do acadêmico*, já que este, diz Sexto, se refere às coisas como não-apreensíveis – noutros termos, não mais considera possível encontrar a verdade.

Ora, o mesmo tema, observado agora pelo prisma dos *Academica* de Cícero, ganha novos contornos. Se, como se vem aqui tentando defender, não é correto atribuir a Arcesilau a posição da não-apreensibilidade – algo que Sexto Empírico reconhece, como se sabe –, se a suspensão de juízo é resultado de sua trajetória e esta realmente se inicia como busca da verdade, cabe indagar se também ele vê a dialética daí resultante como um meio possível, ao menos em princípo, de obtenção, tanto da suspensão de juízo, como da verdade, como parece ser o caso no pirronismo, onde esses dois objetivos, ao menos, não são incompatíveis. Segundo uma passagem do segundo livro, onde se lê, pelas palavras de Luculo, uma das várias críticas de Antíoco aos acadêmicos, eles dizem que, "para encontrar a verdade (*veri inveniundi causa*), é preciso falar contra tudo e a favor de tudo (*contra omnia dici oportere et pro omnibus*)" (II, 60).[32] É possível interpretar esta afirmação como referência a uma atitude metodológica, presente em alguns proêmios de tratados filosóficos de Cícero, que relaciona a discussão *in utramque partem*, atribuída também a Arcesilau e Carnéades, a uma sentido de "verdade" e "verossimilhança", provavelmente filoniano e ciceroniano, sentido que, ao que parece, já se distingue e afasta do ceticisimo originário de Arcesilau e Carnéades.[33] Mas, como os nomes destes dois filósofos aparecem

---

exista, mas ainda não nos seja evidente, de modo que não se deve ainda dar assentimento a um argumento que agora nos parece forte".

32 Veremos que esta passagem será importante na análise de uma das críticas, a mais importante, que Sexto fez a Arcesilau.

33 Como vimos acima, evocando comentário de Ioppolo a propósito de uma passagem de Plutarco, que relaciona a argumentação *in utramque partem* e a

com frequência nas críticas de Antíoco – e não custa lembrar que a polêmica entre Antíoco e Filo os leva a retornar a esses dois antecessores, bem como a Zenão e Crisipo –, o que ocorre inclusive no trecho referido, pode-se supor que esteja realmente aludindo a uma ideia que eles teriam sustentado, e que as passagens dos *Academica* aqui destacadas permitem relacionar a posição própria de Arcesilau à ideia de que o método de oposição *visa* à "descoberta da verdade", sem que se trate da posterior apropriação filoniana. Em que sentido seria isso possível?

Uma hipótese de solução, a mais imediata, seria ver aí justamente o que se encontra no pirronismo: a verdade das coisas se mantém sujeita à descoberta, ainda que a investigação dos dogmatismos nos venha levando à suspensão, a ponto de esta tornar-se a forma de expressar a especificidade mesma do pirronismo e de nos fazer, de algum modo, confiar em que a equipotência dos discursos se obterá mesmo para uma doutrina ora resistente à crítica. Em linhas gerais, a interpretação é plenamente compatível com o que Arcesilau defende, segundo aqui se entende: suspensão de juízo e recusa de afirmação de não-apreensibilidade, o que, de algum modo, mantém uma abertura para a verdade. Outra, contudo, parece-nos ser a maneira acadêmica de tratar o tema, maneira que não vemos inconciliável com características centrais do pirronismo, ainda que confira à ideia de "verdade" sentido peculiar.

Em princípio, deve-se dizer que a verdade que motiva a investigação de Arcesilau é a verdade das coisas, aquela que a filosofia anterior, como vimos nas linhas finais do primeiro livro dos *Academica*, constatava envolta em obscuridade. Isso nos poderia levar a compreender a busca da verdade em nosso filósofo como uma espécie de tarefa infinita, desde sempre destinada, mediante a oposição dos

---

possibilidade de apreensão, na nota 25. Note-se, contudo, que se trata aí de "apreensão", conceito estoico, não de verdade.

argumentos que caracteriza sua dialética, a constatar a impossibilidade de alcançar o alvo desejado.[34] Não há dúvida de que essa é a mais imediata hipótese de leitura que se apresenta ao intérprete. Mas parece-nos que é preciso partir do momento dos *Academica* em que Cícero, com todas as letras, atribui a nosso filósofo o desejo de encontrar a verdade; pois imediatamente a seguir afirma-se que há algo que ele *aceita como verdadeiro*. Se Arcesilau realmente acolhe algo como verdadeiro – e se não se tratar aí de mera assunção dialética –, torna-se difícil sustentar a interpretação acima, que se baseia na ideia de que nunca se encontrará a verdade; ou, ao menos, torna-se problemático concluir que ela é suficiente para resolver o problema. Pois, se tal "verdade" que move o filósofo e que afinal nunca poderia encontrar for simplesmente a *veritas rerum*, a verdade das coisas, aquela que de início todos almejam, inclusive Arcesilau – e o cético pirrônico –, com a referida afirmação de Cícero será a posição mesma de Arcesilau como um defensor da suspensão de juízo – ou mesmo da não-apreensibilidade – que se esvairá.

Então, duas são as possibilidades: ou bem, como se disse, se trata de assumir dialeticamente, para efeito de refutação do adversário – o estoico Zenão –, semelhante aceitação de algo como verdadeiro; ou bem é possível conciliar a suspensão com o que Cícero afirma aí, em termos bastante fortes – que há uma certa afirmação (*sententia*) que a Arcesilau "pareceu tanto verdadeira como honrosa e digna do sábio (*visa est Arcesilae cum vera sententia tum honesta et digna sapiente*)"

---

34 Tratando das diferenças entre Arcesilau e Crisipo quanto à função do "método dialético", Ioppolo (*op. cit.*, p. 117) vê em Arcesilau a "busca da verdade que não se conclui nunca, porque diante de razões a favor de uma tese se põem as contrárias de igual peso decisivo". Nesse sentido, tal "busca" se desenvolve já sabedora de que não descobrirá a verdade, se de fato, para Arcesilau, como quer a autora, tudo é inapreensível. E isto vale também se não vemos a suspensão como resultado da não-apreensibilidade, como é o caso aqui.

(*Acad.* II, 77). Parece-nos que, quando não se vê em nosso filósofo *apenas* dialética, quando se defende que ele desenvolve uma posição filosófica própria, *in propria persona*, impõe-se a tentativa de conferir sentido a esta última possibilidade de leitura.

Ora, que verdade é essa, que até então ninguém afirmara? "Nunca nenhum dos predecessores não somente expressara, mas nem mesmo dissera, que é possível que o homem em nada opine, e que não somente é possível, mas que assim é necessário ao sábio (*nemo umquam superiorum non modo expresserat sed ne dixerat quidem posse hominem nihil opinari, nec solum posse sed ita necesse esse sapienti*)" (*Acad.* II, 77). Note-se que Cícero está começando a construir um argumento para estabelecer, em defesa de Arcesilau, que ele queria encontrar a verdade: "Que Arcesilau não combateu Zenão para denegri-lo, mas porque quis descobrir a verdade, assim se compreende (*sic intellegitur*)..." (II, 76). É então que apresenta a *sententia* acima, que a Arcesilau se mostrou como "verdadeira e digna do sábio", o que leva a concluir que, se assim está feita a justificativa, essa, de algum modo, *foi a verdade buscada*. Embora essa passagem de Cícero pareça falar-nos sempre do que teria sido o momento inicial do pensamento de Arcesilau, restringindo o conteúdo da descrição a esse momento apenas – e a verdade em questão não seria então, como sempre entre os filósofos, senão a verdade das coisas cuja procura inaugura o filosofar –, a boa compreensão do sentido do texto nos parece conduzir a uma conclusão mais complexa, pois mostraria que "encontrar a verdade", *verum invenire*, significaria não apenas orientar-se, no início da busca, pela ideia contida nessa proposição, como também *visá-la*, nela ver o objeto de "descoberta": em outras palavras, a investigação da verdade se torna primordialmente a tarefa de *encontrar o modo de satisfazer essa exigência para o sábio*. Não há dúvida de que estamos aí perante uma forma um tanto curiosa de empregar o vocabulário da verdade, o de sua investigação e o de sua descoberta. Mas, além de incomum, seria tal forma proibitiva para um filósofo da suspensão de juízo?[35]

Se retornarmos ao que nos informavam as linhas finais do primeiro livro dos *Academica* (I, 44-5), perceberemos que a *sententia* de que fala Cícero nada mais faz do que retomar o essencial da posição de Arcesilau – quer o resultado a que chega, quer a atitude intelectual que a movia. Como vimos, diante da obscuridade em que tudo se encontra, resta a abstenção de afirmação, de assentimento; pois só assim se evita o que há de mais "vergonhoso" (*turpius*): a precipitação e o erro, assentimento e aprovação sem conhecimento e apreensão. Assim, a meio caminho, nesse itinerário, deparamos com aquilo que nos pareceu constituir as exigências filosóficas e racionais imprescindíveis, expressas também na ideia de que nunca se deve "aceitar algo falso ou incerto" (*aut falsa aut incognita res*), e que não deixaram alternativa ao filósofo: há que suspender o juízo. Ora, eis o que vemos agora, no segundo livro, dito de outro modo: pode-se evitar a opinião sobre tudo, pois podemos sobre tudo suspender o juízo; e mais, devemos fazê-lo, não poderia ser de outro modo – assim nos é necessário, se queremos nos manter fiéis ao ideal de conhecimento que nos movia de início. Ideal que agora ganha expressões fortes, pois se trata de afirmar uma proposição, além de verdadeira, "honrosa e digna do sábio (*sapiente*)", a quem é necessário (*necesse esse sapienti*) adotar tal posição.

---

35 Não nos parece correto dizer, com Maconi, que em *Acad.* II, 76 o *verum invenire* é uma "inferência", e "fraca", de Cícero (*art. cit.*, p. 233-4). É verdade que Cícero explica (*intellegitur*) o que disse, mas não é Cícero quem o conclui "a partir do modo como Arcesilau argumentou". Ao contrário, após afirmar categoricamente uma "verdade" aceita por Arcesilau, acrescenta; "talvez (*fortasse*) tenha perguntado a Zenão..." (II, 77). A argumentação não é o ponto de partida para a "inferência" de Cícero, mas sim uma *consequência possível* (*fortasse*) de uma "verdade" já aceita.

Assim, quando, na sequência (II, 77), Cícero elabora um diálogo entre Zenão e Arcesilau e este inicia a contenda introduzindo a defesa dialética da não-apreensibilidade – "o que haveria de ser se o sábio nada pudesse apreender... (*quid futurum esset si nec percipere quicquam posset sapiens...*)" –, segue-se uma outra hipótese que também é dialética, mas que ao mesmo tempo expressa aquela verdade que ele próprio, Arcesilau, aceita – "...e opinar não fosse próprio do sábio (*...nec opinari sapientis esset*)". Temos aí, como já tínhamos em nossa passagem do primeiro livro, simultaneamente, reflexão própria de nosso filósofo e estratégia crítica contra o estoicismo, com a diferença de que, em I, 44-5, referir-se aos estoicos era complementar. Agora, o contexto é realmente dialético, de crítica ao estoicismo, mas tal crítica traz consigo, dando-lhe seu norte, a posição de Arcesilau *in propria persona*. Não é outro o sentido de um momento pouco anterior, também de embate com Zenão, que num argumento enxuto apresenta, noutros termos, essa posição: "se alguma vez o sábio dá assentimento a algo, às vezes também opinará; mas ele nunca opinará; logo, não dará assentimento a nada (*Si ulli rei sapiens adsentietur umquam, aliquando etiam opinabitur; numquam autem opinabitur; nulli igitur rei adsentietur*)" (II, 67). Como, diz Cícero, Arcesilau aceita ambas as duas premissas, aceita também a conclusão, que, embora aqui dirigida polemicamente à doutrina estoica, expressa justamente aquilo para que o texto do primeiro livro nos apontava: nada resta, senão suspender o juízo sobre tudo, conclusão que agora se deve atribuir ao *sábio*.

Isso não quer dizer que Arcesilau inove completamente em relação a seu adversário estoico. Quando Cícero se refere ao que há de inédito em sua posição, o faz, como vimos, em comparação com seus "predecessores" (*nemo numquam superiorum*) (II, 77), o que não permite incluir um contemporâneo como Zenão. Trata-se, na verdade, de mais um indício da ligação desta descrição com a do final do primeiro livro, pois tais predecessores só podem ser aqueles filósofos todos de que Arcesilau partira em seu filosofar e dos quais se distanciara e distinguira justamente no concluir pela suspensão de juízo. Mas o estoico, também ele, como vimos, traça o perfil de uma "sabedoria" (*sapientia*) na qual não há lugar para opinião, erro, ignorância, precipitação e "tudo que seja estranho ao assentimento firme e constante" (*Acad.* I, 42). Isso permite concluir, não por uma simples assunção dialética de Arcesilau de um ideal exclusivamente estoico, mas sim pela existência de uma polêmica a respeito da "verdadeira" maneira de satisfazer a esse conceito de sabedoria, segundo o qual o sábio não opina. Não nos parece ser outro o sentido da menção feita por Cícero, pouco antes de apresentar o argumento em *Acad.* II, 67, ao fato de Arcesilau concordar com Zenão (*Zenoni adsentiens*) a respeito do que seria a "máxima força do sábio" (*sapientis...vim... maximam*): "precaver-se para não ser surpreendido, cuidar para não ser enganado – pois nada está mais afastado da concepção que temos da seriedade do sábio do que o erro, a leviandade, a precipitação (*cavere ne capiatur, ne fallatur videre – nihil est enim ab ea cogitatione quam habemus de gravitate sapientis errore, levitate, temeritate diiunctius*)" (II, 66).

O mesmo argumento de *Acad.* II, 66-7, exposto com mais minúcia, se encontra em Sexto Empírico, AM VII, 150-7, e apresenta indícios interessantes: "Não havendo apreensão, todas as coisas serão não-apreensíveis. Mas, tudo sendo não-apreensível, seguir-se-á também segundo os estoicos que o sábio suspende o juízo. Examinemos deste modo. Todas as coisas sendo não-preensíveis por causa da não-realidade do critério estoico, se o sábio der assentimento, o sábio opinará; pois, nada sendo apreensível, se der assentimento a algo, dará assentimento ao não-preensível, e o assentimento ao não-apreensível é opinião. De modo que, se o sábio está entre os que dão assentimento, estará entre os que opinam. Mas o sábio certamente não está entre os que opinam (pois isso, segundo eles, era insensatez e causa de erros); portanto, o sábio não está entre os que dão assentimento. Mas, se é isso, ele deverá recusar assentimento a respeito de tudo. Mas recusar assentimento outra coisa não é senão suspender o juízo; portanto, o sábio suspenderá o juízo sobre todas as coisas". (155-7). Embora a definição de sábio como aquele que não opina seja expressamente atribuída apenas ao estoico, observe-se que a conclusão diz: "seguir-se-á *também* segundo os estoicos que o sábio suspende o juízo (ἀκολουθήσει καὶ τοὺς στωικοὺς ἐπέχειντὸν σοφόν), o que permite dar ao argumento o sentido e intenção mais amplos pretendidos aqui.[36]

---

[36] Couissin mostra categoricamente o pano de fundo estoico deste argumento e de *Acad.* II, 67, bem observando que, na versão de Cícero, o argumento é de forma estoica, daquela que com Crisipo se transformará no segundo tipo dos argumentos "indemonstráveis". E conclui: "Quando Arcesilau diz 'o sábio', ele não está, portanto, se referindo a um Sábio da Academia, a quem ele poderia atribuir suspensão de crença como seu fim" ("The Stoicism of the New Academy", p. 34). Mas isso se complica se, como vimos, retornamos a *Acad.* I, 45, texto que não aparecerá senão mais adiante em sua análise, e o lemos como instaurador da filosofia de Arcesilau. Além disso, ao comentar o argumento em Sexto como "uma *reductio ad absurdum* da teoria estoica do conhecimento" e citar a conclusão, não dá a devida importância ao termo *kaí* ("também conforme os estoicos...") (*ibid.*), que, como se pode perceber, sugere mais do que intenção dialética. Maconi, com razão, evita dar a tal indício estatuto de "evidência *independente* para atribuir a ἐποχή a Arcesilau" (*art. cit.*, p. 241, n. 32), julgando a tradução de *kaí* por "também" apenas uma possibilidade. Mas, das duas outras opções que oferece, uma, "mesmo" (como Couissin, p. 34), não muda o sentido da afirmação, pois também faz uma adição; a outra, "os próprios estoicos", ou "realmente", não nos parece possível; e acabará concordando com Ioppolo (cf. *art. cit.*, p. 247, n. 46). Ioppolo, *op. cit.*, p. 60, vê dois significados diversos para ἀσυγκαταθετεῖν (termo estoico) e ἐπέχειν (termo de Arcesilau, quem não se encontra nos fragmentos de Zenão). Isso explicaria que, no argumento exposto em AM 150-7 de Arcesilau, faça-se o esclarecimento: τὸ ἀσυγκαταθετεῖν οὐδὲν ἕτερόν ἐστι ἢ τὸ ἐπέχειν, "recusar o assentimento outra coisa não é, senão suspender o juízo", que visaria a adaptar a posição própria de Arcesilau para uma estratégia de crítica ao estoico, "querendo dar a entender que o não assentir a que é forçado o sábio estoico equivale

Munidos desses esclarecimentos, voltemos aos dois textos que nos introduziram no tema: *Acad.* I, 44-5 e II, 76-7. Ora, se reunirmos as duas passagens, teremos mais ou menos o seguinte: 1. Para Arcesilau, o sábio nunca opina (sua "verdade") (II, 77); 2. É preciso, portanto, encontrar o meio para garantir isso (sua *zétesis*); 3. Em princípio (como no pirronismo e nos dogmatismos), busca-se a doutrina verdadeira, a verdade das coisas, o que proporcionaria a garantia para 1; 4. Depara-se com total obscuridade (I, 44); 5. Por causa de 1, segue-se a necessidade de suspender assentimento (I, 45) e isso, doravante, determinará a posição própria e a estratégia dialética de Arcesilau (aqui, também II, 67-8 e AM VII, 150-7).

O esquema acima veicula duas "verdades": a da "tese" aceita por Arcesilau e a verdade das coisas, em princípio passível de ser capturada numa doutrina que, por isso, seria verdadeira. Mas talvez se trate de duas, por assim dizer, "ordens" diferentes de verdade, que, embora não coincidam, não se excluem: em certo sentido, 1 e 3 podem ser vistos como o mesmo, pois o filosofar, não custa reiterar, começa com a convicção de que só se satisfazem as exigências envolvidas na noção de sábio, se se encontra a verdade das coisas. Com a constatação de que é preciso suspender o juízo, porque é a única forma que se

---

à suspensão do sábio acadêmico". Isso permite a Ioppolo afastar a ideia de que a suspensão, no sentido de Arcesilau, apenas retoma sentido já veiculado por Zenão e o exacerba (crítica direta a Couissin, "L'Origine...''; cf. p. 61, n. 109). Além disso, haveria outra diferença: "Se examinamos o contexto em que as fontes acadêmicas se referem à doutrina de Arcesilau, vemos como ἐπέχειν para Arcesilau não significa suspender τὴν συγκατάθεσιν, mas antes reter τὰς ἀποφάσεις" (p. 61). Isto está de acordo com *Acad.* I, 45, onde, como vimos, Arcesilau inicialmente expressa sua posição como "nada professar nem afirmar" (*nihil...neque profiteri neque adfirmare*), para só então dizê-la como "não aprovar com assentimento" (*neque adsensione approbare*).

tem de satisfazer tais exigências, a dialética que se instaura torna-se um meio de fazê-lo.[37]

Assim, *não haveria incompatibilidade entre a busca da verdade e a suspensão*. Estaríamos perante situação semelhante àquela que se mostra no pirronismo, em que o tema da *zétesis* também se põe de forma polêmica, mas ainda permitindo uma conciliação: perturbado pela anomalia das coisas, o cético investiga "quais são verdadeiras, quais falsas", esperando com isso suprimir a perturbação. É então que suspende o juízo, o que tornaria sua *zétesis*, agora, uma "busca" da *epokhé*. A correção dessa interpretação não elimina a possibilidade, ainda que mínima, de que, em princípio, não se obtenha *epokhé* e se deva então render-se a uma verdade. Isso bastaria, ao menos, para mostrar que a suspensão se descobre no interior de uma *zétesis* sobre a verdade, que ainda tenuamente permaneceria no horizonte do investigador. Algo semelhante valeria para Arcesilau, a julgar agora por *Acad*. I, 44, onde parece expor-se uma "busca da verdade" que redunda na constatação de obscuridade, a qual levará à prática

---

37 Sobre a relação entre a suspensão e a busca da verdade, Ioppolo conclui: "dado que o resultado da discussão é a aporia que se traduz na *epokhé*, a investigação da verdade e a *epokhé* terminam, num certo sentido, por identificar-se. De fato, a *epokhé* representa a conclusão provisória da discussão que prossegue em vista da investigação. Mas a investigação da verdade acaba por coincidir com a *epokhé*, pela impossibilidade de superar a dificuldade teórica em face do igual peso das teses contrárias" (*op. cit.*, p. 159). Parece-nos que esse comentário cai como uma luva quando dirigido ao pirronismo; sem dúvida é correto no caso de Arcesilau, mas não dá conta completamente do modo mais complexo como se entende a busca da verdade, não mais apenas a verdade das coisas. O mesmo nos parece valer para a crítica que Maconi faz à análise de Ioppolo: "Mesmo se a investigação da verdade sempre conduz à ἐποχή, uma coisa é investigar a verdade, outra completamente diferente tentar introduzir ἐποχή" (*art. cit.*, p. 234, n. 8). Também neste caso, por pertinente que a crítica seja, reduz-se "verdade" a um sentido que, para compreender Arcesilau, não é completo. Assim, pode-se discordar de Maconi (p. 234), quando diz que "podemos atribuir a Arcesilau um propósito filosófico sério sem torná-lo um zetético".

da argumentação contrária, em vista agora da suspensão. E, se não parece haver indícios em nosso filósofo de uma abertura para a possibilidade de que se encontre a *veritas rerum*, isso não é incompatível com sua posição.

Arcesilau estaria, então, permitindo-se caracterizar sua posição própria como expressão de uma "verdade", que é tal porque proporciona os meios para preencher as condições necessárias para que se possa veicular os conceitos de sabedoria e sábio que, desde sempre, o conduziram em seu filosofar.[38] Haverá, assim, um conceito de *sapientia* para o acadêmico, mas que não instaura nenhum dogmatismo, e sim aquilo que resultará de uma investigação racional e isenta: a suspensão de juízo, a recusa de um discurso afirmativo definitivo.

Como caracterizar a "verdade" de Arcesilau? O emprego de terminologia tão forte não significaria o reconhecimento de ao menos um inevitável ponto de partida e resquício dogmático? A recusa da confissão socrática de ignorância, tal como a lemos em *Acad.* I, 45, terá sido apenas aparente, sendo então preciso admitir que ao menos uma "verdade" resta: que o sábio, para sê-lo, deve suspender o juízo sobre tudo?

Segundo a interpretação que aqui sugerimos, a verdade de Arcesilau consiste no conceito de sábio que dirige seu filosofar, índice das exigências de racionalidade por excelência. A suspensão, em virtude da obscuridade das coisas, mostra-se o modo de realizá-lo, ganhando assim, em face da pretensão dogmática, estatuto nuclear e privilegiado. Doravante, uma dialética da equipotência deverá ser mobilizada para que tal "sábio" possa se impor, possa sustentar-se como legítimo representante daquela "verdade". Verdade

---

38 Ioppolo, *op. cit.*, p. 29, interpreta a informação de Cícero de que Arcesilau não polemizava com Zenão *disserendi causa* (*Acad.* I, 44) como prova de que Arcesilau aceitava a tese de que o sábio não deve opinar. "Arcesilau nunca demonstra a falsidade da tese de que o sábio não deve absolutamente opinar" (p. 30).

que, como vimos, não é das coisas, mas sim, digamos, de "segunda ordem", "metafilosófica", sem pretensões apofânticas a respeito do mundo. Sobre esse tipo de afirmação, não caberia indagar sobre seu eventual valor de verdade. Arcesilau não suspende o juízo sobre a afirmação de que o sábio não pode e não deve opinar, para evitar o erro e a precipitação, porque isso é o que torna possível a busca da verdade e a ela confere sentido. E não nos parece fazer diferente o pirrônico, em certos momentos dos textos de Sexto Empírico, a propósito de certas exigências de racionalidade mínima, que às vezes chegam a ser explicitadas. O pirrônico, por exemplo, suspende o juízo sobre a existência de um critério de verdade; mas cabe dizer que suspenderia o juízo, ou cogitaria dessa possibilidade, também sobre a seguinte afirmação: "para descobrir a verdade, é necessário um critério"?[39] Ou ainda: "se alguém afirmar algo sem prova, não será digno de crédito"?[40] São "teses" que não descrevem o mundo, são condições necessárias para tal descrição. Também o pirrônico veicula um certo perfil filosófico que envolve o afastamento da precipitação dogmática (cf. HP III, 235, 281), de suas sutilezas (HP II, 151, 167), a recusa de assentimento ao que não é evidente (HP I, 13). E, se não arremata esse perfil dando-lhe nome de "sábio",

---

39 Cf. AM VII, 24: "Mas nós (os céticos)...dizemos que se se deve investigar o verdadeiro em toda parte da filosofia, antes de tudo é preciso possuir como críveis os princípios e os modos de seu discernimento (ἡμεῖς δὲ|ἐκεῖνο δέ φαμεν ὡς εἴπερ ἐν παντὶ μέρει φιλοσοφίας ζητητέον ἐστὶ τὸ ἀληθές, πρὸ παντὸς δεῖ τὰς ἀρχὰς καὶ τοὺς τρόπους τῆς τούτου διαγνώσεως ἔχειν πιστούς).

40 Observem-se, por exemplo, as passagens em que o pirrônico explora as dificuldades envolvidas na relação entre prova e critério. Elas às vezes chegam a empregar modos formais de crítica, como hipótese, circularidade e regressão ao infinito, que operam nesses casos como autênticas denúncias de transgressões a exigências mínimas de racionalidade, transgressões que as presunçosas tentativas dogmáticas não conseguem evitar (HP I, 115-7; II, 20; III, 34-6; AM VII, 339-42; AM VIII, 380).

será talvez apenas por um pudor terminológico, não por julgar que estaria nisso incorrendo em dogmatismo.⁴¹

A importância de compreender em que sentido se trata ainda, para Arcesilau, de "procurar a verdade", não é pequena: obtém-se aí a possibilidade de *conferir positividade* à *epokhé*, algo que o pirronismo faz mediante a noção de *ataraxía*, aparentemente ausente do ceticismo acadêmico. Pois agora se pode imaginar um sentido para a *epokhé*, uma razão filosoficamente extraída do percurso de pensamento de nosso filósofo, que a torna, por ser o modo de satisfazer um ideal de *sapientia*, um *fim em si mesmo*. E não mais se deverá ver aí, como quis Sexto Empírico, motivo para crítica. Para o pirrônico, com efeito, Arcesilau, como sabemos, tem muito em comum com o pirronismo: não se pronuncia sobre a realidade, não dá preferência a nada em termos de crença, e suspende o juízo sobre tudo (HP I, 232). Mas isso o torna apenas "quase" um pirrônico, pois o texto prossegue, após atribuir-lhe a *epokhé* como um *télos*, com a ressalva de que "ele diz também que as suspensões de juízo particulares

---

41 Nossa posição sobre este tópico é em boa medida semelhante àquela defendida por Maconi, ao comentar *Acad.* II, 77: "Como Arcesilau poderia aceitar essa ou qualquer outra *sententia*, se ele ἐπέχει περὶ πάντων? Contudo, embora isso possa parecer um poderoso argumento contra Cícero (e Ioppolo), seu poder é menor do que parece, e ninguém familiarizado com a tradição pirrônica posterior achará difícil excogitar várias respostas possíveis. Aqui está uma: Arcesilau – como Sexto – não desistiu de conhecimento conceitual; sua ἐποχή era compatível com a posse e uso de conceitos – e particularmente, dos conceitos de δόξα e de σοφία. A tese de que o Sábio não possuirá opiniões não representa uma *crença* substantiva; antes, expressa (parte) da competência conceitual de Arcesilau – ele abraça a "tese" apenas na medida em que tem uma apreensão inteligente dos dois conceitos que ela envolve" (*art. cit.*, p. 244). Será talvez nossa interpretação um tanto mais forte, pois esse "conhecimento conceitual", a nosso ver, determina toda a filosofia de Arcesilau. Mas Maconi também parece ver nesse tipo de conhecimento algo que passa ao largo do terreno minado da *veritas rerum*, eximindo nosso filósofo de dogmatismo sem, ao mesmo tempo, conduzir a uma leitura "dialética" (cf. p. 245).

são boas, e maus os assentimentos particulares. Exceto que alguém poderia dizer que nós o dizemos segundo o que nos aparece e não de modo assertivo, mas que ele o diz por natureza, de maneira que afirma mesmo que a própria suspensão é boa e o assentimento, mau" (HP I, 233).[42] Ora, apesar de a terminologia ciceroniana em *Acad.* II, 77 nos apresentar a verdade de Arcesilau como *honesta et digna sapiente*, "honrosa e digna do sábio", não se deve ver aí a veiculação de uma tese de cunho "ético". A *epokhé* não é "boa" – e portanto um *télos* – no sentido em que, dogmaticamente, se fala de um bem supremo, *honestum*, na concepção estoica de sabedoria. Suspender o juízo, em virtude daquilo mesmo a que conduziu o bem filosofar, é a meta da nova dialética que é preciso exercitar – é, portanto o *fim*, o *télos* que a necessidade impõe. Muito diferente do que dá a entender a passagem de Sexto, a noção de fim ou finalidade, aqui, também se vê deflacionada, esvaziada de conteúdo dogmático: expressa apenas para onde nos deve levar o exercício do método *in utramque partem*.[43]

---

42 λέγει δὲ καὶ ἀγαθὰ μὲν εἶναι τὰς κατὰ μέρος ἐποχάς, κακὰ δὲ τὰς κατὰ μέρος συγκαταθέσεις. [ἤτοι] πλὴν εἰ μὴ λέγοι τις ὅτι ἡμεῖς μὲν κατὰ τὸ φαινόμενον ἡμῖν ταῦτα λέγομεν καὶ οὐ διαβεβαιωτικῶς, ἐκεῖνος δὲ ὡς πρὸς τὴν φύσιν, ὥστε καὶ ἀγαθὸν μὲν εἶναι αὐτὴν λέγειν τὴν ἐποχήν, κακὸν δὲ τὴν συγκατάθεσιν.

43 Couissin defende a ideia de que, para Arcesilau, a *epokhé* é *télos* somente no sentido em que toda a sua dialética conduz à suspensão de juízo como fim, como alvo da argumentação, o que enfraquece bastante e de forma interessante o teor crítico da afirmação de Sexto (cf. "The Stoicism of the New Academy", p. 42). Parece-nos possível endossar tal interpretação sem adotar, como um todo, a leitura "dialética" do autor, pois não dizemos aqui, apenas, que a suspensão de juízo é um "fim de argumentação": afirmamos que o é, porque proporciona a Arcesilau alcançar a meta última de seu filosofar – sua noção de sábio. Por isso, já não se pode aqui concordar com outra afirmação do autor, a de que Arcesilau teria afirmado que as suspensões são "boas" e os assentimentos são "maus" apenas "num espírito de zombaria" (*art. cit.*, n. 12) (Ioppolo, *op. cit.*, pp. 58-9, faz comentários críticos pertinentes sobre a crítica sextiana em HP I, 232-4). É verdade que, no *de Finibus*, atribui-se a "certos acadêmicos" (*quidam Academici*) a tese de que o "bem último e tarefa suprema" (*extremum bonorum et summum munus*) é "opor-se às representações

Sócrates, Platão e Pirro

A noção de suspensão de juízo, no texto ao fim do primeiro livro dos *Academica*, resulta da obscuridade e introduz o método dialético. Mas, na obra anterior de Cícero, muito antes da elaboração de seus diálogos filosóficos, já em seu célebre *Sobre o Orador*, esse método já se apresentava como aquisição de Arcesilau a partir de uma interpretação que faz de Sócrates e Platão: "Primeiro Arcesilau, que fora ouvinte de Pólemo, dos vários livros de Platão e das conversações socráticas extraiu, sobretudo, o seguinte: nada há de certo, que possa ser apreendido ou pelos sentidos ou pelo intelecto; o qual dizem ter usado um notável encanto do dizer e rejeitado todo julgamento dos sentidos e do intelecto, e ter sido o primeiro a estabelecer – ainda que isso fosse sobretudo socrático – que ele não exibiria o que ele próprio pensava, mas disputaria contra aquilo que alguém dissesse pensar (*Arcesilas primum, qui Polemonem audierat, ex variis Platonis libris sermonibusque Socraticis hoc maxime arripuit, nihil esse certi quod aut sensibus aut animo percipi possit; quem ferunt eximio quodam usu lepore dicendi aspernatum esse omne animi sensusque iudicium, primumque instituisse – quamquam id fuit Socraticum maxime –, non quid ipse sentiret ostendere, sed contra id, quod quisque se sentire dixisset, disputare*)" (*de Orat*. III, 67).[44] Com os *Academica*, legitima-se agora,

---

e firmemente reter seus assentimentos" (*obsistere visis assensusque suos firme sustinere*) (III, 31). Parece-nos que tal atribuição só tem sua razão de ser esclarecida à luz de uma compreensão do projeto ciceroniano como um todo. Pois o próprio Cícero, além de nos relatar a doutrina dos acadêmicos, dela – ou de sua versão filoniana – faz uso próprio, ditado por motivos seus, que lhe permitem até incluir, eventualmente, os acadêmicos em sua discussão *in utramque partem*. Para maiores esclarecimentos, permitimo-nos remeter a nosso "Cícero Acadêmico".

44 A mencionada passagem do *de Oratore*, diálogo escrito vários anos antes do conjunto de textos filosóficos do qual os *Academica* é um dos primeiros, não depende, segundo J. Glucker, de Antíoco, o que vale dizer, não deve ser lida à luz do interesse filoniano de unificar as Academias "antiga" e "nova"

mediante uma consideração abrangente da história da filosofia, a pertinência dessa dialética como consequência de um estado de coisas, a obscuridade, que leva, sinteticamente, a reconhecer o valor da confissão socrática de ignorância e, em seguida, ao passo adiante de Arcesilau, original em relação à tradição como um todo: a *epokhé* sobre todas as coisas.

Mas é possível conciliar o desenvolvimento próprio que Arcesilau confere a seu pensamento com a filiação à Academia e com a presença, em sua trajetória, da influência socrático-platônica? Pode-se dizer que nosso filósofo, escolarca que foi da famosa instituição, viu na suspensão de juízo o resultado natural a que deve conduzir a filosofia de seus dois grandes antecessores? Terá Arcesilau pretendido atribuir-lhes a posição filosófica que é a sua, fazendo-o, ao mesmo tempo, à maneira de um exegeta que finalmente descobre a boa interpretação de uma doutrina?

Tais perguntas têm recebido respostas variadas. A elas soma-se uma outra, que contribui para tornar ainda mais complexa a questão das filiações e influências de Arcesilau: sua possível relação com Pirro, atestada em Diógenes Laércio, que registra que "segundo alguns, emulava também com Pirro (καὶ τὸν Πύρρωνα κατά τινας ἐ ζηλόκει)" (IV, 33). Isso após comentar que ele "parecia admirar também Platão e adquiriu suas obras (ἐῴκει δὴ θαυμάζειν καὶ τὸν Πλάτωνα καὶ τὰ βιβλία ἐκέκτητο αὐτοῦ)" (*ibid.*). O que leva o biógrafo, após mencionar também o apego de Arcesilau à dialética, a enunciar a famosa comparação que a seu respeito fez o estoico Aristão: "na frente Platão, atrás Pirro, no meio Diodoro (πρόσθε Πλάτων, ὂ πιθεν Πύρρων, μέσσος Διόδωρος)" (*ibid.*). A intenção do estoico, não há dúvida, é depreciativa: a filosofia de Arcesilau seria, assim,

---

(cf. *Antiochus...*, p. 37, especialmente n. 87). Isso tornaria um documento digno de crédito sobre a filiação deliberada de Arcesilau a Sócrates e Platão. Ioppolo endossa o comentário de Glucker (cf. *op. cit.*, p. 44, n. 69).

um monstro quimérico, uma colcha de retalhos de tecidos muito diferentes que não poderiam se reunir, um pequeno Frankenstein filosófico. A mesma comparação, exatamente nos mesmos termos, será usada por Sexto Empírico, como se sabe, para fundamentar uma crítica que dirige a nosso filósofo, permitindo-lhe, de uma vez por todas, afastar esse incômodo representante da Academia das redondezas do pirronismo. A comparação com a quimera, para Sexto, é indício do *ensino esotérico*, eminentemente *platônico*, que Arcesilau professava, servindo-lhe então a dialética como um expediente para testar a aptidão dos futuros discípulos: "E se devemos crer no que é dito a seu respeito, dizem que à primeira vista se mostrava ser pirrônico, mas na verdade era dogmático; e, visto que testava seus companheiros por meio da aporia para ver se estavam naturalmente dotados para a recepção dos dogmas platônicos, na aparência era aporético, mas para seus companheiros expunha os dogmas de Platão. Daí também Aristão dizer sobre ele: 'na frente Platão, atrás Pirro, no meio Diodoro', pois empregou a dialética ao modo de Diodoro, mas realmente era platônico" (HP I, 234).[45] Para emitir um veredito a respeito de tal acusação, será necessário passar por esse espinhoso tema das influências que terá sofrido nosso filósofo, e que julgamos adequado resumir convocando três nomes: Sócrates, Platão e Pirro.

Em face do estado da questão, os intérpretes têm, em linhas gerais e com algumas variantes possíveis, três alternativas: desqualificar

---

45 εἰ δὲ δεῖ καὶ τοῖς περὶ αὐτοῦ λεγομένοις πιστεύειν, φασὶν ὅτι κατὰ μὲν τὸ πρόχειρον Πυρρώνειος ἐφαίνετο εἶναι, κατὰ δὲ τὴν ἀλήθειαν δογματικὸς ἦν· καὶ ἐπεὶ τῶν ἑταίρων ἀπόπειραν ἐλάμβανε διὰ τῆς ἀπορετικῆς εἰ εὐφυῶς ἔχουσι πρὸς τὴν ἀνάληψιν τῶν Πλατωνικῶν δογμάτων, δόξαι αὐτὸν ἀπορητικὸν εἶναι, τοῖς μέντοι γε εὐφυέσι τῶν ἑταίρων τὰ Πλάτωνος παρεγχειρεῖν. ἔνθεν καὶ τὸν Ἀρίστωνα εἰπεῖν περὶ αὐτοῦ πρόσθε Πλάτων, ὄπιθεν Πύρρων, μέσσος Διόδωρος, διὰ τὸ προσχρῆσθαι τῇ διαλεκτικῇ τῇ κατὰ τὸν Διόδωρον, εἶναι δὲ ἄντικρυς Πλατωνικόν.

a influência socrático-platônica sobre Arcesilau; desqualificar a influência de Pirro; tentar conciliar ambas as influências.

A recusa da influência do socratismo e do platonismo dificilmente poderia encontrar justificativa razoável: imaginar que Arcesilau possa ter sido escolhido escolarca da Academia, sem que sua posição intelectual exibisse, aos olhos de seus membros e pela vontade do próprio escolhido, alguma ligação com a tradição no seio da qual ela se criou, seria atribuir a essa instituição intenções muito curiosas e até estranhas, para não dizer autodestrutivas. Eis por que não se encontram – ao menos, até onde vai nosso conhecimento da bibliografia sobre o tema – tentativas de defender a tese de que Arcesilau, embora escolarca da Academia, nela ensinou uma filosofia deliberada e completamente alheia às suas origens.[46]

O que tornaria talvez mais razoável adotar a posição simetricamente contrária: seja o que for a filosofia de Arcesilau, ela tem de ser, em todos os seus aspectos, um esforço de retomada e desenvolvimento do socratismo e do platonismo. Essa posição dificilmente pode escapar de desqualificar ou pelo menos minimizar substancialmente a influência de Pirro.[47]

---

46 Que a eleição de Arcesilau não deve ter sido motivo de grande controvérsia entre os membros da Academia, pode-se depreender do que nos relata Diógenes Laércio: após a morte de Crates, ele assumiu a escola, "retirando-se em seu favor um certo Socratides" (IV, 32). Ele devia ser então reconhecido como o pensador mais capacitado da Academia.

47 É o caso, por exemplo, de Ioppolo, para quem a dívida de Arcesilau para com Pirro, se houve, não foi significativa, nisso concordando com Brochard (*Les Sceptiques Grecs*, p. 97), "que julga que seja possível que Pirro tenha exercido uma certa influência sobre Arcesilau, mas que Arcesilau chegou ao ceticismo percorrendo uma outra via" (*op. cit.*, p. 39, n. 54). Já J. Annas concorda com a recusa de Ioppolo em enfatizar a influência de Pirro sobre Arcesilau, que, para esta, teria sido apenas "negativa": constatar a necessidade de um critério de ação, o que Pirro não viu (mas isso não é pouco...). Para Annas, "a evidência que relaciona Pirro e Arcesilau é tendenciosa e fragmentária" ("The Heirs of Socrates", *Phronesis*, vol. XXXIII/1, 1988, p. 106).

Quanto à terceira possibilidade de leitura, é sem dúvida a mais delicada – o que talvez a torne a mais atraente. Tentar semelhante conciliação significa, decerto, recuperar Pirro como influência real e importante, o que também se pode fazer com maior ou menor intensidade. É possível, um pouco à maneira acima descrita, nele ver uma presença ocasional e marginal no caminho de Arcesilau, que de algum modo reforça suas convicções, sem, contudo, determiná-las. Mas é possível também atribuir a tal influência importância decisiva, responsável por uma contribuição filosófica sem a qual Arcesilau não teria sido o pensador que foi.[48]

Parece-nos que, neste caso, é obrigação do intérprete tentar inicialmente privilegiar a possibilidade de uma leitura que concilie essas influências, pois as passagens dos textos que as referem, no que têm de dissonantes, como que nos solicitam tal atitude metodológica. É preciso, pois, aceitar o desafio que propõem as sensatas e sugestivas palavras do comentador: "não devemos inferir que Pirro não tinha influência sobre Arcesilau. Não temos razão para crer que houve somente uma origem histórica do ceticismo de Arcesilau. A influência da tradição socrática é perfeitamente compatível com

---

48 Assim nos parece pensar D. Sedley, quando afirma que Pirro "inspirou em Arcesilau a ideia de que suspender o juízo poderia ser realmente mais desejável do que comprometer-se com uma posição dogmática, e não apenas um expediente desanimador na causa da honestidade intelectual, como seus antigos defensores tenderam a supor" ("The Protagonists", p. 11). Neste caso, a presença de Pirro é fundamental, pois determina que Arcesilau se torne um defensor da positividade da *epokhé*. Resta o problema de compreender como, em Pirro, se pode pensar a ideia de suspensão de juízo, algo historicamente polêmico. Segundo Couissin, art. cit., p. 386, "nenhum testemunho prova que Pirro tenha professado a ἐποχή" ("L'Origine..., p. 386"). Para ele, os céticos "tomaram emprestado aos acadêmicos a palavra ἐποχή, para designar o estado interno" (*art. cit.*, p. 387). Couissin é categórico: "inútil ao ensino de Pirro, a ἐποχή é inseparável do de Arcesilau" (*art. cit.* p. 390).

a influência de Pirro. E a evidência que liga Arcesilau a Pirro é antiga e impressiva".[49]

Mais uma vez, é preciso partir de *Acad*. I, 44-5, texto que sempre nos parece dever ser tomado como expressão do cerne da posição de Arcesilau, quer pelo seu conteúdo – como vimos, apresenta um itinerário completo de reflexão –, quer por sua localização – trata-se da primeira intervenção de Cícero em defesa dos acadêmicos, contra as críticas de Antíoco: a passagem por assim dizer inaugura, no diálogo, a posição da nova Academia. Nela vimos que a influência *socrática* é determinante, e, embora não seja correto concluir que Arcesilau atribui sua defesa da suspensão de juízo a Sócrates, não há dúvida de que o "saber" socrático de seu não-saber, sua *confessio ignorationis*, representou um marco em seu trajeto. Quando a passagem do *de Oratore* de que partimos alude ao modo de disputa que Arcesilau adota e observa quanto de socrático nele há, não se trata, portanto, de comentar uma coincidência: mais tarde, os *Academica* mostrarão que, se uma certa dialética de cunho "socrático" se impõe, isso resulta de uma reflexão filosófica que, em boa medida, também o possui.

Mas se a presença de Sócrates como legítima influência sobre Arcesilau se mostra inconteste em *Acad*. I, 44-5, o que dizer de seu maior discípulo? Imediatamente após descrever a filosofia de Arcesilau, sua suspensão de juízo e a dialética dela derivada, acrescenta Cícero: "A esta chamam Academia Nova, que a mim parece antiga, se é que naquela antiga contamos Platão, em cujos livros nada é afirmado e muito se discute de ambos os lados, sobre tudo se investiga e nada de certo é dito (*Hanc Academian novam appellant, quae mihi vetus videtur, siquidem Platonem ex illa vetere numeramus, cuius in libris nihil adfirmatur et in utramque partem multa disserentur, de omnibus quaeritur, nihil certi dicitur*)" (*Acad*. I, 46). Note-se que a

---

49 Maconi, *art. cit*, p. 236.

inclusão de Platão, que permite agora falar em uma única Academia, é introduzida e expressa por Cícero como sua opinião (*quae mihi vetus videtur...siquidem...*). Trata-se aí da inovação de Filo, a tese da unidade da Academia, que motivou a réplica de Antíoco e levou Cícero, em sua defesa, a escrever os *Academica* (cf. *Acad.* I, 13). Ora, é lícito então inferir que Arcesilau se via sobretudo como um socrático, e que Filo sentiu a necessidade de estabelecer que também Platão faz parte dessa linhagem, de mostrar que a doutrina que ele, Filo, defende remonta também ao discípulo de Sócrates e fundador da Academia.[50]

Isso, no entanto, não quer dizer que a presença de Platão como influência sobre Arcesilau seja uma peça de ficção. O texto mesmo do *de Oratore*, escrito bem antes da existência da querela entre Filo e Antíoco que motivou os *Academica*, já o mencionava. Mas note-se o que, exatamente, se dizia ali: "dos vários livros de Platão e das conversações socráticas (*ex variis Platonis libris sermonibusque Socraticis*)" Arcesilau concluiu que nada há de certo. Eis como se deve entender a presença de Platão também em *Acad.* I, 46: é *na sua obra* (*cuius in libris*) que se encontra a matéria-prima que Arcesilau transformará, seguindo sobretudo Sócrates, numa posição filosófica própria: a exposição do conflito de opiniões que denuncia a incerteza. Mas é nas "conversações socráticas" que isso se dá – nos diálogos em que se impõe a interrogação socrática, diálogos que não deixam de ser um exercício mais desenvolvido daquilo que, na *Apologia*, a busca de compreender o oráculo acabara por instaurar. Numa palavra, o Platão que é preciso incluir na árvore genealógica de Arcesilau é o dos *diálogos aporéticos*, pois é neles que se encontra o Sócrates que

---

50 E essa construção decerto alcançou Plutarco, que, como vimos, menciona também Platão como precursor de Arcesilau. Cf. *ad. Col.*, 1121f-1122a, citado à n. 19.

influencia Arcesilau.⁵¹ Cabe, assim, num primeiro momento, para pensar o tema das filiações de Arcesilau e também para bem compreender o sentido de sua posição filosófica, *distinguir* entre Sócrates e Platão.⁵²

51 E não apenas os diálogos considerados "de juventude", mas também diálogos tardios como o *Parmênides* (cuja segunda parte se constitui numa verdadeira ginástica dialética aporética) e o *Teeteto*, a respeito do qual se conhece parcialmente um *Comentário Anônimo*, que faz desse diálogo uma leitura "cética" (cf. Annas e Barnes: *The Modes of Scepticism*, Cambridge, 1985, p. 13). Arcesilau, assim, estaria localizando, para usar a expressão de Sedley, o "verdadeiro espírito do platonismo" nos diálogos aporéticos – "verdadeiro espírito" que nos parece então dever ser compreendido sobretudo como um "socratismo". Sobre esse tópico, cf. *art. cit.*, p.p. 11-12. Para Sedley, o método de Arcesilau consistiu em "fazer um de seus pupilos afirmar uma tese, para então argumentar contra ela, deixando, contudo, o pupilo defendê-la o melhor que pudesse – sendo o resultado ideal, sem dúvida, inconcluso ao modo dos primeiros diálogos platônicos" (p. 12). Mas será talvez simplificar demais sustentar que "todo o objetivo de Arcesilau era manter vivo o debate", assim recuperando, contra a tentativa de sedimentar uma doutrina oficial dos primeiros seguidores do mestre, a "dialética livre de dogma que caracterizou a Academia de Platão" (*ibid.*). Decerto a *epokhé* de Arcesilau implica uma concepção filosófica da dialética à maneira socrática, mas não pode ser vista como um simples instrumento para aquele objetivo. Arcesilau a terá visto como *resultado* de uma postura socrática, resultado que ele próprio extrai.

52 Assim nos parece necessário, em virtude de uma dificuldade que J. Annas formula e que, a nosso ver, se constitui numa *questão fundamental* para pensar o tema da filiação de Arcesilau à Academia: "como Arcesilau poderia ter pensado que a argumentação cética, não obstante socrática, correspondesse ao que Platão faz nos diálogos que consideramos 'platônicos', os médios e tardios" (*art. cit.*, p. 104). Parece-nos que Annas tem razão quando considera que Ioppolo vai longe demais, imaginando que "Arcesilau considerou Sócrates e Platão como intimamente unidos e ambos céticos do mesmo modo" (*ibid.*). De fato, segundo Ioppolo, "Arcesilau considerava o pensamento de Sócrates inseparável do de Platão e interpretava ambos de uma perspectiva aporética e cética" (*op. cit.*, p. 44); a conhecida passagem no *contra Colotes* de Plutarco – 1122a – prova, para ela (p. 48), que o dito em *Acad.* I, 46 sobre Platão como "cético" expressa realmente a opinião de Arcesilau, para além, portanto, de eventuais intenções próprias de Filo e Cícero. Mas então a tese de uma única Academia não deixaria de ser contribuição original de Filo? Para Annas, a partir de *Acad.* I, 44 não se pode ver a presença de ceticismo em Platão, pois nele a argumentação *in utramque partem* tem um "uso muito limitado,

Ver em Sócrates a grande influência que sofre Arcesilau é fundamental não somente para compreender um momento-chave do itinerário descrito em *Acad.* I, 44-5, como também para dar sentido filosófico a sua polêmica com o estoicismo de Zenão. Vimos que a "verdade" que Arcesilau passa a buscar transforma-se em satisfazer certo ideal de sabedoria e um conceito de sábio, e que isso se faz suspendendo o juízo. Ora, nossa passagem fundamental do final do primeiro livro dos *Academica*, como vimos, autoriza a ver na posição própria de Arcesilau um desdobramento, um desenvolvimento, um refinamento de uma atitude que já é socrática, que a *Apologia* e os diálogos ditos aporéticos já exercitavam. Noutras palavras, o socratismo, uma interrogação constante, quando impõe ao interlocutor exigências que via de regra ele não sabe satisfazer e às vezes nem sequer compreende, traça as linhas de força desses conceitos de sábio e sabedoria que permanecerão no horizonte da dialética de Arcesilau e colabora, ao lado das filosofias pré-socráticas, mas com especial destaque, na exibição do resultado a que essa atitude intelectual nos leva: constatar que tudo é obscuro. Quando nosso filósofo acolhe como verdadeira a *sententia* de que o sábio necessariamente nunca opina, está, portanto, levando às últimas consequências tais exigências.[53]

---

certamente não aquele que se poderia ver razoavelmente como cético" (*art. cit.*, p. 104-5). Quanto ao uso de expressões como "talvez" em Platão, que isentariam os diálogos de qualquer comprometimento dogmático, Annas se inclina, sem certeza, a atribuir tal argumento a Filo (cf. *art. cit.* p. 105).

53 Para Ioppolo, Arcesilau retém do socratismo o *elégkhos*, do qual "surgem tanto a necessidade de não opinar quanto a *epokhê*" (*op. cit.*, p. 55). Ioppolo evoca então *Acad.* I, 45. O que não fica claro é como, nessa passagem, a descrição que antecede essa introdução do método se explicaria a partir dessa noção: como a obscuridade, que conduz a concluir pela necessidade de não mais assentir, validando-se assim o método dialético subsequente, se deveria a tal prática de refutação. Parece que Arcesilau não chega à *epokhê* mediante um estado aporético resultante de *elégkhos*, mas sua atitude, a partir de então, nele verá o meio de produzir equipotência e *epokhé*. Isso não quer dizer que a aporia que a interrogação socrática produzia e que se apresentava nos

Sabe-se, além disso, que a filosofia pós-socrática, de modos distintos e conforme diferentes interpretações do filósofo de Atenas, pretendeu-se, substancialmente, uma retomada ou prolongamento de Sócrates. Nas filosofias helenísticas, isso se apresenta de forma bastante intensa, e o conceito de sábio que o estoicismo veicula, com Zenão, também condenando a mera opinião e distinguindo-a fortemente do *conhecimento*, nisso revela sua forte inspiração socrática.[54] Assim, a mesma exigência que define *sabedoria*, para estoicos e acadêmicos, para Zenão e Arcesilau, é aquela, afinal, posta pelo socratismo: a busca de um saber que ultrapasse, ou exclua, a simples opinião. Pode-se então ver a investigação da verdade em Arcesilau como uma tentativa de satisfazer o ideal socrático e, ao mesmo tempo, compreender por que isso acarretava uma polêmica direta com o estoicismo de Zenão: tratava-se então de duas propostas rivais e entre si excludentes de dar prosseguimento à herança socrática.[55]

---

diálogos platônicos não fosse elemento importante na constatação de que "tudo é obscuro". Mas isso não a torna necessariamente o motivo exclusivo dessa constatação. Annas aceita a tese de que a *epokhé* em Arcesilau "não pode ser interpretada de uma forma totalmente *ad hominem*" (*art. cit.*, p. 106), e que seria "uma versão mais radical do argumento socrático" (*ibid.*), o que reforça nossa leitura de *Acad.* I, 45.

54 Sobre a fortuna de Sócrates na filosofia helenística, lembre-se o artigo de A. Long: "Socrates in Hellenistic Philosophy", *Classical Quarterly* 38 (1), 1988. A distinção entre *epistéme* e *dóxa* é fundamental no estoicismo, como nos mostra AM VII, 151-2: o conhecimento (ἐπιστήμη) é "apreensão clara e segura, imutável pela razão (τὴν ἀσφαλῆ καὶ βεβαίαν καὶ ἀμετάθετον ὑπὸ λόγου κατάληψιν)" e existe somente no sábio (ἐν μόνοις|τοῖς σοφοῖς); a opinião (δόξα) é "assentimento fraco e falso (τὴν ἀσθενῆ καὶ ψευδῆ συγκατάθεσιν)" e existe somente no não-sábio (ἐν μόνοις τοῖς φαύλοις). Lembre-se também *Acad.* I, 42.

55 Essa é a interessante e consistente proposta de Ioppolo. Cf. *op. cit.*, p. 52-53: "Se, pois, Arcesilau põe o acento sobre a ligação da sua doutrina com a socrática, isso se deve principalmente ao fato de que Zenão pretendia subtrair-lhe tal hereditariedade, dela se apropriando. Não é por acaso, de fato, que a disputa gnoseológica surgida entre Zenão e Arcesilau partisse da aceitação da tese segundo a qual o sábio não deve absolutamente formular

Ora, observe-se o que está em jogo com essa disputa. Evitar a opinião, o erro, a precipitação, significa, no caso estoico, recortar o domínio de um saber irrefutável, de um conhecimento inconteste, para além da opinião, que é então denunciada como enganosa e precária: não teria sido justamente isso o que, *mutatis mutandis*, buscou fazer, em seus diálogos não-aporéticos, o próprio Platão? A distinção entre *dóxa* e *epistéme* encontra, com se sabe, uma formulação fundamental na *República*,[56] formulação que envolve toda uma ontologia – o celebérrimo conceito de forma ou ideia – e, em boa medida, sumaria o conceito platônico de conhecimento, que decerto também se deve considerar uma retomada profunda e sofisticada dos requisitos presentes na questão socrática que dá o tom dos diálogos aporéticos de juventude: "o que é...". A mesma questão, diga-se de passagem, que levou Aristóteles a saudar Sócrates como o primeiro filósofo do conceito universal e do argumento indutivo – como o primeiro a se debruçar sobre os fundamentos daquela mesma *epistéme*.[57] A disputa entre Arcesilau e Zenão, portanto, sobre não ser

---

opinião. Mas, enquanto Zenão julgava retomar a necessidade posta por Sócrates de eliminar a pretensa sabedoria dos homens traduzindo-a na pretensão de sabedoria pelo sábio estoico, Arcesilau demonstrava, ao contrário, que a única conclusão possível era aquela que ele considerava ter já mostrado Sócrates: a ilusão de saber é submetida ao *elenchos* purificador que demonstra sua ilusão, para alcançar coerentemente a ἐποχή". Para Arcesilau, portanto, "prevenir o erro significa extirpar a opinião, assim como havia entendido Sócrates, submetendo os interlocutores ao *elénchos* purificador" (*op. cit.*, p. 50). Assim, para Ioppolo, a polêmica de Arcesilau se endereça "quase exclusivamente" ao estoicismo, porque ele e Zenão têm o mesmo ponto de partida: "a necessidade para o sábio de não formular opinião, assumida tanto por Arcesilau como por Zenão de uma interpretação diversa da doutrina socrática" (*op. cit.*, p. 65).

56 No final do quinto livro, cf. 475d-480a.

57 Duas coisas poder-se-iam atribuir com justiça a Sócrates, os argumentos indutivos e a definição universal; ambas, com efeito, estão na origem do conhecimento (δύο γὰρ ἐστιν ἅ τις ἂν ἀποδοίη Σωκράτει δικαίως, τούς τ' ἐπακτικοὺς λόγους καὶ τὸ ὁρίζεσθαι καθόλου· ταῦτα γάρ ἐστιν ἃ

um simples exercício de emulação, nem mesmo é uma simples reivindicação da autoridade de um mestre: trata-se de perseguir um imperativo filosófico disseminado pela tradição, uma por assim dizer "verdade" filosófica cuja obtenção define a própria meta do filosofar. No caso de Arcesilau, contudo, parece-nos que tal "verdade", porque agora não mais acessível pela via dogmática da *epistéme*, e sim com a *epokhé*, vê redefinido seu sentido – assim se justificando que Cícero possa apresentá-la, a propósito de nosso filósofo (*Acad.* II, 77), como uma *novidade*: com efeito, "que o sábio não pode opinar" é o ideal filosófico por excelência; e que "*assim é necessário*", mostra-o agora sua trajetória que culmina em *epokhé*.[58]

μφω περὶ ἀρχὴν ἐπιστήμης)" (*Metafísica*, XIII, 1078b 27-9; cf. também I, 987b 3-4).

58 Maconi considera um tanto "fantasiosa", uma "história algo simples demais", a tese de Ioppolo de que Arcesilau ataca Zenão para manter o socratismo como patrimônio da Academia, contra a tentativa estoica de ver em Sócrates um precursor do estoicismo (cf. *art. cit.*, p. 237). Realmente, parece muito pouco para explicar por que Zenão é o alvo de Arcesilau. Mas se damos a essa disputa pelo verdadeiro socratismo o sentido acima, bem mais filosófico e menos dependente de motivações de política de escola, cremos que ela ganha proporções que justificam sua importância. Também J. Annas concorda com Ioppolo em que a "tese" de que o sábio não emite opinião não é assumida *ad hominem*, e sim endossada igualmente por Arcesilau e Zenão. "Eles concordam que opinião é o estado acima de tudo a ser evitado; discordam quanto a se o sábio terá mais, ou menos, do que opinião" (*art. cit.*, p. 101). Annas subscreve, portanto, a posição sustentada por Ioppolo de que se tratou, na polêmica entre Zenão e Arcesilau, de propor a boa interpretação e retomada do socratismo. Concorda com Ioppolo em que o debate entre estoicos e céticos "era em parte uma disputa quanto a qual escola devia ser vista como a verdadeira praticante dos métodos de Sócrates e realizadora de seus fins" (*art. cit.*, p. 105). Isto é importante também por nos mostrar como a interpretação "dialética" de Couissin pode revelar-se uma simplificação: refutar Zenão significa, ao mesmo tempo, entronizar a "boa" interpretação do socratismo. Para Ioppolo (*op. cit.*, p. 13), a tese de que o sábio não pode nem deve opinar é *compartilhada* por Zenão e Arcesilau, e não "dialeticamente" assumida por este. A polêmica se origina, segundo Ioppolo, do fato de o segundo pretender "salvar" a filosofia da Academia das intenções de Zenão, motivado por uma interpretação própria de Sócrates

Qual seria, então, no interior dessa linha de continuidade, o lugar de Pirro? É muito pouco provável que Arcesilau tenha dele herdado um *conceito* de suspensão de juízo, tal como o encontramos em *Acad.* I, 45, quer em sua formulação inspirada no estoicismo – retenção de assentimento –, quer numa formulação original – nada afirmar.[59] Nunca é demais lembrar, aliás, que mesmo os pirrônicos posteriores nele viram, acima de tudo, uma inspiração, pelo fato de ele "aparecer-nos ter-se dedicado mais concretamente e visivelmente do que os antecessores ao ceticismo (φαίνεσθαι ἡμῖν τὸν Πύρρωνα σωματικώτερον καὶ ἐπιφανέστερον τῶν πρὸ αὐτοῦ προσεληλυθέναι τῇ σκέψει)" (HP I, 7). Eis aí o que deve ter atraído os céticos posteriores que, a partir da dissidência de Enesidemo, procuravam novo patrocínio: a *atitude concreta* de Pirro, sua *prática*, que o tornava então candidato favorito ao posto de "fundador" dessa nova corrente

---

e Platão. A formulação de Ioppolo é interessante, pois alia a influência acadêmica a um motivo "não-dialético" para criticar Zenão, embora confira a Platão um papel, a nosso ver, excessivo: "Arcesilau era profundamente contrário a todo dogmatismo e seguramente convicto, interpretando o pensamento de Platão em chave aporética, de proceder na direção desejada pelo próprio Platão. Por isso, em face da segurança dogmática de Zenão quanto à capacidade da mente humana de captar a verdade, por estranha que seja à profissão socrática de ignorância ou à desconfiança platônica do conhecimento sensível, Arcesilau empenhava todos os seus esforços para mostrar sua insustentabilidade" (*op. cit.*, p. 20; cf. p. 41-2).

59 Como afirma Couissin, *Acad.* II, 47 e 145 mostram que *katálepsis* é inovação de Zenão e não pode, portanto, ser conceito de Pirro, que não sofre influência do estoicismo, no que parece ter razão, "enquanto Arcesilau, contraditor de Zenão, devia opor a *akatalepsía* à *katálepsis*" ("*L'Origine...*", p. 385). Dificilmente, portanto, terá Pirro elaborado um conceito de "suspensão de juízo" como desafio crítico ao estoicismo, como "retenção de assentimento". Quanto à possibilidade de uma *epokhé* no sentido de "nada afirmar", o fragmento de Aristoclés, na *Praeparatio Evangelica* de Eusébio de Cesareia, de fato, fala em *aphasía* como resultado, mas o atribui a Timão, que é a fonte aqui, inclusive no emprego da expressão "não mais" como sendo de Pirro. Não parece haver indicações seguras de que tal *aphasía* é um conceito originariamente de Pirro e que seja sinônimo de "suspensão de juízo".

empenhada em recuperar a *sképsis*. Da mesma forma, talvez a *vida* de Pirro tenha sido interpretada por Arcesilau como um atrativo em favor da positividade da suspensão. O ceticismo de Pirro – se é que se pode usar o termo – deve ter sido passional, deve ter consistido numa reação contra um dogmatismo extremado, traduzida num modo de vida, antes que numa doutrina. Esse modo de vida "indiferente", espécie de abandono didático das questões abstrusas e de retorno também didático às vicissitudes da praça do mercado, que privilegia os *atos* (*érga*) em relação ao discurso (*lógos*) (cf. D. Laércio, IV, 66), pode ter atraído Arcesilau não somente pela sugestão de que é possível viver sem dogmatizar, mas também por representar algo que nosso filósofo provavelmente nunca terá abandonado, sob pena de pôr a perder o sentido mesmo de seu filosofar.

Para compreender o sentido dessa afinidade, cabe aproximar duas sentenças, uma relativa a Pirro, outra, a Arcesilau. A respeito do filósofo de Élis, diz Diógenes Laércio, após atribuir-lhe a posição de negar que em verdade haja algo e de afirmar que os homens agem apenas pela lei e o costume, que "era coerente também com a vida (ἀ κόλουθος δ ἦν καὶ τῷ βίῳ)", não se desviando de nada, não tomando precauções, enfrentando os riscos que viessem, carroças, precipícios, cães..." (IX, 62). Não importa aqui avaliar se Pirro realmente defendeu a posição que lhe atribui Diógenes Laércio, ou se, e até que ponto, Arcesilau realmente dava crédito às histórias sobre cães, carroças e precipícios. Mas a ideia de que Pirro foi um filósofo que *viveu sua filosofia*, de que sua ação era *coerente* com seu pensamento e que podia, até, apresentar-se *em defesa* desse pensamento, como um grande argumento sem palavras, isso terá talvez aparecido a nosso filósofo como um mérito importante. Não será então insignificante a afirmação que, na passagem final do primeiro livro dos *Academica* – sempre ela –, faz Cícero, imediatmente após apresentar a suspensão como resultado a que chega Arcesilau e a título de introdução do método de oposição que disso decorre: "fazia o que era consequente com esse raciocínio...(*huic rationi quod erat consentaneum faciebat*)" (*Acad.* I, 45).

E note-se que também temos aqui um *motivo socrático*: não é a toa que, como Sócrates, tanto Pirro como Arcesilau nada deixaram escrito. Tal ponto de aproximação permite pensar um fundo comum que aproximaria também Sócrates e Pirro: a ideia de que a ação diz mais do que o discurso, ou, ao menos, de que o discurso não se diz consistentemente sem que a ação seja com ele condizente.[60] Essa mesma exigência, socrática na origem, moverá também o estoicismo e seu ideal de sabedoria, a julgar pelo conteúdo do decreto que homenageia, em Atenas, o estoico Zenão, nas palavras de Diógenes Laércio: "Zenão de Cício, filho de Minácio, ensinou filosofia durante muitos anos, em nossa cidade. Era um homem de bem; pregava a virtude e a temperança aos jovens com quem convivia e ensinava-lhes o bom caminho, oferecendo, como exemplo (παράδειγμα), a todos, sua própria vida (τὸν ἴδιον βίον), como consequente com as afirmações

---

60 Talvez o melhor exemplo desse laço indissolúvel entre ação e discurso no caso de Sócrates seja sua atitude no tribunal. A se levar em conta a *Apologia* de Platão, sua condenação muito deve à sua recusa de negar a si mesmo e sua filosofia, como se pode constatar nos momentos finais de seu discurso: "...ainda mesmo que me dissésseis: Sócrates, não daremos atenção a Anito; vamos absolver-te, com a condição de parares com essa investigação e não te dedicares de hoje em diante à filosofia; porém, se fores mais uma vez apanhado nessas práticas, morrerás por isso; se me absolvêsseis, como vos disse, sob essa condição, eu vos falaria nos seguintes termos: Estimo-vos, atenienses, e a todos prezo, porém sou mais obediente aos deuses do que a vós, e enquanto tiver alento e capacidade, não deixarei de filosofar e de exortar a qualquer de vós que eu venha a encontrar, falando-lhe sempre na minha maneira habitual...Se com semelhantes ensinamentos eu corrompo a mocidade, é que são, realmente, prejudiciais. Estará falando à toa quem afirmar que eu ensino coisa diferente. Por isso, atenienses, vos direi: quer obedeçais a Anito quer não; quer me absolvais quer não, ficai certos de que jamais procederei de outra maneira, ainda que tenha de morrer mil vezes" (29c-30c). Cabe recordar também da sua recusa em fugir da prisão, como narrado no *Críton*.

que fazia (ἀκόλουθον ὄντα τοῖς λόγοις οἷς διελέγετο)" (VII, 10). O mesmo vocabulário expressa a presença de um mesmo ideal. Para Arcesilau, Pirro pode ter sido, à sua maneira e talvez sem o saber, um socrático.

Com base nessas considerações, parece-nos possível ver na comparação que o estoico Aristão faz de Arcesilau com uma quimera, bem como no uso que dela faz Sexto Empírico, tentativas de depreciar um conjunto consistente de influências, de sugerir que há uma caótica incorporação ali onde se pode encontrar um único e mesmo ideal de sábio a selecioná-las. E, se deixamos de lado a intenção hostil da metáfora, conseguimos perceber que socratismo, platonismo (em certa medida) e "pirronismo" encontram lugar no pensamento de Arcesilau.[61] E os "mistérios" (*mysteria*), os "segredos" que, como vimos, Antíoco acusa os acadêmicos de torpemente ocultar (*Acad.* II, 60), nada mais podem significar, senão que, para que a razão se sobreponha à autoridade (*ut qui audient…ratione potius quam auctoritate ducantur*), o aluno deverá constatar por si mesmo, pela avaliação criteriosa da argumentação, o igual peso das teses que deve conduzir

---

61 Quanto a "Diodoro no meio", parece-nos razoável a explicação de Sedley: "Arcesilau adotou as melhores técnicas dialéticas disponíveis em sua época, aquelas oferecidas por Diodoro e seus associados" (*art. cit.*, p. 11) A metáfora, se vista de um ponto de vista menos crítico, pode até permitir interpretação favorável a uma maior presença da influência de Pirro, como ocorre no comentário de Ioppolo: "o testemunho parodístico de Aristão quer antes significar que Arcesilau, abertamente, *antikrýs*, era platônico, como chefe da Academia, mas, em substância, expressava doutrinas gnoseológicas bem diversas. Deste ponto de vista, o testemunho de Aristão teria o significado exatamente oposto àquele que queria atribuir-lhe Sexto. De fato, Sexto quer sugerir a interpretação de que Arcesilau aparentemente expressava doutrinas céticas, enquanto, em seu ensino exotérico, teria professado doutrinas platônicas e dogmáticas. Aristão, ao contrário, afirma que Arcesilau não era um dogmático, e somente em face da opinião comum podia ser considerado um platônico" (*Aristone di Chio e lo Stoicismo Antico*, Napoli, Biblioppolis, 1980, p. 28). Neste caso, contudo, corre-se o risco de perder de vista a importância do socratismo-platonismo e valorizar em demasia o papel de Pirro.

à suspensão, adotando então o dialético a tese que for necessária para produzir equipotência. Não há aí mistérios deliberadamente ocultos, porque o conteúdo das teses a propor é, em princípio, desconhecido: dependerá, como sói acontecer em boa dialética, do que será afirmado pelo interlocutor.[62]

---

[62] Maconi, abordando a relação de Arcesilau com Sócrates e Platão, concorda com Ioppolo na recusa de um "ensino esotérico" (*art. cit.*, p. 235). Posicionando-se contrariamente ao suposto "ensino esotérico" de Arcesilau, Ioppolo, *op. cit.*, p. 35, n. 45, remete a C. Lévy ("Scepticisme et dogmatisme dans l'Académie: 'L'ésotérisme de Arcésilas'", *Revue des Etudes Latines*, LVI (1978)), e Glucker, *op. cit.*, p. 296-306). Maconi, no entanto, recusa, como vimos, a tese de que nem Pirro nem o estoicismo de Zenão influenciaram a posição de Arcesilau.

3. ARCESILAU E O PROBLEMA DA AÇÃO:
O ΕΎΛΟΓΟΝ

O ceticismo grego, seja em sua versão pirrônica, seja em seu desenvolvimento na Academia, não pôde evitar um desafio imposto pelos seus adversários dogmáticos, sobretudo os estoicos: a necessidade de conciliar a defesa de uma total suspensão de juízo e um modo de conduta na vida cotidiana que não significasse a supressão mesma dessa suspensão. Noutras palavras: como, raciocina o crítico, optar por agir deste ou daquele modo, nas mais diversas situações que se nos apresentam repetidamente, sem ao mesmo tempo preferir dogmaticamente uma atitude em detrimento de outra, propondo então, ainda que inconscientemente – talvez até de modo sub-reptício –, um rígido e definitivo conjunto de distinções sobre as coisas e os valores morais como fundamento dessas opções? A mais simples e comum das atitudes que tomamos na praça do mercado não faz esvair-se nossa pretensão de sustentar com coerência um modo de pensar centrado na noção de *epokhé*? Eis, em linhas gerais, uma formulação possível do *problema da ação* lançado diante da pretensão cética, problema que aspira a denunciar uma inevitável limitação que se torna, ao mesmo tempo, uma fundamental impossibilidade: ser cético é condenar-se à inação (*apraxía*), ao silêncio (*aphasía*), à apatia (*apátheia*).

Em face de semelhante desafio, a resposta apresentada por Arcesilau baseia-se na conhecida noção de "razoável" (εὔλογον), conceito que lhe teria permitido propor um critério de ação, de escolha e aversão, sem transgredir a suspensão de juízo. Trata-se certamente de um dos temas mais obscuros e difíceis a propósito de sua filosofia e da posição filosófica da chamada nova Academia como um todo, em virtude da escassez de informações nas fontes. Pode-se, no entanto, considerar que são duas as passagens fundamentais: Sexto Empírico, AM VII, 158 e Plutarco, *ad. Colotem*, 1122a-d. Eis os textos:

AM VII, 158: "Mas, visto que, depois disso, era preciso também investigar sobre a conduta da vida, a qual naturalmente não é explicada sem um critério a partir do qual a felicidade, isto é, a finalidade da vida, tem sua crença sustentada, Arcesilau diz que aquele que suspende o juízo sobre tudo regulará as escolhas e aversões e em comum as ações pelo razoável, e prosseguindo segundo esse critério agirá corretamente; pois a felicidade sobrevém mediante prudência, e a prudência jaz nas ações corretas, e a ação correta é aquela precisamente que, tendo sido executada, possui defesa razoável. Portanto, aquele que seguir o razoável agirá corretamente e será feliz" (ὀλλ᾽ ἐπεὶ μετὰ τοῦτο ἔδει καὶ περὶ τῆς τοῦ βίου διεξαγωγῆς ζητεῖν, ἥ τις οὐ χωρὶς κριτηρίου πέφυκεν ἀποδίδοσθαι, ἀφ᾽ οὗ καὶ ἡ εὐδαιμονία, τουτέστι τὸ τοῦ βίου τέλος, ἠρτημένην ἔχει τὴν πίστιν, φησὶν ὁ Ἀρκεσίλαος ὅτι ὁ περὶ πάντων ἐπέχων κανονιεῖ τὰς αἱρέσεις καὶ φυγὰς καὶ κοινῶς τὰς πράξεις τῷ εὐλόγῳ, κατὰ τοῦτό τε προερχόμενος τὸ κριτήριον κατορθώσει· τὴν μὲν γὰρ εὐδαιμονίαν περιγίγνεσθαι διὰ τῆς φρονήσεως, τὴν δὲ φρόνησιν κεῖσθαι ἐν τοῖς κατορθώμασιν, τὸ δὲ κατόρθωμα εἶναι ὅπερ πραχθὲν εὔλογον ἔχει τὴν ἀπολογίαν. Ὁ προσέχων οὖν τῷ εὐλόγῳ κατορθώσει καὶ εὐδαιμονήσει).

Ad Col., 1122a-d: "A suspensão de juízo sobre todas as coisas, os que escreveram muitos tratados, e se empenhando nisso, não a aceitavam, mas, a partir dos estoicos, a ela opondo, como uma cabeça de Górgona, a inação, finalmente se renderam a que, embora tudo tentassem e torcessem, o impulso não lhes concedeu tornar-se assentimento nem aceitou a sensação como peso da balança; mas sim se mostrou a partir de si mesmo conduzir às ações, não necessitando de acréscimos. Pois os que disputam com esses seguem o procedimento de costume, e, 'como disseste, tal ouvirás'; e julgo que tais coisas sobre impulso e assentimento, Colotes as ouve como um asno a uma lira. Mas, aos que acompanham e ouvem, elas dizem que, sendo três os movimentos na alma, o de representação, o de impulso, o de assentimento, o de representação não é possível, nem aos que o desejassem, suprimir, mas é necessário aos que têm contato com os objetos que sejam impressos e afetados por eles, e o de impulso, despertado pelo de representação, move o homem para as coisas adequadas do ponto de vista da ação, como se um peso e inclinação surgisse na parte hegemônica. Assim, os que suspendem o juízo sobre todas as coisas não suprimem isso, mas sim utilizam o impulso que naturalmente conduz para o que aparece adequado. Somente o que, então, eles evitam? Apenas aquilo em que brotam a falsidade e o engano – o opinar e precipitar o assentimento, o qual é uma concessão, por fraqueza, ao que aparece, nada possuindo de útil. Pois a ação necessita de duas coisas: representação do que é adequado e impulso para o que se mostrou adequado, nenhum dos quais conflita com a suspensão de juízo. Pois a argumentação nos afasta da opinião, não do impulso nem da representação. Quando, então, o adequado aparece, em nada é preciso uma opinião para o movimento e condução para ele, mas o impulso imediatamente se foi, sendo movimento e condução da alma" (Τὴν δὲ περὶ πάντων ἐποκὴν οὐδ' οἱ πολλὰ πραγματευσάμενοι καὶ κατατείναντες εἰς τοῦτο συγγράμματα καὶ λόγους ἐκίνησαν· ἀλλὰ ἐκ τῆς Στοᾶς αὐτῇ τελευτῶντες ὥσπερ Γοργόνα τὴν ἀπραξίαν ἐπάγοντες ἀπηγόρευσαν, ὡς πάντα πειρῶσι καὶ στρέφουσιν αὑτοῖς οὐχ ὑπήκουσεν ἡ ὁρμὴ γενέσθαι συγκατάθεσις οὐ δὲ τῆς ῥοπῆς ἀρχὴν ἐδέξατο τὴν αἴσθησιν, ἀλλ' ἐξ ἑαυτῆς ἀγωγὸς ἐπὶ τὰς πράξεις ἐφάνη, μὴ δεομένη τοῦ προστίθεσθαι. νόμιμοι γὰρ οἱ πρὸς ἐκείνους ἀγῶνές, καὶ ὁπποῖόν κ' εἴπησθα, τοῖόν κ' ἐπακού σαις· Κωλώτη δὲ οἶμαι τὰ περὶ ὁρμῆς καὶ συγκαταθέσεως ὄνῳ λύρας ἀκρόασιν εἶναι. λέγεται δὲ τοῖς συνεπομένοις καὶ ἀκούοσιν ὅτι τριῶν περὶ τὴν ψυχὴν κινημάτων ὄντων, φανταστικοῦ καὶ ὁρμητικοῦ καὶ συγκαταθετικοῦ, τὸ μὲν φανταστικοῦ οὐδὲ βουλομένοις ἀνελεῖν ἐστιν, ἀλλὰ ἀνάγκη προεντυγχάνοντας τοῖς πράγμασι τυποῦσθαι καὶ πάσχειν ὑπ' αὐτῶν, τὸ δὲ ὁρμητικὸν ἐγειρόμενον ὑπὸ τοῦ φανταστικοῦ πρὸς τὰ οἰκεῖα πρακτικῶς κινεῖ τὸν ἄνθρωπον, οἷον ῥοπῆς ἐν τῷ ἡγεμονικῷ καὶ νεύσεως γινομένης. οὐδὲ τοῦτο οὖν ἀναιροῦσιν οἱ περὶ πάντων ἐπέχοντες, ἀλλὰ χρῶνται τῇ ὁρμῇ φυσικῶς ἀγούσῃ πρὸς τὸ φαινόμενον οἰκεῖον. τί οὖν φεύγουσι μόνον; ᾧ μόνῳ ψεῦδος ἐμφύεται καὶ ἀπάτη, τὸ δοξάζειν καὶ προπίπτειν τὴν συγκατάθεσιν, εἶξιν οὖσαν ὑπὸ ἀσθενείας τῷ φαινομένῳ, χρήσιμον δὲ οὐδὲν ἔχουσαν. ἡ γὰρ πρᾶξις δυοῖν δεῖται, φαντασίας τοῦ οἰκείου καὶ πρὸς τὸ φανὲν οἰκεῖον ὁρμῆς, ὧν οὐδέτερον τῇ ἐποχῇ μάχεται. δόξης γάρ, οὐχ ὁρμῆς οὐδὲ φαντασίας ὁ λόγος ἀφίστησιν. ὅταν οὖν φανῇ τὸ οἰκεῖον, οὐθὲν δεῖ πρὸς τὴν ἐπ' αὐτὸ κίνησιν καὶ φορὰν δόξης, ἀλλὰ ἦλθεν εὐθὺς ἡ ὁρμή, κίνησις οὖσα καὶ φορὰ τῆς ψυχῆς).

A intenção que anima esta tentativa de análise do conceito é aquela que sempre nos parece dever o intérprete privilegiar, quando em face de textos escassos, presentes em fontes distintas e nem sempre concordantes na superfície: procurar neles encontrar o que possuem de compatível e poderia, por isso, conduzir a uma explicação unificada. Tratar-se-á também, antes de mais nada, de defender, evidentemente, que o *eúlogon* não é simples conceito dialeticamente construído e criticamente apontado na direção da ética estoica.[63] Com os

---

63 Para Couissin, o maior representante dessa linha de interpretação, é impossível que "um cético tão radical quanto Arcesilau" tenha aceito "três asserções dogmáticas" como as de AM VII, 158, sobre "felicidade", "prudência" e "ações corretas": trata-se, pois, de argumento *ad hominem*, dirigido aos estoicos, a partir de teses estoicas (cf. "The Stoicism…", pp. 36-7). Além de Couissin, defendem interpretação "dialética" sobre este tema, entre outros, M. Dal

principais críticos dessa leitura "dialética", julgamos que Arcesilau se vê levado por um desafio certamente imposto pelo dogmatismo a lidar com o tema da necessidade de um critério não-dogmático de ação: eis como nos parecem dever ser lidas as linhas iniciais de AM VII, 158.[64] Parece-nos, no entanto, que a defesa de uma interpretação *in propria persona* da noção de *eúlogon* em Arcesilau não nos deve conduzir ao extremo de não mais aceitar nenhum indício de

---

Pra (*Lo Scetticismo Greco*, F. Bocca, Milano, 1950), G. Striker ("Sceptical Strategies", *Doubt and Dogmatism: Studies in Hellenistic Epistemology*, Oxford, 1980) e M. Burnyeat (no nunca publicado e sempre referido "Carneades was no Probabilist").

[64] Maconi concorda com Ioppolo quanto a ser o *eúlogon* um critério de ação que Arcesilau, como cético, tem de propor a si (*art. cit.*, pp. 248-9), embora tenha reservas a respeito de alguns argumentos. Ambos corretamente observam que *eúlogon* é um termo grego comum, que não precisa ser visto apenas como empréstimo feito ao estoicismo (Maconi, *art. cit.*, p. 252), onde, é verdade, essa expressão também opera. Annas concorda com a critica de Ioppolo à leitura de Couissin sobre o *eúlogon* (*art. cit.*, p. 109). E aceita também, com Maconi, o argumento de Ioppolo sobre a noção de "prudência", *phrónesis*, que ocorre na descrição de Sexto: antes que estoico, é conceito platônico e aristotélico (*art. cit.*, pp. 109-10). Long e Sedley (*The Hellenistic Philosophers*) comentam que, embora o texto de Plutarco deixe claro que também os epicuristas atacaram Arcesilau com o argumento da *apraxía*, sua resposta se dá "em termos exclusivamente estoicos" (p. 456). Isso pode ser tomado como argumento em favor do estatuto meramente *dialético* do *eúlogon*, sendo essa a leitura geral que propõem sobre os acadêmicos: "esses argumentos (em *Acad.* II, 66-7, a respeito da suspensão de juízo) não pretendem mostrar nenhuma posição substantiva sustentada por Arcesilau ou Carnéades. Seu propósito é embaraçar os estoicos, valendo-se de sua própria forma de inferência silogística para estabelecer conclusões antiestoicas com a ajuda de premissas estoicas" (*ibid.*). A mesma intenção animaria, então, a afirmação do *eúlogon* como critério de ação, mostrando-o também o fato de, mesmo na polêmica com o epicurismo sobre o tema, valerem-se de conceitos tomados ao estoicismo. Ora, não por acaso, pode-se também concluir no sentido oposto: porque *fundamenta sua própria posição* a respeito da *práxis* sobre um *pano de fundo conceitual estoico*, Arcesilau *só pode defender-se da acusação de inação desse modo*, independentemente da posição filosófica adversária que a lança. Eis como nos parece adequado comentar essa característica do texto de Plutarco.

estoicismo na construção do conceito. Isso significaria, parece-nos, recusar o irrecusável: que essa filosofia, mesmo que não seja o alvo dessa construção, porque não mais se trata de ver aí propósito dialético, permanece, contudo, presente de forma inegável. O fato de essa doutrina do *eúlogon* não se articular exclusivamente à luz do estoicismo, recorrendo também a expressões típicas de outras filosofias, não nos deve levar a obscurecer a influência absolutamente decisiva que nela exerce o alvo favorito da crítica de nosso filósofo.[65]

Ora, vimos já, na passagem absolutamente fundamental do primeiro livro dos *Academica* para compreender o pensamento de Arcesilau – *Acad.* I, 44-5 –, que não é incompatível atribuir a Arcesilau uma posição filosófica *in propria persona* e nela detectar certo destaque significativo conferido ao vocabulário estoico – o modo como retoma a noção de suspensão de juízo é, certamente, o melhor exemplo disso, pois essa acaba por tornar-se a expressão mesma daquilo que, para nosso filósofo, é índice de sabedoria.

Se, pois, há uma noção de sabedoria para Arcesilau – sobre tudo suspender o juízo –, por que não poderia haver, na mesma medida, certa concepção de *felicidade* a ela relacionada e com ela compatível?

---

65 Annas, embora concorde com Ioppolo, vê problemas em afirmar que o argumento de Arcesilau não utiliza conceitos estoicos. Ioppolo, de fato, procura esvaziar o máximo possível a passagem sobre o *eúlogon*, em AM VII, 158, de conteúdo estoico. Mas talvez nisso vá longe demais, julgando provavelmente que uma crítica à interpretação "dialética" nos obrigue a afastar de todo os conceitos do estoicismo da referida doutrina. A nosso ver, isso significaria perder de vista um aspecto crucial dessa noção, pois o arcabouço conceitual estoico fornece a Arcesilau – como era de esperar, em virtude da elaboração mesma de sua posição suspensiva – as condições para expressar de modo consistente e uniforme a explicação da possibilidade da ação sem dogma. Daí poder-se afirmar, sem escorregar por uma leitura dialética, que Arcesilau pretende mostrar que é possível fazer, sem ter de dar assentimento, aquilo mesmo que o pretenso sábio estoico faria. Isso, como se verá, justifica que adote o vocabulário estoico da "ação correta" com o sentido que, no próprio estoicismo, só podia ser denominado com a expressão "ação conveniente".

Se assim for, a ideia de que a "felicidade", εὐδαιμονία, é a "finalidade da vida" (τὸ τοῦ βίου τέλος), presente na exposição de Sexto Empírico, deverá também ser interpretada em sentido fraco, vale dizer, sem intenção dogmática. Outra possibilidade de explicação da afirmação seria atribuí-la à fonte de que se serve Sexto Empírico, uma fonte possivelmente hostil, assim justificando-se como apenas aparente e motivado por intenções tendenciosas o estatuto forte de toda a doutrina do *eúlogon* e assim eximindo-se Arcesilau dessa afirmação da *eudaimonía* como *télos*, bem como de qualquer outra, sendo todas agora dialéticas.[66] Ora, o final do texto dirá que seguir o *eúlogon* proporciona a felicidade, e parece-nos que também aqui, como já ocorria no caso de outros conceitos de utilização habitualmente dogmática, deve-se privilegiar e seguir a hipótese de leitura que autorizaria uma recuperação devidamente deflacionada e filosoficamente justificada de algumas das expressões que se ligavam na origem a tais conceitos – "sabedoria", como vimos, foi uma delas, refinada que foi para dar conta da posição a que se chega quando se leva às últimas consequências o ideal de racionalidade por ela preconizado.

A propósito desse expediente de restauração terminológica, lembre-se, a título de confirmação, que o próprio pirronismo, indo mesmo além do que em nossa passagem se atribui a Arcesilau, chega a afirmar que "quem suspende o juízo sobre tudo que concerne à opinião colhe como fruto a completa felicidade (ὁ περὶ πάντων ἐπέχων τῶν κατὰ δόξαν τελειοτάτην καρποῦται τὴν εὐδαιμονίαν)" (AM XI, 160). Ora, o sentido dos textos que, nas *Hipotiposes*, tratam do tema da finalidade do cético parecem deixar claro que a "felicidade

---

66 É o que propõem Long e Sedley, que justificam o fato de a apresentação da doutrina do razoável em Sexto parecer uma resposta a uma exigência de conciliar ceticismo e ação imposta ao filósofo, alegando que teria sido "introduzida pela fonte provável de Sexto, o hostil Antíoco" (*op. cit.*, p. 457), o que explicaria também a tendenciosa e forte afirmação de que a felicidade é vista por nosso filósofo como finalidade da vida.

completa", nesse caso, se refere ao fato de que, em questões relativas à opinião, diferentemente daquilo que se dá com necessidade – as afecções (*páthe*), caso em que só se pode obter moderação, *metriopátheia* –, poder-se-ia suprimir completamente a perturbação e obter *ataraxía*, a tranquilidade (cf. HP I, 25, 29-30; AM XI, 161-2). Note-se então como o pirrônico se permite retomar o conceito de felicidade, empregá-lo numa acepção matizada, ainda que em terminologia contundente, associando-o também à ideia de finalidade, pois a tranquilidade, bem o sabemos, é para ele o *télos* do cético (HP I, 25). E a "felicidade completa", agora, só pode compreender-se como expressão do *máximo possível* de *ataraxía* que nos é permitido obter, em face das imposições inevitáveis de nossos *páthe*, no domínio da opinião, nunca como veículo da ideia de qualquer "perfeição" ou "plenitude", inscrita numa "natureza humana" que estivesse em harmonia com a natureza mesma das coisas.

Eis por que prisma nos parece também dever ser compreendida a afirmação atribuída a Arcesilau que associa *eúlogon*, *télos* e *eudaimonía*. Impõe-se então a tarefa de mostrar com o conceito de "razoável" proporcionaria a Arcesilau semelhante maneira deflacionada de propor um critério de escolha e aversão – ou, melhor dizendo, que essa, ao menos, terá sido sua intenção.

Na passagem de Sexto Empírico, o *eúlogon* se justifica como critério de escolha e aversão na ação, por proporcionar um modo correto de agir, por possibilitar o que aí se denomina, talvez numa referência ao estoicismo, de "ação correta", *katórthoma*; ações corretas, prossegue o texto, estão na origem da "prudência", *phrónesis*, cuja posse é veículo de *eudaimonía*.[67] Assim, a felicidade reside na posse da prudência, que, por sua vez, "jaz nas ações corretas" (τὴν

---

67 Traduzimos φρόνησις por "prudência", expressão normalmente utilizada no contexto da ética aristotélica, para evitar o termo "sabedoria", cujo sentido preciso já conhecemos e que vai muito além do que está aqui em questão.

φρόνησιν κεῖσθαι ἐν τοῖς κατορθώμασιν), que, por sua vez também, só o são porque possuem uma "defesa razoável" (εὔλογον|ἀπολογί αν). Eis por que via o *eúlogon* leva à felicidade. Nessa via, se a relação entre os conceitos se faz com razoável clareza, o mesmo não se pode dizer a respeito do sentido que portariam. Como entender, por exemplo, a noção de *phrónesis*? A eventual origem aristotélica do termo nos deve levar a interpretá-lo à luz da *Ética Nicomaqueia*? Ou se trata apenas de possível empréstimo terminológico, e não de herança conceitual? Seja como for, ao menos um aspecto do conceito nos parece poder ser pensado a partir das poucas informações fornecidas na passagem de Sexto. Se a *phrónesis* "jaz nas ações corretas", parece que se pode concluir que resulta delas ou que é delas um desenvolvimento, um refinamento, talvez um *acúmulo*. Nesse sentido, caberia vê-la como uma espécie de sedimentação de ações corretas, como uma espécie de *habitus*, de *disposição* surgida no exercício constante dessas ações, os *katorthómata*.[68] Note-se que o texto não define a relação entre a *phrónesis* e os *katorthómata* nos mesmos termos em que o faz para a relação entre essa mesma *phrónesis* e a *eudaimonía*. A felicidade "sobrevém mediante a prudência" (τὴν|εὐ δαιμονίαν περιγίγνεσθαι διὰ τῆς φρονήσεως) surge, ocorre, tendo a prudência como *veículo*, como *meio* ou *instrumento*, o que permite de algum modo considerá-las como diferentes. Ora, enquanto isso, a prudência, como vimos, "jaz nas ações corretas", nelas "repousa", nelas tem seu *fundamento*, o que talvez permita pensá-la, como dissemos, como sendo as próprias ações corretas, reunidas, acumuladas, de algum modo desenvolvidas.[69]

---

68 Diga-se de passagem, isso nos permitiria ao menos reivindicar, para nossa noção, compatibilidade com a ideia aristotélica de ἕξις, como uma "segunda natureza" que essa constante disposição proporciona.

69 Nesse sentido, é bastante significativo que nesse momento do texto, diferente do que se lê imediatamente a seguir, empregue-se o plural *katorthómata*, e não o singular *katórthoma*.

Se assim é, o ponto nevrálgico da doutrina e da possibilidade de compreendê-la como deliberadamente esvaziada de dogmatismo se localiza na noção de *eúlogon* como modo de produzir semelhante esvaziamento. Pois é a razoabilidade da defesa de uma ação que a torna correta; são as ações corretas, apenas de certo modo dispostas, a própria prudência; e é tal prudência veículo de felicidade. A viabilidade do almejado critério não-dogmático de ação reside, pois, no sentido não-dogmático possível da noção de *eúlogon*.

Duas informações há na passagem em Sexto que nos podem auxiliar a preencher algumas lacunas desta proposta de interpretação. Em primeiro lugar, tenha ou não Arcesilau, com a expressão *katórthoma*, apenas retomado termo estoico, o fato é que a associação da ideia de ação "correta" com a mera "razoabilidade" transporta o tema da ação reta para um domínio que não mais permitiria, para o estoico, separar o sábio do não-sábio. Agir seguindo o *eúlogon* é, em princípio, algo acessível a todos e cada um. Neste sentido, cabe realmente dizer que, independente de ausência de intenção dialética, a doutrina do *eúlogon* pode ser vista como uma tentativa de propor um modo não-dogmático de ação a partir de um pano de fundo conceitual estoico.[70]

---

[70] Ioppolo, *op. cit.*, pp. 131-4, considera que, à luz dos fragmentos de que dispomos, deve-se concluir que *katórthoma* só se torna termo típico do estoicismo a partir de Crisipo, sendo *katékhonta* a expressão de Zenão para fazer referência à ação correta, o que invalida a tese da leitura dialética. Isso, contudo, não elimina a possibilidade de que Arcesilau pretenda repensar a ideia de ação correta, agora no domínio da "ação adequada" que é comum a sábio e não-sábio. Sobre isso, cf. Long e Sedley, *op. cit.*, p. 457 e *de Finibus*, III, 58-9 (também Long e Sedley, *op. cit.*, p. 362), onde Cícero nos expõe a distinção entre *honestum*, "que dizemos ser o único bem" (*id solum bonum esse dicamus*), e o *officium*, que não deve ser classificado nem como um bem nem como um mal, e "que é de tal modo que é possível dele dar justificação (*ut eius ratio reddi possit*), de modo, portanto, que de um ato ainda de modo plausível se possa dar justificação (*ergo ut etiam probabiliter acti ratio reddi possit*)". Assim, um *officium* é "o que é feito de modo tal, que desse feito se possa dar justificativa plausível (*est autem officium, quod ita factum est, ut*

Em segundo lugar, parece fundamental observar que, segundo a definição de *katórthoma*, a razoabilidade da defesa de uma ação, razoabilidade que opera mesmo como produtora de seu valor de ação correta, só se obtém *após* a ação ter sido executada: "a ação correta (κατόρθωμα) é aquela que, tendo sido executada (πραχθέν), possui defesa razoável". Não é pequena a importância dessa característica da doutrina, pois deve ser considerada corolário do cerne da posição de Arcesilau. O fato de a ação só poder receber defesa razoável após ter sido executada pode, na verdade, ser visto como uma decorrência da recusa de *precipitação* que fundamentava a atitude suspensiva de nosso filósofo. Como vimos, o assentimento e a aprovação não podem anteceder conhecimento e apreensão, devem – ou deveriam – estar fundados nestes. Na esfera da *práxis*, para uma filosofia da suspensão de assentimento que denuncia a obscuridade a propósito de apreensão e conhecimento, propor a possibilidade de uma justificativa que fundamentasse uma ação antes de sua execução será talvez preconizar alguma forma de teoria para o agir em geral, assim incorrendo no equívoco da precipitação. Se assim for, a posterioridade da justificativa da ação, imposta pelos resultados a que chegara a reflexão filosófica de Arcesilau, será a única forma possível e legítima de conferir a essa ação seu valor, seja ele qual for. A pergunta que agora

eius facti probabilis ratio reddi possit)". Como a ação correta (*recte factum*) é o *perfectum officium*, a ação adequada em sua perfeição e completude, é ela que distingue o sábio, que eventualmente age também conforme o *officium*, mas pode e sabe ir além dele. O que significa que há um "adequado comum" ao sábio e ao não-sábio (*commune officium sapientis et insipientis*). Independente da questão terminológica, note-se como o estoicismo distingue esses dois domínios e como a proposta de Arcesilau pode ser vista como a manutenção daquilo que, nesse mesmo estoicismo, já é possível aquém da esfera de sabedoria. Eis por que a definição de *eúlogon* em Sexto e de *officium* em Cícero são quase idênticas. Observe-se também que Cícero emprega o termo *probabile* como o correspondente de *eúlogon*. Isso não será talvez mero acaso, pois o conceito carneadiano, assim nos parece, visa primordialmente, como veremos, a retomar a ideia presente na proposta de Arcesilau.

se impõe é: o que fundamenta e explica essa ideia? Como justificar essa possibilidade?

A exposição de Sexto Empírico, rápida e sucinta, não parece, a esse respeito, fornecer elementos que permitam tal explicação. E é então que se torna significativo o texto de Plutarco. De fato, parece possível compreender a descrição da doutrina presente na referida passagem do *contra Colotes*, especificamente a distinção dos "três movimentos da alma" e da aceitação dos dois primeiros – de representação, *phantastikón*, e de impulso, *hormetikón* –, mas não do terceiro – o de assentimento, *sygkatathetikoû* –, como explicação do porquê a ação correta obter sua "defesa razoável" somente *após* ter sido executada. Pois o único domínio vedado à *epokhé*, o da *dóxa*, proíbe justamente que tal explicação, sendo da esfera do *lógos*, anteceda seus resultados. Ora, a justificativa dessa proibição constitui, ao mesmo tempo, a defesa da possibilidade de ação sem dogma: ocorre que o impulso para agir, mostre-se ou não tal ação, após executada, passível de defesa razoável, prescinde de tal fundamento teórico, pois é motivado pela representação pura e simples, pelo fato puro e simples da impressão e da afecção (τυποῦσθαι καὶ πάσχειν) que, provocada pelas coisas, já move ao agir. Assim, visto que há um "aparecer adequado" (τὸ φαινόμενον οἰκεῖον) que tem tal estatuto de impressão e afecção, ele nos leva a agir em conformidade com o que nos informa o conteúdo dessa afecção, permitindo-nos evitar justamente aquilo que o núcleo da posição filosófica rigorosa assim ordenava: o opinar, *tò doxázein*, e o precipitar o assentimento, *propíptein tèn sygkatáthesin*. E, como se trata de inevitavelmente recebê-lo, o impulso "nos move naturalmente" (τῇ ὁρμῇ φυσικῶς ἀγούσῃ) a tal aparecer adequado (πρὸς τὸ φαινόμενον οἰκεῖον). O "natural", aqui, apenas expressa a ausência de *dóxa*, de *discursividade* na origem do processo. O que "aparece adequado" o faz como representação, na medida em que esta é *páthos*, como "movimento da alma" que por assim dizer automaticamente, "naturalmente", provoca inclinação para certa ação, sem a necessidade desse acréscimo discursivo e conceitual que transformasse essa aceitação, esse simples *reconhecimento*, em assentimento no sentido forte veiculado pelo dogmatismo.

Assim, dado que, segundo Arcesilau, possuímos meios para adotar modos de agir que se localizam aquém do *lógos*, pois a inclinação para agir é acionada já pelo *páthos* "natural" que a precede, na esfera do *phainóimenon* e da *phantasía*, só caberá uma defesa "razoável" – talvez seja melhor dizer: *arrazoada*, veículo de um *lógos* bem elaborado, *eúlogon* – na sequência de sua execução e efeito. Nesse sentido, parece que o texto em Plutarco, em boa medida, adquire função, não somente de enriquecer e precisar, como também de corrigir o que se encontra em Sexto, ou, ao menos, alertar para o perigo de um mal-entendido possível: dizer que o *eúlogon* é critério de ação pelo qual o sábio se guia não seria propô-lo como critério de escolha e aversão que operasse *já no momento da inclinação* para agir deste ou daquele modo, mas sim referir-se ao *termo de um processo*, ao modo como se pode caracterizar teórica e discursivamente aquilo que, de início, se apresentava na esfera da afecção e da inclinação enquanto tais. *Eúlogon* é o nome que se dá à razão que justifica uma ação sem adentrar o domínio da opinião e da precipitação, justamente porque apenas *posterior* à própria ação, dependente do resultado a que ela chega. A redução daquilo que o estoico chama de "ação correta" àquilo que esse mesmo estoico denomina "ação adequada" representa a supressão do assentimento prévio à ação, doravante índice de *dóxa*, de assentimento agora precipitado, em favor de sua justificativa inevitavelmente posterior e dependente de seu resultado. Mais uma vez, parece tratar-se de depurar uma expressão dogmática, de modo a torná-la instrumento de um significado não-dogmático.

As análises acima desenvolvidas, se pertinentes, parecem-nos autorizar uma comparação interessante com algumas características importantes do pirronismo. É cabível, por exemplo, aproximar o sentido da expressão "naturalmente", tal como utilizada na passagem em Plutarco, da acepção que parece possuir quando o pirrônico afirma, descrevendo seu critério de ação, conduzir-se pela "orientação da natureza" (ἐν ὑφηγήσει φύσεως), acrescentando: "segundo a qual somos naturalmente sensíveis e pensantes (φυσικῶς αἰσθητικοὶ καὶ νοητικοί ἐσμεν)" (HP I, 24). Embora o pirrônico esteja apenas registrando que o sentir e o pensar enquanto tais não envolvem assentimento dogmático, sendo por isso legítimos instrumentos para um modo cético de agir, trata-se, em ambos os casos, de evocar a instância *pré-discursiva* e *pré-argumentativa* que já proporciona legitimamente elementos para o impulso a agir deste ou daquele modo, instância que, no referido trecho das *Hipotiposes*, se diz mais precisamente com o termo *phainómenon*, mas que também acolhe a terminologia do *páthos* – pois outro aspecto ou dimensão da conduta cética envolve a "necessidade das afecções (ἐν ἀνάγκῃ τῶν παθῶν)", segundo a qual "a fome nos conduz à comida e a sede, à bebida" (*ibid.*). Enquanto isso, a passagem de Plutarco, talvez menos econômica nos termos, diz substancialmente o mesmo, empregando também o termo *phainómenon*, o verbo *páskhein* e uma expressão de origem estoica: *phantasía*, representação, na medida em que "imprime e afeta". Parece, assim, que se poderia compreender a doutrina apresentada por Plutarco também como uma análise do mecanismo da ação que a fundasse em certa "necessidade da afecção", o que mais uma vez nos coloca próximos do modo pirrônico de tratar o tema e desenvolver uma resposta ao problema.

É justamente esse conceito absolutamente nuclear da doutrina estoica, que acabamos de constatar operando com grande importância na passagem em Plutarco, o de representação, o caso mais importante em que o empréstimo privilegiado de vocabulário e conceitos estoicos aproxima Arcesilau dos pirrônicos. Pois também estes, em alguns momentos fundamentais da descrição de sua filosofia, para poder explicar adequadamente o próprio ceticismo, vão buscar auxílio a esse conceito. Se, num primeiro passo, o cético localiza sua gênese nas contradições presentes nas coisas e na consequente busca da verdade nessas mesmas coisas,[71] logo reitera essa etapa inicial de seu itinerário como um julgamento sobre representações, para apreender quais são verdadeiras e quais são falsas.[72] A noção estoica de representação é utilizada aqui como se contribuísse para formular a questão filosófica por excelência que motiva a *zétesis* pirrônica: a busca da verdade.[73] Até mesmo quando afirma sua própria diferença em relação aos acadêmicos, o pirrônico se permite expressar-se do mesmo modo: "dizemos que as representações são iguais em matéria de credibilidade e não-credibilidade (τάς τε φαντασίας ἡμεῖς μὲν ἴσας λέγομεν εἶναι κατὰ πίστιν ἢ ἀπιστίαν) no que concerne ao discurso, mas eles dizem que umas são críveis, outras não-críveis" (HP I, 227). Isso, parece-nos, não faz do pirronismo uma filosofia dependente do estoicismo para se constituir, assim como não o fazia da posição filosófica própria de Arcesilau. Mas revela que, tanto para pirrônicos como para acadêmicos, essa doutrina, certamente por razões históricas – tornou-se a mais influente escola filosófico do helenismo –, mas também em virtude de sua amplitude, articulação e

---

71 "Homens de talento, tendo sido perturbados em virtude da anomalia nas coisas (ἐν τοῖς πράγμασιν) e em dúvida sobre a qual delas de preferência dar assentimento, foram investigar o que, nas coisas (ἐν τοῖς πράγμασιν), é verdadeiro e o que é falso, para, a partir do julgamento disso, suprimir a perturbação" (HP I, 12).

72 "Tendo começado a filosofar a fim de avaliar as representações (τὰς φαντασίας) e apreender quais são verdadeiras e quais são falsas, de modo a suprimir a perturbação..." (cf. HP I, 26).

73 Busca que pode, consequentemente, ser descrita, se não exclusivamente, ao menos também nos termos do conhecido problema da representação, problema que, como veremos, dá o tom da argumentação dos acadêmicos contra os estoicos e que, como se sabe, orienta também os chamados dez modos de suspensão de juízo de Enesidemo.

ambição – na verdade, o primeiro grande sistema no sentido estrito da palavra –, deve ter-se apresentado como algo um tanto especial, uma espécie de edição mais completa e acabada do dogmatismo como um todo, que a ambas as correntes críticas terá então fornecido, em níveis variados, uma série de *pontos de referência* para que elas mesmas se pudessem elaborar.

Observa-se assim em que importante e extensa medida o estoicismo proporciona a acadêmicos e pirrônicos subsídios terminológicos e conceituais. Mas não se deve ver nisso um problema para uma interpretação "não-dialética" da filosofia da nova Academia, que não se torna por isso um dogmatismo, o mesmo valendo para o pirronismo. Como vimos, o fato de o *eúlogon* de Arcesilau poder muito bem estar operando também com expressões estoicas não faz com que necessariamente se pretenda simples estratégia de refutação do estoicismo. E também ele, como o pirrônico, estaria pretendendo para sua doutrina da ação imunidade ao dogma. Pois somente um grave equívoco na compreensão do sentido da filosofia de Arcesilau, que não nos permitisse ver que o filósofo não defende a não-apreensibilidade, a não ser como via para a *epokhé*, poderia levar a imaginar um indecidível confronto entre duas incompatíveis posições sobre o problema da ação, uma pirrônica, outra acadêmica, confronto que seria consequência de um outro, mais fundamental, aquele entre estado de equipotência, expresso na fórmula "não mais", pirrônica, e a não-apreensibilidade, acadêmica.[74] Quando, em verdade, como vimos nas linhas finais do primeiro livro dos *Academica* e em trechos

---

74 É o que nos parece pensar Couissin, que não vê o *phainómenon*, de certo modo presente já em Tímão de Flionte, discípulo de Pirro, como um similar do *eúlogon* (e do "provável" de Carnéades); o que o leva a afirmar: "essa ideia de impossibilidade da escolha, expressa pelo οὐ μᾶλλον característico do pirronismo, se distingue essencialmente da acatalepsia acadêmica, que permite, ao contrário, a escolha mediante o εὔλογον ou o πιθανόν" ("L'Origine...", p. 385).

do segundo livro (66-8, 76-8), também para Arcesilau a não-apreensibilidade deve conduzir à suspensão. Este é um ponto fundamental para compreender as propostas acadêmicas de critérios de ação: ambas, o *eúlogon* de Arcesilau e o *pithanón* de Carnéades, pretendem-se formas de conferir inteligibilidade a escolhas práticas sem, ao mesmo tempo, burlar o equilíbrio imposto pela *epokhé*. No que concerne ao *eúlogon* de Arcesilau, nossa passagem em Plutarco não poderia ser mais explícita: reivindica-se um modo de agir que não entre em conflito com a suspensão e a doutrina do *eúlogon* em Arcesilau se poderia portanto compreender como tentativa de explicar e justificar uma ação, sem recorrer a instrumentos dogmáticos de fundamentação.[75]

Isso não impede, contudo, que essa doutrina possa transitar no âmbito do referido conceito estoico de representação e, por assim dizer, com ele dialogar em tom de polêmica. O texto de Plutarco, como se pôde perceber em alguns de seus momentos mais importantes, em virtude de seu vocabulário, sugere fortemente essa ideia. E Carnéades, como veremos, não terá pudores de recuperar a expressão estoica, para instaurar seu "probabilismo", pois é na análise crítica desse conceito que enxergará a possibilidade de elaborar uma proposta prática ao mesmo tempo não-dogmática e positiva. Eis por que nos parece caber aqui fazer leitura do *eúlogon* e do *pithanón* à luz dessa linha de continuidade que a presença do estoicismo – particularmente seu conceito de representação – permite perceber.[76]

---

75 Isso é importante também por permitir enfrentar uma possível dificuldade, bem formulada por J. Annas: se Arcesilau sustenta a doutrina do *eúlogon in propria persona*, não está admitindo, mesmo que malgrado seu, algum dogmatismo (cf. *art. cit.*, p. 110)? Ioppolo, por sua vez, considera que Arcesilau não consegue justificar uma conduta em *epokhé* e que Carnéades, para obtê-lo, admitirá que o sábio às vezes opina (cf. p.p. 14-15).

76 É preciso, contudo, estar atento para o risco a que se refere Ioppolo: "o risco de assimilar a filosofia de Arcesilau à de Carnéades, assim lhe atribuindo argumentos que não lhe pertencem" (*op. cit.*, p. 12). Tal advertência não vale

Essa hipótese de trabalho, contudo, nos obriga a reconhecer uma possibilidade: a de que o texto de Plutarco sobre Arcesilau em 1122a-d, em vez de expressar uma concepção elaborada completamente por esse filósofo, esteja expondo uma doutrina já enriquecida do "probabilismo" carneadiano. Mais uma vez, a escassez de documentos não incentiva a uma resposta categórica. Mas, seja como for, autoriza a compreender tal doutrina do discípulo como tentativa deliberada de prolongamento da posição de Arcesilau sobre a noção de *eúlogon*.[77]

A presença de certa combinação de vocabulário estoico relevante – *katórthoma* em Sexto Empírico, *phantasía*, *sugkatáthesis*, *hegemonikón* em Plutarco – e expressões possivelmente próprias de Arcesilau – *physikôs*, presente em Plutarco, *phrónesis*, em Sexto Empírico –, sugere que estamos perante uma outra forma de tratar um conteúdo que o estoicismo, a seu modo, um modo evidentemente vedado a Arcesilau, já buscara comentar. Pretende-se aqui mostrar que com Arcesilau se inicia algo que, no pensamento de seu seguidor Carnéades, além de consistir em sua principal contribuição à parte positiva da filosofia da nova Academia, ganhará contornos inéditos: tal "mudança de forma" em relação à teoria estoica, principalmente no que concerne à noção de representação, será retomada e receberá

---

apenas para o tema do "razoável" de Arcesilau e o "provável" de Carnéades: diz respeito a possíveis aproximações também em outros tópicos.

77 Em linhas gerais, cremos que, sobre esse tópico, já uma observação de Hegel, embora com intenções de detectar limitação, é interessante: para ele, o *eúlogon* é "a representação convincente de um ponto de vista subjetivo"; e Arcesilau "diz o mesmo que os estoicos; muda apenas a forma, à medida que Arcesilau chama simplesmente bem arrazoado ou verossímil o que os estoicos expressam como verdade" (*Lecciones sobre la historia de la filosofía*, Fondo de Cultura Económica, México, 1955, p. 412). É certo que Hegel vai além do texto e que tal diferença é muito mais significativa do que lhe parece; mas importa notar que parece ver no *eúlogon* de Arcesilau, pela terminologia que emprega para comentá-lo, o precursor do "provável" de Carnéades, o que vai ao encontro da interpretação que será aqui proposta desse "probabilismo".

substancial aprofundamento teórico, instaurando-se talvez um ponto de vista novo para enfocar os mesmos conteúdos, ponto de vista que proporcionaria uma resposta plena ao desafio posto pelo dogmatismo a propósito de uma ação possível sem dogmas. Registre-se então, para a compreensão do essencial da doutrina do "probabilismo" e ainda a título de introdução, que o texto de Plutarco explica o *eúlogon* evocando também um "movimento da alma" que é "movimento de representação" e que se explica na terminologia do *páthos*.[78]

Ora, parece-nos que, justamente por isso, também cabe um cotejo com o *critério pirrônico de ação*: o *fenômeno, tò phainómenon*.

---

78 Ioppolo, a nosso ver, corretamente, julga que, com seu critério de ação, Arcesilau quer demonstrar que "o acadêmico age com a mesma base que o sábio estoico" (*op. cit.*, p. 134). Com ela concorda Maconi, *art. cit.*, p. 249. Isso permite aproximação com o pirronismo, e cogitar de um sentido para o que fará Carnéades. Note-se que a ideia de que o *eúlogon* de Arcesilau visa a permitir ao acadêmico agir do mesmo modo que o faria o sábio estoico, sem, contudo, necessitar acrescentar juízo de verdade a respeito da ação que executa, pode também ser sustentada do ponto de vista de uma leitura de orientação "dialética". Mostram-no muito bem, a nosso ver, os comentários de M. Frede sobre o tema. Para Frede, o texto em Plutarco permite concluir que Arcesilau "argumentou que a ação humana não exige mais do que as coisas aparecerem a nós de um certo modo e que sejamos constituídos de modo que, quando as coisas apareçam de um certo modo, um impulso ou instinto que conduz à ação é disparado, e que isso não exija de nós também assentir às aparências" ("The Skeptic's Beliefs", p. 183). Dificilmente, em nossa opinião, poder-se-ia expressar melhor o sentido e a intenção pretendidos pelo conteúdo daquele texto. Mas, para Frede, "esses argumentos são antes oferecidos para contrabalançar o peso dos argumentos dogmáticos que tendem a nos fazer crer que não é possível agir sem crenças" (*art. cit.*, p. 184). Por tudo o que aqui se defendeu a propósito de uma posição *in propria persona* de Arcesilau, parece-nos possível avaliar a análise do autor como adequada, no que concerne à compreensão do mecanismo da ação sem crenças proposto por nosso filósofo e, ao mesmo tempo, considerar incorreta a tentativa de ver aí apenas intenção crítica. Diferentemente de Frede, não julgamos que o acadêmico, além de não se comprometer com as conclusões de que não há conhecimento ou de que nada pode ser conhecido, também não se compromete com a conclusão de que o sábio suspenderá o juízo sobre tudo (cf. "Stoics and Skeptics on Clear and Distinct Impressions", p. 171).

O texto em Plutarco é mais rico a esse respeito, chegando a utilizar a expressão e, como vimos, certo vocabulário "naturalista" que também permite aproximação.[79] Tal aproximação tornar-se-á mais consistente, a nosso ver, somente quando se compreender o "probabilismo" de Carnéades, mas ela já nos parece possível a propósito de Arcesilau. Pois também ele, a julgar pela passagem em Plutarco, estaria associando *phainómenon* e *phantasía*, algo que, como veremos, fazem em momentos estratégicos também os pirrônicos.

✳✳✳

Segundo Cícero, naquele já nosso conhecido momento final do primeiro livro dos *Academica*, o mais importante continuador do pensamento de Arcesilau, Carnéades, segue a doutrina do iniciador da nova Academia e nela permanece (cf. *Acad.* I, 46: *in eadem Arcesilae ratione permansit*). Homem de incrível capacidade (*incredibili quadam fuit facultate, ibid.*), Carnéades, segundo o próprio Sexto Empírico, estendeu a crítica de seu antecessor, que a dirigira exclusivamente ao estoicismo, a todas as filosofias anteriores (cf. AM VII, 159). Assim, a doutrina de Arcesilau foi "completada" (*confecta*) por Carnéades, que nela se manteve (cf. *Acad.* II, 16).

---

[79] Mas é discutível o sentido que se pode dar a uma noção de "natureza", tal como a entende Ioppolo, segundo Maconi (*art. cit.*, p. 250: "A Natureza – para Arcesilau, como para Sexto [e, mais tarde, para Hume] – assegura que sobrevivamos, e o impulso natural não exige intervenção de crença". A segunda afirmação, correta, não acarreta necessariamente a primeira. As críticas de Maconi a tal "naturalismo" são pertinentes [cf. p. 251]). Annas concorda com o "naturalismo" de corte humiano que Ioppolo vê aí e levanta a possibilidade de uma inesperada afinidade entre ceticismo acadêmico e Hume (pp. 111-12). Parece-nos que o "probabilismo" carneadiano permitirá limpar a doutrina desse estranho "naturalismo". Interessante indício nos dá o próprio Maconi, quando afirma que pode realmente tratar-se, com a passagem de Plutarco, de um "seguidor de Arcesilau que defendeu o mestre contra a ἀπραξία, modificando suas posições" (*art. cit.*, p. 251, n. 54). Tal "seguidor" não poderia ser o próprio Carnéades?

Aqui, a acusação pirrônica de dogmatismo pode ser mais pertinente, pois algumas indicações sobre Carnéades, ainda que um tanto vagas, produzem alguma dúvida. Segundo o próprio Cícero, Carnéades aceitava que algumas vezes o sábio dá assentimento (cf. *Acad.* II, 67). Aceitava também que o sábio, mesmo sem nada apreender, ainda opina (*licebat enim nihil percipere et tamen opinari*), afirmação sobre a qual seus seguidores Clitômaco, Filo e Metrodoro não entraram em acordo (cf. *Acad.* II, 78; cf. também 112). Acresce que, diz ainda Cícero, o próprio Clitômaco, seu seguidor imediato, declarava nunca ter sido capaz de entender o que Carnéades aceitava (*quamquam Clitomachus adfirmabat numquam se intellegere potuisse quid Carneadi probaretur, Acad.* II, 139). Pode-se então concluir em favor de um retrocesso dogmatizante na posição do sucessor em relação ao antecessor? Teria Carnéades afrouxado, nalguma medida, a rígida concepção de *epokhé* sustentada por Arcesilau?

Em se tratando desse filósofo, que, também ele, nada deixou escrito, é bastante temerário desqualificar qualquer interpretação, para propor uma outra de modo incisivo. De qualquer modo, observa Cícero que, também segundo Clitômaco, Carnéades executou uma "tarefa hercúlea" (*Herculi...laborem*), porque "extraiu de nossas almas, como se extraísse uma fera bestial e selvagem, o assentimento (*adsensionem*), isto é, a opinião e a precipitação (*opinationem et temeritatem*)" (*Acad.* II, 108). Isso o tornaria uma espécie de genuíno guardião das exigências filosóficas de racionalidade que, como vimos, foram para Arcesilau a grande lição socrática que ele retomou e desenvolveu; e também justificaria a afirmação de que ele se manteve fiel à *ratio* do precursor, afirmação esta que, no texto do final do primeiro livro dos *Academica*, é categórica e não dá margem a dúvidas. Eis a hipótese de leitura que aqui se tentará seguir: a filosofia de Carnéades teria consistido numa tentativa de retomada e prolongamento da posição originária de Arcesilau. E isso se revelaria, além do considerável enriquecimento do arsenal argumentativo crítico que sua célebre capacidade dialética foi capaz de produzir, em seu notório "probabilismo", que, como acima sugerimos, pode ter partido da noção de *eúlogon* para apresentar uma forma mais consistente de justificar a ação em suspensão de juízo. Se há, portanto, uma posição filosófica cética solidamente elaborada na nova Academia, ela deve, como sabemos, iniciar-se com Arcesilau; mas, se for possível detectar, nesse itinerário filosófico recheado de vicissitudes que se inicia com esse filósofo e alcança Antíoco, passando também, entre outros, por Carnéades, Clitômaco, Filo, Metrodoro e até Enesidemo, um núcleo genuinamente cético suficientemente elaborado, isso se dará somente após uma análise desse tão discutido "probabilismo" de Carnéades.[80]

Para isso, no entanto, é necessário antes analisar a argumentação acadêmica contra o estoicismo e seus desdobramentos, pois se mostra básica e indispensável para a confecção da teoria do "provável", que, então, emergiria como complemento, como *aperfeiçoamento* da posição suspensiva inaugurada por Arcesilau. É preciso, portanto, compreender como os acadêmicos fizeram a crítica da teoria estoica da apreensão e da representação apreensiva.

---

80 Para Ioppolo, como já observamos, "Arcesilau, de fato, não é capaz de justificar a ação, uma vez que admitiu que o sábio não pode nem deve formular opiniões" (*Opinione...*, p. 14). Daí, segundo a autora, compreende-se que a posição de Carnéades venha a ser a de que o sábio não pode deixar de opinar (como vimos, uma das duas interpretações possíveis sobre Carnéades) (p. 15). Apesar do que há de polêmico no comentário sobre Carnéades, do qual discordamos, vale reter a ideia de que Arcesilau não terá talvez conseguido propor uma teoria plenamente satisfatória para a ação sem assentimento – algo que a precariedade das informações disponíveis não permite afastar categoricamente – e que o "provável" do discípulo visaria a retomar a tarefa e, partindo das linhas gerais desenhadas pelo *eúlogon*, bem como da suspensão de juízo, desenvolver e sofisticar seu sentido.

Capítulo 2

A crítica acadêmica ao estoicismo

4. A TEORIA ESTOICA DA REPRESENTAÇÃO E DA APREENSÃO

Tanto em Cícero como em Sexto Empírico, vimos que o esqueleto da argumentação de Arcesilau contra Zenão de Cício e o estoicismo se expressa nos seguintes termos: se o sábio dá assentimento a algo, algumas vezes opinará; mas ele nunca emite opinião; portanto, não dará assentimento a nada (cf. *Acad.* II, 67; AM VII, 156-7). Sabemos já que, para Arcesilau, desqualificar a pretensão estoica de sustentar semelhante noção de sábio significa, ao mesmo tempo, defender uma concepção própria, expressa justamente na conclusão de que ao sábio só resta, para sê-lo, suspender o juízo. Nessa disputa, não caberá ao estoico senão insistir na falsidade da primeira proposição daquele argumento, pois afirma, como vimos em Sexto Empírico (AM VII, 151-2), que o sábio tem meios de distinguir ciência e conhecimento de ignorância e opinião – em termos técnicos, possui um *critério de verdade* que, com o auxílio do *lógos*, lhe proporciona conhecimento imutável, o meio para dar assentimento sem opinar. Como o sábio estoico é capaz de distinguir o verdadeiro do falso e o não-apreensível do apreensível, julga inaceitável o argumento de Arcesilau. Assim, quando, no primeiro livro dos *Academica*, Varrão expõe a doutrina de Zenão, observa que "o que era apreendido pela sensação, a isso mesmo ele chamava sensação, e se fosse apreendido de modo que não pudesse ser abalado pelo raciocínio, ele denominava conhecimento; se era apreendido de outro modo, ele denominava ignorância, da qual surgiria também opinião, que seria instável e semelhante ao falso e ao desconhecido" (*Quod*

autem erat sensu comprensum, id ipsum sensum appellabat, et si ita erat comprensum ut convelli ratione non possit, scientiam, sin aliter, inscientiam nominabat, ex qua exsisteret etiam opinio, quae esset imbecilla et cum falso incognitoque communis) (*Acad.* I, 41). Eis por que, como vimos, o sábio pode manter-se imune à opinião e o erro: "o erro, a precipitação, a ignorância, a opinião, a conjectura e, em uma palavra, tudo que fosse alheio ao assentimento firme e estável, afastava da virtude e sabedoria" (*Acad.* I, 42).

Eis também por que, dizia Cícero, toda a controvérsia vai girar em torno da não-apreensibilidade, pois só assim o critério estoico poderá ser derrubado e o sábio deverá suspender o juízo sobre tudo. A "apreensão clara e segura, imutável pela razão", obtida, para Zenão, já no nível da sensação, será então objeto da argumentação crítica. Ora, a doutrina da apreensão se constrói, no estoicismo, tendo como alicerce um conceito fundamental, o de *representação apreensiva*, como expõe Varrão: "não acrescentava crença a todas as representações, mas somente àquelas que possuíssem uma própria manifestação daquelas coisas que aparecessem; mas a essa representação, quando ela própria por si era discernida, chamava-a apreensiva...Mas quando estava já aceita e aprovada, denominava apreensão, semelhante às coisas que são tomadas com a mão" (*Visis non omnibus adiungebat fidem sed iis solum quae propriam quandam haberent declarationem earum rerum quae viderentur; id autem visum cum ipsum per se cerneretur, comprendibile...Sed cum acceptum iam et approbatum esset, comprehensionem appellabat, similem iis rebus quae manu prenderentur*) (*Acad.* I, 41). Compreender os conceitos estoicos de representação (que Cícero cunha em latim com o termo *visum*) e, particularmente, de apreensão (*comprehensio*) e representação apreensiva (*comprendibile visum*) será fundamental, não apenas para o bom entendimento da estratégia crítica e do sentido original da argumentação acadêmica contra o estoicismo, como também para divisar sua originalidade em relação aos pirrônicos; e só então poder-se-á avaliar o probabilismo carneadiano que dela se seguirá, bem como as críticas pirrônicas a ele dirigidas.¹

No estoicismo, segundo relata Diógenes Laércio, o conceito de representação é a base a partir da qual todo o processo cognitivo deve ser explicado: "Os estoicos concordam em privilegiar a doutrina sobre a representação e a sensação, visto que o critério, aquilo pelo que é conhecida a verdade das coisas, é, genericamente, a representação, e visto que a doutrina sobre o assentimento, a apreensão e a concepção, antecedendo as outras, não se estabelece sem a representação; pois esta vem primeiro, em seguida o intelecto, sendo expressivo, expressa pelo discurso o que recebe pela representação" (Ἀρέσκει τοῖς Στωικοῖς τὸν περὶ φαντασίας καὶ αἰσθήσεως προτάττειν λόγον, καθότι τὸ κριτήριον, ᾧ ἡ ἀλήθεια τῶν πραγμάτων γινώσκεται, κατὰ γένος φαντασία ἐστί, καὶ καθότι ὁ περὶ συγκαταθέσεως καὶ ὁ περὶ καταλήψεως καὶ νοήσεως λόγος, προάγων τῶν ἄλλων, οὐκ ἄνευ φαντασίας συνίσταται. προηγεῖται γὰρ ἡ φαντασία, εἶθ᾽ ἡ διάνοια ἐκλαλητικὴ ὑπάρχουσα, ὃ πάσχει ὑπὸ τῆς φαντασίας, τοῦτο ἐκφέρει λόγῳ) (*Vidas*, VII, 49). A representação, φαντασία, "ponto de partida do conhecimento no ser vivo" (ἀρχηγὸς οὖσα τῆς περὶ τὸ ζῷον εἰδήσεως) (AM VII, 163), concebida

---

1 Um importante momento da passagem acima citada dos *Academica* comporta duas possíveis traduções. Trata-se da expressão *propriam quandam... declarationem earum rerum*, onde se pode entender *earum rerum* como complemento do adjetivo *propria* – e teremos, com Pimentel Álvarez, "...um signo característico, próprio de los objetos representados"; ou, então, o adjetivo qualifica *declarationem*, que teria em *earum rerum* um adjunto adnominal – e teremos, com Rackham, "...a 'manifestation', peculiar to themselves (representações), of the objects presented". O sentido da doutrina e a disposição dos termos nos parece decidirem em favor da segunda opção, pois se trata de destacar, entre as representações, um tipo muito especial. Mas isso não faz da primeira opção um equívoco grave, pois, como veremos, o que permite destacar determinadas representações como portadoras de tal "manifestação" se deve a sua relação peculiar com os próprios objetos.

com tal estatuto e importância, expressa uma valorização provavelmente inédita da sensação (αἴσθησις), fundamentada no que terá sido talvez a primeira elaboração deliberada e completa de uma metafísica do realismo.

É preciso, pois, compreender os fundamentos da doutrina. No estoicismo, o mundo (κόσμος) é um sistema (σύστημα) regido pelo intelecto e a providência (κατὰ νοῦν καὶ πρόνοιαν) (*Vidas*, VII, 138), pois tal *kósmos* é composto de uma substância não-qualificada e passiva, a matéria (τὸ μὲν οὖν πάσχον εἶναι τὴν ἄποιον οὐσίαν τὴν ὕλην) (*Ibid.* VII, 134) e de um *lógos*, divino, agente, a ela imanente (τὸ δὲ ποιοῦν τὸν ἐν αὐτῇ λόγον τὸν θεόν) (*Ibid.*). O próprio *kósmos* é um "ser vivo, animado e racional" (ζῶον|καὶ ἔμψυχον καὶ λογικόν) (VII, 139).[2] E os eventos se dão de forma determinada providencialmente, pela presença dessa homogeneidade entre o homem e a natureza, garantida por essa espécie de divinização de ambos, pela "racionalização", por assim dizer, da matéria. A filosofia, portanto, será, ela própria, um sistema, porque assim o mundo é. E as diferentes partes da filosofia não serão senão diferentes modos de aderir a esse *lógos* imanente à natureza, fazendo do conhecimento um processo natural de interação, sobre cuja eficácia e objetividade não haveria por que levantar suspeitas. Em suma, o conhecimento deste grande organismo que é o mundo, do qual o próprio homem faz parte, pode ser compreendido como componente da finalidade (τέλος) que dirige a vida virtuosa e que Diógenes Laércio agora expressamente atribui a Zenão: "viver em concordância com a natureza" (τὸ ὁμολογουμένως τῇ φύσει ζῆν) (VII, 87).[3]

---

2 Algumas das afirmações citadas são atribuídas por Diógenes Laércio ao estoicismo posterior, de Cleanto a Posidônio. Mas isso não elimina o fato de que já com Zenão o estoicismo caminha para uma concepção sistemática do mundo, que a posteridade irá desenvolver.

3 A respeito da ideia de sistema no estoicismo e seus desdobramentos, seguimos aqui as observações esclarecedoras de V. Goldschmidt: "A mesma

Ora, tal metafísica, uma espécie de monismo, terá consequências muito importantes no que concerne aos elementos que tradicionalmente compõe uma teoria sobre o conhecer. Pois o sensível, assim penetrado de *lógos*, por assim dizer banhado de inteligibilidade, não mais se concebe como oposto ou por natureza distinto, como *álogos*, do inteligível, *noetón*. Intelectualismo empirista ou empirismo intelectualista, como quer que a rotulemos, a teoria estoica do conhecimento será, por isso, algo bastante original, se comparada à tradição platônico-aristotélica. Pois a sensibilidade, agora, não mais é vista como um obstáculo ao pensamento e ao conhecimento, à maneira platônica, ou como uma instância positiva, mas ainda precária, que, à maneira aristotélica, um trabalho de universalização viria necessariamente enformar.[4] Isso tem como resultado que o dado imediato

---

necessidade penetra e rege todas as partes do universo e, portanto, também os acontecimentos de nossa vida. Entre a vida do grande Todo e a vida humana, há uma relação não somente de homogeneidade, mas também de englobamento, de modo que o físico que compreende e aceita a legalidade cósmica, discernirá, como que *a fortiori*, as normas da vida moral e as executará. É assim que a visão do universo serve de ponto de partida à moral, constitui um ponto de apoio e de referência para toda decisão a tomar, e permanece o ponto de chegada em que compreendemos toda a distância que separa o humano do divino" (*Le Système Stoïcien et l'Idée de Temps*, Paris, Vrin, 1985; p. 68).

4   Não há, a esse respeito, por que ter pudores de citar, em apoio, uma "História da Filosofia"; pois o autor, E. Bréhier, é conhecedor profundo do assunto, como atesta seu comentário: "Zenão é, antes de tudo, o profeta do *logos*, e a filosofia não é, senão, a consciência que se toma de que nada se lhe resiste, ou melhor, que nada existe fora dela. É a "ciência das coisas divinas e humanas", isto é, de todos os seres racionais, ou seja, de todas as coisas, dado que a natureza se absorve nas coisas divinas. Sua tarefa está traçada de antemão, e, quer se refira à lógica, à teoria do conhecimento ou à moral, consiste, em qualquer caso, em eliminar o irracional e em crer, na natureza como na conduta, que só a pura razão é atuante. Mas esse racionalismo do *logos* não deve alimentar ilusões. Não é, de forma alguma, o racionalismo da inteligência ou o intelectualismo de Sócrates, Platão e Aristóteles. Esse intelectualismo baseava sua realidade em um método dialético que permitia ultrapassar o dado sensível para alcançar formas ou essências

da sensação, logicizado pela cosmologia estoica, já seja "lugar" de verdade. Daí, um conceito técnico de representação – em verdade, algo inédito – fazer-se necessário, para dar ao sensível o direito de deter o critério de verdade.[5]

Entendida de início como uma "impressão na alma" (τύπωσις ἐν ψυχῇ) (AM VII, 228) e posteriormente como uma "alteração da alma" (ἑτεροίωσις ψυχῆς) (AM VII, 230), a representação define-se finalmente como uma "alteração na parte regente" (φαντασία ἐστὶν ἑτεροίωσις ἐν ἡγεμονικῷ) (AM VII, 233), mas uma alteração de forma passiva (τὸ κατὰ πεῖσιν) (AM VII, 239): uma "afecção da parte regente" (πάθος ἡγεμονικοῦ) (HP II, 71), do intelecto (διάνοια).[6]

A representação apreensiva é uma espécie de representação. Toda representação apreensiva é verdadeira, embora nem toda

---

afins à inteligência. Não há qualquer procedimento metódico desse gênero no dogmatismo estoico. Não mais se trata de eliminar o dado imediato e sensível, mas, ao contrário, de ver a Razão impor-se a ele. Não se registra progresso algum do sensível para o racional, porque não há diferença entre um e outro. Onde Platão alinha diferenças para fazer-nos sair da caverna, o estoico não vê senão identidades...no platonismo, o inteligível situa-se à margem do sensível, enquanto no estoicismo é precisamente nas coisas sensíveis que a Razão adquire plena realidade" (*História da Filosofia*, tomo I, fasc. II, São Paulo, Mestre Jou, 1977; pp. 40-1).

[5] Mais uma vez, cabe recorrer a E. Bréhier, desta vez a seu belo *Chrysippe et l'Ancien Stoïcisme* (Paris, PUF. 1951): "Os estoicos foram os primeiros a tentar constituir uma ciência do sensível como tal. O saber consiste não em leis gerais, induzidas, mas em proposições singulares, que têm por objeto indivíduos, e encadeadas umas às outras. Mas, para ligar essas duas exigências, a exigência sofística que faz da aparência a medida do real, e a exigência platônica que requer, para a ciência, a percepção direta de um real imutável, era preciso: 1. encontrar, nas próprias aparências, um meio de distinguir entre elas e de determinar o que faz sua verdade (teoria da representação apreensiva); 2. distinguir a percepção mesma do real da representação sensível (teoria da apreensão)" (pp. 86-7).

[6] Destaque-se, desde já, que o processo de refinamento e especificação por que passa o conceito leva a definir a representação exatamente pelo que exibe de passividade: ela é, ao fim e ao cabo, um *páthos*. Veremos a seguir a importância disso para que se construa a crítica dos acadêmicos.

representação verdadeira seja apreensiva. Verdadeira, porque se origina do real, em contraste com aquilo que o estoico distingue como "aparição" (φάντασμα), uma "aparência do intelecto, tal como surge nos sonhos" (δόκησις διανοίας οἷα γίνεται κατὰ τοὺς ὕπνους) (*Vidas*, VII, 50), um "deslocamento vazio" (διάκενος ἑλκισμός) (AM VII, 241, 246), fruto de afecções em nós (τῶν ἐν ἡμῖν παθῶν) (AM VII, 241) e não dos objetos externos. A representação propriamente dita, assim distinguida da aparição, deve sempre se originar do real.[7]

Mas isso não a torna uma representação apreensiva, pois uma representação pode surgir do real mas não estar em conformidade com ele (ἀπὸ ὑπάρχοντος μέν, μὴ κατ' αὐτὸ δὲ τὸ ὑπάρχον) (*Vidas*, VII, 46), sendo, então, não-apreensiva (ἀκατάληπτον). A representação apreensiva é aquela "que surge do real, sendo impressa e estampada em conformidade com o próprio real" (τὴν γινομένην ἀπὸ ὑπάρχοντος κατ' αὐτὸ τὸ ὑπάρχον ἐναπεσφραγισμένην καὶ ἐναπομεμαγμένην) (*Ibid.*). As várias exposições em Sexto Empírico acrescentam: "tal que não poderia surgir de um inexistente" (ὁποία οὐκ ἂν γένοιτο ἀπὸ μὴ ὑπάρχοντος) (HP II, 4; AM VII, 248, 402, 426). Para ser apreensiva, uma representação deve, portanto, satisfazer duas exigências: "primeiro, surgir a partir de um existente; pois muitas dentre as representações ocorrem a partir de um não-existente, como no caso dos loucos, e essas não seriam apreensivas. Segundo, que seja a partir de um existente e de acordo com o próprio existente; pois, novamente, algumas são a partir de um existente, mas não se mostram como o próprio existente" (πρῶτον μὲν τὸ ἀπὸ ὑπάρχοντος γίνεσθαι· πολλαὶ γὰρ τῶν φαντασιῶν προσπίπτουσιν ἀπὸ μὴ ὑπάρχοντος ὥσπερ ἐπὶ τῶν μεμηνότων, αἵτινες οὐκ ἂν εἶεν καταληπτικαί. δεύ

---

7   Mais uma vez, registre-se a presença da noção de *páthos*, agora exibindo aquilo que, apesar das diferenças abissais, há de comum, mesmo para o estoico, entre *phantasía* e *phántasma*. É desse fundo comum de passividade e suas consequências que, como veremos, emergirá a crítica.

τερον δὲ τὸ καὶ ἀπὸ ὑπάρχοντος εἶναι καὶ κατ' αὐτὸ τὸ ὑπάρχον· ἔνιαι γὰρ πόλιν ἀπὸ ὑπάρχοντος μέν εἰσιν, οὐκ αὐτὸ δὲ τὸ ὑπάρχον ἰνδάλλονται) (AM VII, 249). Deve, assim, além de se originar do real, ser "inteiramente perceptiva dos objetos, também modelando todas as suas características artisticamente" (ἄκρως γὰρ|ἀντιληπτικὴν εἶναι τῶν ὑποκειμένων τήνδε τὴν φαντασίαν, καὶ πάντα τεχνικῶς τὰ περὶ αὐτοῖς ἰδιώματα ἀναμεμαγμένην) (AM VII, 248). "Deve também ser impressa e estampada, a fim de que todas as características dos objetos representados sejam artisticamente modeladas" (ἀλλὰ καὶ ἐναπομεμαγμένην καὶ ἐναπεσφραγισμένην τυγχάνειν, ἵνα πάντα τεχνικῶς τὰ ἰδιώματα τῶν φανταστῶν ἀναμάττηται) (AM VII, 250).

Uma representação que preenche tais requisitos é "evidente" (ἐναργής) (AM VII, 257), portadora de uma incontestável evidência (ἐνάργεια), pois reproduz fielmente seu objeto de origem. Como dizia Varrão expondo a doutrina de Zenão, representações apreensivas "possuem uma própria manifestação das coisas que aparecessem" (*propriam quandam haberent declarationem earum rerum quae viderentur*). *Declaratio*, aqui, parece traduzir *enárgeia*, assim como explicitamente o fazem os termos *perspicuitas* e *evidentia* (cf. *Acad.* II, 17, 45). Descrever a representação apreensiva nesses termos significa justamente caracterizá-la como critério de verdade, verdade que é garantida pela especificidade da *propria declaratio* que porta, e que não se constata em representações não-apreensivas. Como expõe Sexto Empírico, "os estoicos dizem que quem possui a representação apreensiva divisa artisticamente a diferença subsistente das coisas, visto que tal representação possui certa característica própria em relação às outras representações" (ἐκεῖνοι μὲν γάρ φασιν ὅτι ὁ ἔχων τὴν καταληπτικὴν φαντασίαν τεχνικῶς προσβάλλει τῇ ὑπούσῃ τῶν πραγμάτων διαφορᾷ, ἐπείπερ καὶ εἶχέ τι τοιοῦτον ἰδίωμα ἡ τοιαύτη φαντασία παρὰ τὰς ἄλλας φαντασίας) (AM VII, 252).

Tal evidência "possui grande força (*magnam... vim*), suficiente para, ela própria, por si (*ipsa per sese*), indicar-nos as coisas que são, assim como são (*ea quae sint nobis ita ut sint indicet*)" (*Acad.* II, 45). Em face de uma representação apreensiva, o intelecto inevitavelmente constata sua privilegiada objetividade, sua evidência, e a distingue infalivelmente de representações que a ela não se comparam. E o assentimento que dará ou não às representações consiste num ato voluntário, podendo ou não o intelecto assentir a uma representação, segundo Zenão: "às representações por assim dizer aceitas pelos sentidos ele acrescenta o assentimento das almas, assentimento que ele pretende estar posto em nós e ser voluntário" (*ad haec quae visa sunt et quasi accepta sensibus adsensionem adiungit animorum quam esse vult in nobis positam et voluntariam*) (*Acad.* I, 40). Mas, na presença de uma representação portadora de tal evidência, apreensiva, o assentimento do intelecto se rende forçosamente: a representação apreensiva "pega-nos pelos cabelos, arrastando-nos ao assentimento, e nada necessitando para ocorrer como tal ou para indicar sua distinção em relação às outras" (τῶν τριχῶν, φασί, λαμβάνεται, κατασπῶσα ἡμᾶς εἰς συγκατάθεσιν, καὶ ἄλλου μηδενὸς δεομένη εἰς τὸ τοιαύτη προσπίπτειν ἢ εἰς τὸ τὴν πρὸς τὰς ἄλλας διαφορὰν ὑποβάλλειν) (AM VII, 257). "Como o prato de uma balança deve necessariamente inclinar-se quando são postos nele pesos, assim a mente deve necessariamente ceder a coisas evidentes" (*ut enim necesse est lancem in libra ponderibus impositis deprimi, sic animum perspicuis cedere*) (*Acad.* II, 38). Aquilo que cabe voluntariamente ao intelecto, seu ato de assentimento a representações, se torna necessário e inevitável em face de uma representação apreensiva. Daí, o "assentimento a uma representação apreensiva" (καταληπτικῆς φαντασίας συγκατάθεσις) será denominado "apreensão" (κατάληψις) (AM VIII, 397; AM VII, 153).

Como ponto de partida do conhecimento e chave para a apreensão, o conceito de representação apreensiva ilustra bem o estatuto fundamental conferido à sensação na concepção estoica de ciência e conhecimento, que se constroem a partir de sua evidência. Sexto Empírico relata a tese de que os estoicos consideravam a apreensão como algo intermediário entre conhecimento e opinião, presente tanto no sábio como no não-sábio (AM VII, 151-2). E, segundo Varrão no primeiro livro dos *Academica*, Zenão "entre a ciência e a ignorância colocava aquela apreensão de que falei, e não a contava nem entre as coisas corretas nem entre as más, mas dizia que só nela se deve crer. Daí aos sentidos também concedia crença, porque, como eu disse acima, a apreensão feita pelos sentidos lhe parecia ser tanto verdadeira como fiel, não porque apreendesse tudo o que está na coisa, mas porque não deixa de fora nada do que pudesse nela ocorrer, e porque a natureza a deu a nós como norma de ciência e como um princípio seu, de onde, a seguir, imprimiram-se nas almas as noções das coisas, das quais se abrem, não apenas princípios, mas também certas vias mais amplas para encontrar o raciocínio" (*Sed inter scientiam et inscientiam comprehensionem illam quam dixi collocabat, eamque neque in rectis neque in pravis numerabat sed solum ei credendum esse dicebat. E quo sensibus etiam fidem tribuebat, quod, ut supra dixi, comprehensio facta sensibus et vera esse illi et fidelis videbatur, non quod omnia quae essent in re comprehenderet, sed quia nihil quod cedere in eam posset relinqueret, quodque natura quasi normam scientiae et principium sui dedisset unde postea notiones rerum in animis imprimerentur, e quibus non principia solum sed latiores quaedam ad rationem inveniendam viae aperirentur*) (*Acad*. I, 42). Todas as etapas do processo cognitivo, culminando na própria sabedoria, se fundam na instância sensível, agora metafisicamente chancelada pela presença do *lógos* na natureza e epistemologicamente viabilizada pelo conceito de representação apreensiva: "Pois a própria mente, que é a fonte dos sentidos e ainda, ela própria, um sentido, tem uma força natural que dirige às coisas pelas quais é movida. Assim, de tal modo capta algumas representações, que as utiliza imediatamente, outras, por assim dizer, armazena, das quais nasce a memória; as demais, por outro lado, constrói por semelhanças, e delas se produzem noções das coisas, que os gregos chamam, ora *ennoías*, ora *prolépseis*. Quando a isso se acrescentam a razão, a demonstração e a multidão de coisas inumeráveis, então também a apreensão de tudo isso aparece e a própria razão, aperfeiçoada por esses graus, alcança a sabedoria" (*Mens enim ipsa, quae sensuum fons est atque etiam ipsa sensus est, naturalem vim habet quam intendit ad ea quibus movetur. Itaque alia visa sic arripit ut iis statim utatur, alia quasi recondit, e quibus memoria oritur, cetera autem similitidinibus construit, ex quibus efficiuntur notitiae rerum, quas Graeci tum ennoías, tum prolépseis vocant. Eo cum accesit ratio argumentique conclusio rerumque innumerabilium multitudo, tum et perceptio eorum omnium apparet et eadem ratio perfecta his gradibus ad sapientiam pervenit*) (*Acad.* II, 30).[8]

***

---

8 Portanto, a distinção entre o sábio e o não-sábio não se explica apenas pela presença de apreensão. Não é preciso ser sábio para apreender o real – até porque não se poderia agir, para o estoico, sem apreensões –, mas também não se é sábio apenas por ter apreensões. Segundo Ioppolo, o sábio o é, porque adquire uma "disposição", uma ἕξις, um estado da alma, da "parte hegemônica"; isso indica que "Zenão não considerava a ciência como se fosse constituída de apreensões particulares isoladas. Também o ὁμολογουμένως ζῆν, entendido no sentido de 'viver segundo um único e concorde *logos*', pressupõe que haja concórdia e harmonia nas próprias convicções, 'pois os que vivem de modo contraditório são infelizes'. E a coerência com o próprio *logos* subsiste quando as várias *phantasiai* não estão em contradição entre si, mas se harmonizam como apreensões estáveis e seguras. Mas é também verdade que a coerência consigo mesmas se realiza somente se se possui um estado de alma sólido, inabalável e imutável, que é patrimônio exclusivo do sábio" (*op. cit.*, p. 78).

É, assim, fundamental observar, para compreender o sentido e o alcance da argumentação crítica dos acadêmicos contra a doutrina estoica do conhecimento, o papel estratégico que a noção de representação apreensiva nela desempenha. Pois daí se segue que a defesa da não-apreensibilidade, quando dialeticamente dirigida ao estoicismo, transformar-se-á num ataque a esse conceito. Se o estoico não aceita, como vimos, que o assentimento dado pelo sábio possa ser, às vezes, mera opinião, é porque vê na representação apreensiva o critério de verdade que permite a tal sábio distinguir inequivocamente entre conhecimento e opinião. Será, pois, em torno desse conceito que a polêmica se desenvolverá.

É o que nos mostra sem sombra de dúvida outro momento do segundo livro dos *Academica*, posterior àquele em que líamos o argumento de Arcesilau em favor da proposta de que o sábio deve suspender o juízo. Essa nova passagem (II, 77-8) nos apresenta Cícero expondo o debate entre Arcesilau e Zenão sob a forma de um pequeno diálogo, que se inicia com Arcesilau justamente propondo a Zenão sua própria "tese", cujo sentido forte já conhecemos, de que o sábio não emite opinião: "Nunca nenhum de seus predecessores nem expressou, nem sequer afirmou que pode o homem não opinar em nada, e que não só isso é possível, como também é necessário ao sábio. Esta proposição pareceu a Arcesilau tanto verdadeira como honrosa e digna do sábio. Talvez tenha perguntado a Zenão o que sucederia se o sábio nada pudesse apreender e nem lhe fosse próprio opinar" (*Nemo umquam superiorum non modo expresserat sed ne dixerat quidem posse hominem nihil opinari, nec solum posse sed ita necesse esse sapienti; visa est Arcesilae cum vera sententia tum honesta et digna sapiente. Quaesivit de Zenone fortasse quid futurum esset si nec percipere quicquam posset sapiens nec opinari sapientis esset*) (*Acad.* II, 77). Naturalmente, Zenão a isso responde com a declaração positiva da possibilidade da apreensão: "Este, suponho, respondeu que o sábio não opinará, posto que haja algo que possa ser apreendido" (*Ille, credo, nihil opinaturum quoniam esset quod percipi posset*) (*Ibid.*). Isso, dirá Zenão, é a representação (*visum*). Instado a especificá-la – "que tipo de representação (*Quale igitur visum*)?" –, Zenão formula a definição mesma de representação apreensiva: "a que é impressa, gravada e modelada a partir do que é, tal como é" (*ex eo quod esset, sicut esset, impressum et signatum et effictum*) (*Ibid.*). Eis aí o ponto nevrálgico da defesa zenoniana da apreensão – eis aí, portanto, o ponto nevrálgico da crítica de Arcesilau, que imediatamente será anunciada: isso valeria "mesmo se a representação verdadeira fosse do mesmo modo até que a falsa (*etiamne si eiusdem modi esset visum verum quale vel falsum*)" (*Ibid.*)? "Se a representação que se origina do que é, fosse tal, que pudesse ser do mesmo modo aquela que se origina do que não é (*si id tale esset ab eo quod est ut eiusdem modi ab eo quod non est posset esse*)"?[9]

Zenão concorda que, se forem "do mesmo modo" representações verdadeiras e falsas, reais e irreais, "não haverá representação que possa ser apreendida (*nullum esse visum quod percipi posset*)", vale dizer, nenhuma de nossas representações será para nós instrumento de apreensão plena do real, o que se compreende quando recordamos que, na definição estoica, a representação apreensiva é "verdadeira, tal que não poderia vir a ser falsa" – nunca poderia ser confundida

---

9 Seguimos aqui as duas traduções utilizadas: "si la que procede de lo que existe es tal, que la que procede de lo que no existe puede ser de la misma natureza" (Pimentel Álvarez); "if a presentation proceeding from a real thing was of such a nature that one proceeding from a non-existent thing could be of the same form" (Rackham). Mas talvez particularmente esta formulação da questão permitisse ainda pensar numa outra: "se a representação que se origina do que é, fosse tal, que pudesse ser do mesmo modo *que* aquela que se origina do que não é". Não nos parece ser exatamente essa a melhor tradução da passagem, até mesmo pelas outras formulações vizinhas, mas ela não seria, afinal, errônea, pois o que os argumentos pretenderão estabelecer poderia ser dito também desse modo. Ambiguidade semelhante se encontra na formulação em II, 41

com uma representação que, embora proveniente dos objetos, não o retratasse fielmente, muito menos com aquilo que a doutrina denominara *phántasma*, um *páthos* interno, vazio e sem origem no real. Evidentemente, Arcesilau endossa a observação de Zenão, "pois nem a representação falsa pode ser apreendida, nem a verdadeira, se esta for tal qual até a falsa" (*neque enim falsum percipi posse neque verum si esset tale quale vel falsum*) (*Ibid.*). Mostrar algo de comum entre representações ditas reais-verdadeiras e representações ditas irreais-falsas é, ao fim e ao cabo, denunciar a não-apreensibilidade, pois se perde então a necessária marca distintiva, o que permite, por conseguinte, obter para o "sábio" aquilo que caracteriza a posição própria de Arcesilau: a *epokhé* sobre todas as coisas. Eis, assim, a estratégia argumentativa que, doravante, Arcesilau e os acadêmicos adotarão: "Arcesilau se lançou a essas disputas, a fim de mostrar que nenhuma representação procedente do verdadeiro é tal que uma representação procedente do falso também não poderia ser do mesmo modo" (*incubit autem in eas disputationes ut doceret nullum tale esse visum a vero ut non eiusdem modi etiam a falso possit esse*) (*Ibid.*). É o que Cícero defenderá, a seguir, contra Luculo, ao expor a argumentação acadêmica: "se opinião e apreensão são abolidas, segue-se sem dúvida a retenção de todos os assentimentos, de modo que, se eu mostrar que nada pode ser apreendido, terás de admitir que o sábio nunca dará assentimento" (*Illud certe opinatione et perceptione sublata sequitur, omnium adsensionum retentio, ut, si ostendero nihil posse percipi, tu concedas numquam adsensurus esse*) (*Acad.* II, 78).

Eis o horizonte dos argumentos dos acadêmicos, eis a estratégia que deverão adotar. É verdade que a crítica não se fará apenas a esse núcleo da doutrina estoica, particularmente no caso de Carnéades. Mas é fundamental notar o caráter privilegiado do tema da representação e da representação apreensiva, pois daí emergirão, como veremos, as bases do probabilismo carneadiano. Na crítica à sensação e aos sentidos, assim nos parece, o seguidor de Arcesilau, ao mesmo tempo em que problematizará aquela noção de representação, encontrará elementos que lhe permitirão a elaboração de um critério de ação imune ao dogmatismo. Para compreender como isso se dá, faz-se indispensável compreender o sentido original, inclusive em relação ao pirronismo, da argumentação acadêmica.

5. A ARGUMENTAÇÃO PELA NÃO-APREENSIBILIDADE

No segundo livro dos *Academica*, após comunicar a Luculo que tentará mostrar que tudo é não-apreensível, em nome de Arcesilau e contra o estoicismo, de Zenão a Antíoco, Cícero passa a expor os argumentos que os acadêmicos elaboraram. O texto não dá indicações precisas de que tais argumentos são de autoria de Arcesilau nem os atribui exclusivamente a nenhum acadêmico, devendo, por isso, em princípio, ser tratados como acadêmicos simplesmente. Há, contudo, indícios significativos que nos podem autorizar a distinguir, nessa bateria de argumentos, o que a eles teria sido acrescido, como desenvolvimento, num momento posterior à sua formulação originária. Como se verá, não é de pequena importância, para apreender sentido, alcance e consequências da crítica, estabelecer semelhante demarcação.

O conjunto dos argumentos pode ser dividido em duas partes: crítica ao poder apreensivo dos sentidos (II, 79-90) e crítica ao poder apreensivo da razão, especificamente às pretensões estoicas de que sua "dialética" é capaz de distinguir verdadeiro e falso (II, 91-8). Cícero dá a Luculo a oportunidade de atacar esses argumentos e defender a doutrina estoica. Este o faz, ao mesmo tempo em que expõe a posição de Antíoco (II, 13-62). Assim, quando Cícero toma a palavra (II, 64-148), faz, até o fim da obra, a defesa dos argumentos críticos dos acadêmicos, à guisa de réplica às objeções que Luculo contra eles acaba de apresentar, em nome de Antíoco e do estoicismo.

Eis por que, para compreender o sentido desses argumentos, vale a pena partir das objeções de Luculo, pois parece que, em momentos cruciais do debate, a resposta de Cícero consistirá, antes de mais nada, em mostrar que tais objeções erram o alvo, por não atentarem exatamente para o correto funcionamento desses argumentos, particularmente no caso que aqui interessa: o dos sentidos. Ora, talvez essa má compreensão se deva a que, nesse caso, o tratamento dado ao tema pela análise crítica seja, em verdade, essencialmente inovador.

Privilegiar o tema do poder apreensivo da sensação não é, como vimos, um procedimento arbitrário. Se a pedra fundamental da teoria estoica do conhecimento é a representação apreensiva, momento máximo de objetividade quando de nossa interação com os objetos externos, isso se deve a que a sensação, como vimos, tenha-se tornado instância cognitiva de peso, e a que somente a partir dela os conceitos, a ciência e a sabedoria sejam possíveis, como tratamentos mais sofisticados, abstratos e "inteligíveis" desse material que sempre tem como porta de entrada os sentidos. Se é certo que não há aí separação radical de natureza entre o sentir e o pensar, se é fato que sensível e inteligível se completam e perpassam no interior de um mundo providencialmente organizado, o pensamento, no entanto, depende sempre, em seus conteúdos, dos dados que lhe fornecem os sentidos. Tal dependência acarreta, para o estoico, a necessidade de estabelecer na esfera da sensibilidade as condições e parâmetros de objetividade: dar à representação apreensiva o estatuto de critério de verdade não é senão a forma de fazê-lo.

A crítica cética aos sentidos, por isso, vem primeiro, na exata medida em que no estoicismo vinha primeiro, como vimos, a representação. E tal necessidade de ordenação, de estabelecimento de prioridades, é uma característica muito importante do texto do segundo livro dos *Academica*, quer na exposição em que Luculo critica os argumentos dos acadêmicos, quer nas respostas que Cícero dará. Quando Luculo está prestes a iniciar sua crítica a esses argumentos, faz uma observação interessante: "Exporei, pois, seus argumentos de modo classificado, visto que também eles próprios costumam falar de modo não confuso" (*Exponam igitur generatim argumenta eorum, quoniam ipsi etiam illi solent non confuse loqui*) (*Acad.* II, 47). A exposição que Luculo fará, "de modo classificado", "por classes", *generatim*, reflete um "modo não confuso", *non confuse*, da própria exposição acadêmica.[10] Em princípio, isso pode ser compreendido simplesmente como expressão de uma exigência dialética possível, a de que um conjunto de distintos argumentos, para ser defendido ou para ser criticado, não deve ser exposto como um mero agregado de tópicos, devendo exibir uma sequencia ordenada de argumentos afins e ligados por conteúdos e procedimentos semelhantes. Mas tal observação pode também ser uma forma de aludir a uma certa *hierarquia*, a uma *distinção de importância* relativa a diferentes espécies de argumentações ou procedimentos argumentativos. É o que nos parece acontecer quando se trata da crítica aos sentidos, tanto em sua relação com a crítica à razão, como no interior mesmo do grupo de argumentos dirigidos ao poder apreensivo da sensação.

O próprio Luculo nos dá indicações nessa direção, quando comenta a tática dos acadêmicos para defender a impossibilidade de distinguir as representações como verdadeiras ou falsas, apreensivas ou não-apreensivas. O interlocutor de Cícero registra duas proposições dialeticamente defendidas pelos acadêmicos, já nossas conhecidas: "representações que são falsas não podem ser apreendidas (*quae visa falsa sunt, ea percipi non posse*)"; "das representações entre as quais

---

10 O termo *generatim* pode também significar "em geral", "genericamente". Não nos parece ser esse o sentido aqui, pois Luculo não se refere ao fato de que os acadêmicos não costumassem falar mais pormenorizadamente em seus argumentos, mas sim ao fato de os exporem de modo ordenado, sistemático – *non confuse*. Assim também compreendem nossos tradutores: "Expondré, pues, ordenadamente sus argumentos, puesto que también ellos mismos suelen hablar en forma no confusa" (Pimentel Álvarez); "I will therefore set out their arguments in classified form, since even they themselves make a practice of orderly exposition" (Rackham).

não há nenhuma diferença, não é possível que umas sejam tais, que possam ser apreendidas, e que outras sejam tais, que não o possam (*inter quae visa nihil intersit, ex iis non posse alia talia esse ut percipi possint, alia ut non possint*)" (*Acad.* II, 41) Menciona também outras duas, que também conhecemos, e que eles "defendem com um discurso abundante e variado (*multa et varia oratione defendunt*): "das (representações) que aparecem, umas são verdadeiras, outras, falsas (*quae videantur, eorum alia vera esse, alia falsa*)"; "toda representação que seja a partir do verdadeiro é tal qual pode ser também a que é a partir do falso (*omne visum quod sit a vero tale esse quale etiam a falso possit esse*)" (*Ibid.*). Prossegue Luculo: "Não passam apressadamente por essas duas proposições, mas de tal modo as desenvolvem, que não empregam cuidado e diligência comuns. De fato, dividem-nas em partes, em verdade, grandes, primeiro as sensações, depois o que é obtido a partir das sensações e de toda experiência, que julgam ser obscura, então chegam àquela parte de que nada pode ser apreendido pela razão e pelo raciocínio. E recortam essas proposições gerais ainda mais minuciosamente...querem estabelecer que, a todas as representações que sejam de coisas verdadeiras, estão ligadas falsas, as quais em nada diferem das verdadeiras; e que, por serem tais, não podem ser apreendidas (*Haec duo proposita non praetervolant, sed ita dilatant ut non mediocrem curam adhibeant et diligentiam; dividunt enim in partes, et eas quidem magnas, primum in sensus, deinde in ea quae ducuntur a sensibus et ab omni consuetudine, quam obscurari volunt, tum perveniunt ad eam partem ut ne ratione quidem et coniectura ulla res percipi possit. Haec autem universa concidunt etiam minutius... volunt efficere iis omnibus quae visa sint veris adiuncta esse falsa quae a veris nihil differant; ea cum tali sint, no posse comprendi*)" (*Acad.* II, 42).

Ora, se para Zenão a própria *mens* é, como vimos, de certo modo *sensus*, é por aí, pela sensação, que naturalmente deve iniciar-se uma exposição *generatim, non confuse*, dos argumentos céticos. E, se assim é, será também sobre este momento do processo pretensamente bem sucedido do conhecimento que incidirá uma crítica *categórica* e talvez, até mesmo, *definitiva*, porque *suficiente*, desse processo como um todo, visto que, se o conhecimento supostamente aí se deve iniciar, também aí, após a crítica, certamente já se poderá deter. Tal privilégio conferido pela análise crítica ao tema da sensação e, por via de consequência, ao conceito de representação, nos mostra que o caráter sistemático, classificatório e não confuso dos argumentos dos acadêmicos veicula certa ordem e hierarquia entre eles. É legitima, a nosso ver, que se procurem, no conjunto de argumentos expostos no segundo livro dos *Academica* contra o poder cognitivo dos sentidos, alguns que gozariam de estatuto especial, como se conduzissem a conclusões negativas que inviabilizassem o processo cognitivo como um todo e fornecessem a mais bem acabada formulação dos motivos que conduzem à não-apreensibilidade. Detectar tais argumentos, assim nos parece, é de grande importância, porque nos ajudará a entender também como, da crítica ao dogmatismo estoico e do indiscutível apego conceitual e terminológico do ceticismo acadêmico ao estoicismo, pode emergir alguma positividade para o acadêmico: do ponto central daquela doutrina – a representação – algo, devidamente repensado, poderá ser mantido. Parece-nos que alguns argumentos expostos no segundo livro dos *Academica* fornecem o meio para estabelecer tal transição, como veremos.

Luculo começa sua crítica aos argumentos acadêmicos fazendo uma afirmação de extrema importância: "Primeiramente, esforçam-se por mostrar que muitas coisas que absolutamente não são, podem aparecer como sendo, visto que as almas, de modo vazio, são movidas por coisas que não são, do mesmo modo que por aquelas que são" (*Primum conantur ostendere multa posse videri esse quae omnino nulla sint, cum animi inaniter moveantur eodem modo rebus iis quae nullae sint ut iis quae sint*) (*Acad.* II, 47). Veremos logo que tipo de argumento o acadêmico utiliza para tentar estabelecer essa afirmação. De qualquer forma, a maneira como Luculo afastará esses argumentos, o tipo de fraqueza que buscará detectar neles, parece mostrar que, em verdade, nunca os entende com precisão. Por isso, é útil partir de suas objeções, pois isso permitirá afastar uma interpretação desses argumentos que, embora tentadora em sua simplicidade, faz apenas perder de vista a profundidade e, principalmente, a nosso ver, a *originalidade* presente em alguns deles.

Na verdade, a fraqueza dos sentidos fora já considerada por Luculo bem antes, quando expunha a doutrina impregnada de estoicismo de Antíoco. Ali, defendendo a clareza e certeza proporcionadas pelos sentidos, Luculo se recusava a levar a sério os notórios exemplos – que também o pirronismo mobilizará – do remo torto e do colo da pomba: "certamente, não se deve esperar que neste ponto eu responda a respeito do remo torto ou do colo da pomba, pois não sou eu que digo que o que se vê é tal qual aparece. Que Epicuro o veja, e muitas outras coisas; a meu ver, contudo, é máxima a verdade nos sentidos, se são sãos e vigorosos, e se se removem as coisas que os obstam e impedem. Assim, muitas vezes queremos que se mude a luz e a posição das coisas que observamos, e diminuímos ou aumentamos as distâncias e muito fazemos, até que a própria visão dê fé de seu juízo. O mesmo ocorre no caso dos sons, odores e paladares, de modo que entre nós ninguém há que queira juízo mais agudo em cada um dos tipos de sensações (*nec vero hoc loco exspectandum est dum de remo inflexo aut de collo columbae respondeam, non enim is sum qui quidquid videtur tale dicam esse quale videatur. Epicurus hoc viderit, et alia multa; meo autem iudicio ita est maxima in sensibus veritas, si et sani sunt ac valentes et omnia removentur quae obstant et impediunt. Itaque et lumen mutari saepe volumus et situs earum rerum quas intuemur et intervalla aut contrahimus aut diducimus multaque facimus usque eo dum aspectus ipse fidem faciat sui iudici. Quod idem fit in vocibus, in odore, in sapore, ut nemo sit nostrum qui in sensibus sui cuiusque generis iudicium requirat acrius)*" (*Acad.* II, 19). O fato de que vemos um remo, quando colocado parcialmente na água, como se estivesse torto, não fará com que o seja, não nos levará a concluir que realmente o é, e não temos dúvidas sobre isso. A mesma convicção possuímos, quando olhamos para o colo de uma pomba e o reflexo da luz do sol parece colorir sua plumagem.

Tal desqualificação de Luculo desses dois casos e o modo como Cícero a retoma e comenta parecem-nos muito significativos, porque podem servir à introdução do problema da representação, tal como o acadêmico o entende, analisa e expõe. De nada, pensa Cícero, adianta remeter a dificuldade a Epicuro, para quem, segundo ambos, toda sensação é verdadeira. Não é esse o ponto, como se lê mais adiante no comentário que Cícero faz: reconhece que "no exemplo do remo, eu percebo que o que é visto não é real, e no do colo da pomba, que várias cores são vistas e que não há mais do que uma" (*et in remo sentio non esse id quod videatur, et in columba pluris videri colores nec esse plus uno*) (*Acad.* II, 79). O estoico admite que a sensação é falível em circunstâncias inadequadas – não é epicurista, não afirma a verdade incondicional da sensação. É o que Luculo recorda, ao se referir à necessidade da remoção dos obstáculos para a sensação. Uma sensação impedida por obstáculos significaria apenas a obtenção de uma representação não-apreensiva, algo que o estoico aceita, incorpora e explica sem dificuldade em sua doutrina. Contudo, será talvez ingenuidade supor que a função dos lugares-comuns do remo e da pomba fosse realmente minar os fundamentos da doutrina da representação apreensiva. Por seu meio, talvez o acadêmico pretendesse simplesmente chamar a atenção para a importância que adquire agora uma distinção que o estoico certamente faz, mas que, provavelmente, não vê como problemática: aquela entre *ser* (*esse*) e *aparecer* (*videri*). Ora, se nunca se tratou de defender que o que é, é sempre como aparece ser, se esta não é uma tese estoica, então nenhum efeito positivo haveria para o acadêmico em propô-la, o que sugere que não era essa a intenção que o motivava, quando recorria aos dois lugares-comuns do remo e da pomba: o que se tratava então de introduzir era algo bem mais modesto e, não obstante, indispensável para o início e bom prosseguimento da marcha da argumentação: os sentidos e as sensações, paradigmaticamente representados nos dois casos pela visão, devem, doravante, ser enfocados como lugar em que se dá um "aparecer" de algo.[11]

Vejamos outro exemplo dado por Cícero, que parece ter a mesma função que os do remo e da pomba, mas que será talvez mais eficiente: "Assim, o epicurista Timágoras nega a si que, porque torcesse um olho, alguma vez fossem vistas por ele duas pequenas chamas procedentes de uma lâmpada; pois a mentira é da opinião, não dos olhos" (*Itaque Timagoras Epicureus negat sibi umquam, cum oculum torsisset, duas ex lucerna flamulas esse visas; opinionis enim esse mendacium, non oculorum*) (II, 80). Se é certo que Luculo não é um epicurista e não afirma que os sentidos nunca mentem, deve, mesmo assim, reconhecer que a pergunta sobre como distinguir, entre essas duas chamas – que surgem e se exibem juntas, a partir de uma mesma coisa, na mesma representação –, qual é a verdadeira e qual é a falsa, se não deve ser respondida à maneira epicurista, nos obriga ao menos a conceder à esfera do aparecer da coisa que ela é uma instância em si mesma, antes mesmo de ser considerada como simples meio de apreensão do que tal coisa é.

---

11 Não é irrelevante, então, para compreender o que Cícero quer dizer aí, lembrar que o verbo "ver" (*video*), empregado por ambos os interlocutores para explicar os exemplos do remo e da pomba, quando usado na voz passiva, adquire forma que origina e pode significar outro verbo, de significado ativo: "aparecer" (*videor*). Parece assim que uma característica de sua cara língua latina, ainda carente e ávida de formação filosófica plena, permitiu a Cícero expressar o cerne da aproximação almejada.

É, pois, num sentido bem preciso que a distinção entre "ser" e "aparecer" operará na polêmica. O objetivo desse exemplo, assim como o do remo e o da pomba, seria, então, chamar atenção para o fato de que o problema do poder apreensivo da sensação e da representação deve ser tratado naquela *única esfera* a que temos realmente acesso: a do *aparecer da coisa*. Ao referir-se à posição epicurista de que toda sensação é verdadeira, Cícero afirma: "como se fosse investigado o que é, não o que aparece (ser)" (*Quasi quaeratur quid sit, non quid videatur*) (*Acad.* II, 80).[12] Ora, não é diferente a observação, se dirigida ao estoico, ainda que sua intenção deva ser outra: indicar que o tema do poder de apreensão dos sentidos e da representação, nos argumentos do acadêmico, só pode e deve ser tratado sem recorrência a critérios *externos* à instância do aparecer da coisa, cuja distinção em relação a seu "ser", um exemplo banal como o das duas chamas vistas por um olho torcido exibe categoricamente. Exige-se agora que a capacidade apreensiva da sensação e da representação que a traduz se estabeleça na esfera da sensação como representação,

---

12 Parece-nos que Epicuro é aqui evocado justamente porque sua explicação para o fenômeno da dupla chama não poderia levar a uma separação profunda e significativa entre o real e uma dimensão representativa, no sentido acima sugerido de um simples aparecer que se pode observar como tal. Não vamos aqui adentrar o pantanoso terreno da doutrina epicurista dos feixes de átomos e suas possíveis consequências, mas é certo que a explicação epicurista poderia ser considerada, em sentido forte, "fisicalista", pois as diferentes e até conflitantes representações de um mesmo objeto se devem a que os feixes de átomos que as produzem são modificados pelas distintas e variadas circunstâncias, o que exime toda representação singular de ser enganosa, pois ela retrata fielmente seu "objeto". Sobre o tema das consequências que daí decorrem para a noção mesma de Objeto no epicurismo, tema que não é aqui necessário abordar, bons exemplos de interpretação são: G. Striker: "Epicurus on the truth of sense impressions", *Essays on Hellenistic Epistemology and Ethics*, Cambridge, 1996; C. C. W. Taylor: "All Perceptions areTrue", *Doubt and Dogmatism*, Oxford, 1980; S. Everson: "Epicurus on the truth of the senses", *Epistemology* (*Companions to Ancient Thought: 1*), S. Everson (ed.), Cambridge, 1990.

sendo esta um aparecer, pouco importando as circunstâncias que produzimos para obter a adequada visão do objeto.

Parece-nos que esta exigência, espécie de reivindicação de autonomia à esfera da representação como aparecer, com vistas em sua exploração, não é senão um corolário da radicalidade com que se pensavam os conceitos estoicos de representação apreensiva e evidência, pois esta, como vimos, "possui grande força, suficiente para, *ela própria* (*ipsa*), indicar-nos *por si mesma* (*per se se*) as coisas que são, assim como são" (*Acad.* II, 45; grifo nosso). É a própria intensidade do realismo especular da doutrina estoica, segundo o qual o intelecto nada faz senão render-se a tais representações evidentes, em virtude de uma evidência que já portam, o que leva a análise crítica a enfocar a representação como um "aparecer para", como uma *presença no intelecto*. Se a evidência, segundo o realismo estoico, vem com a representação e o intelecto apenas a constata e a segue, tratar-se-á, então, de observar *no intelecto* como isso se dá. Para tanto, o primeiro passo – dado mediante os exemplos acima – é lembrar que, se a representação realmente nos dá o que é, tal como é, ainda assim ela consiste, antes de tudo, num aparecer, e como tal deve ser analisada e enfocada.

É verdade que o caso nos poderia levar mais adiante, pois não é possível decidir, entre as duas chamas contidas na mesma representação, qual delas retrataria a chama real – qual das duas seria a "verdadeira" representação da chama, qual seria o ilusório produto da torção do olho. Nesse sentido, teríamos aí um argumento que já conclui pela proposição fundamental da crítica, aquela que reza que uma representação falsa é do mesmo modo que uma verdadeira, sendo portanto ambas não-apreensivas. Mas é curioso e sintomático que o esclarecimento de Cícero não chegue a tanto, contentando-se com extrair a necessidade da distinção acima entre ser e aparecer. Talvez isso se deva ao fato de que argumentos apresentados posteriormente exibirão uma crescente sofisticação da crítica, que terá assim encontrado meios mais eficazes de estabelecer a conclusão visada. E este argumento, bem como os exemplos do remo, da pomba e similares, teria então recebido destinação e função mais modestas e introdutórias. Esta hipótese de leitura será aqui desenvolvida e defendida.

Luculo não compreendera, portanto, o que estava em jogo nos exemplos mencionados. Por isso, não perceberá que a exigência estabelecida acima norteará a utilização de outros argumentos, que terão, eles sim, a função de estabelecer a existência de um " mesmo modo", de algo intrinsecamente comum, para as representações ditas verdadeiras ou reais e as ditas falsas ou irreais. Fundamentais para tanto nos parecem ser os casos de *sonhos, alucinações e embriaguez*, pois é com eles que se estabelece, categórica e completamente, a não-apreensibilidade no nível da sensação e da representação. É, também, assim nos parece, o momento que melhor nos deixa ver o sentido correto e toda a originalidade da crítica acadêmica. Cabe mesmo dizer que temos aí algo que merece ser considerado como um "argumento do sonho, alucinação e embriaguez", formulado pelos acadêmicos com rigor e precisão dignos de nota.

Os casos de sonho e alucinação parecem privilegiados, porque com eles se estabelece uma situação limítrofe e plenamente crítica: trata-se de comparar representações de vigília – "reais", portanto – e afecções vazias, internas, sem origem externa – aquilo a que o estoico chegara mesmo a recusar a denominação de representação, *phantasía*, chamando de mera "aparição", *phántasma*. Sonho e alucinação proporcionam exemplos de *phantásmata* atestados pelas fontes. Em Diógenes Laércio, como vimos, *phántasma* se define como "uma visão do intelecto, tal como surge nos sonhos (κατὰ τοὺς ὕπνους)" (VII, 50). Em Sexto Empírico, lemos que um "deslocamento vazio" (διὰ κενος ἑλκισμός) ocorre nos sonhos (κατὰ τοὺς ὕπνους) (AM VII, 245), e que casos de representações que surgem de não-existentes são, por exemplo, os dos loucos (ἐπὶ τῶν μεμηνότων) (AM VII, 249).

Eis por que a crítica pode referir-se, sem necessidade de maiores distinções, a representações supostamente "verdadeiras" ou "reais", de um lado, e a representações supostamente "falsas" ou "irreais", de outro, e, ao mesmo tempo, com essa bipartição apenas, dirigir-se às representações apreensivas. Vimos que, *stricto sensu*, uma representação pode, para o estoico, ser verdadeira e não ser apreensiva, se se origina de um objeto real, sem, contudo, retratá-lo "artisticamente". Nesse caso, poder-se-ia dizer também que estamos diante de uma representação que é "real", embora não seja "verdadeira", sendo então "verdadeiro" sinônimo de "apreensivo".[13] Mas, com o argumento do sonho, alucinação e embriaguez, busca-se encontrar algo comum até mesmo entre "realidade" e "ilusão", entre "existente" e "não-existente", a fim de detectar um "mesmo modo" para dados do intelecto que, em princípio, seriam ou deveriam ser inconfundíveis até mesmo para quem não endossa o realismo estoico. Clarifica-se quão estratégico é o argumento quando lembramos que a doutrina estoica da evidência, em sua radical objetividade, permite ao acadêmico a seguinte conclusão: "se uma única semelhança tiver enganado (os sentidos), terá tornado tudo duvidoso; pois, eliminado aquele cânon pelo qual se deve reconhecer, mesmo se o homem que você vê for aquele mesmo que te aparecer, contudo não julgarás por meio daquela marca característica, pela qual dizes dever fazê-lo, tal que uma falsa não pudesse ser do mesmo modo" (*si una fefellerit similitudo, dubia omnia reddiderit; sublato enim iudicio illo quo oportet agnosci, etiamsi ipse erit quem videris qui tibi videbitur, tamen non ea nota iudicabis, qua dicis*

---

13 O emprego dessa terminologia sofre algumas variações. Como vimos em passagens de Sexto Empírico (cf. AM VII, 247-52), pode-se dizer também que a representação apreensiva é um tipo de representação verdadeira que, além de se originar de algo existente, o reproduz fielmente. Neste caso, "verdadeiro" não é sinônimo de "apreensivo", mas de "real", indicando-se sua origem no objeto, em contraste com as aparições internas e vazias que são os *phantásmata*. Talvez seja esta a forma canônica de empregar as expressões.

oportere, ut non possit esse eiusdem modi falsa) (*Acad.* II, 84). Um único caso de semelhança entre representações "falsas" e "verdadeiras", "reais" e "irreais", significa um caso de ausência de distinguibilidade que compromete de modo geral, que problematiza em bloco todas as pretensas representações apreensivas, como exemplos de um critério inconteste de verdade. A pretensão de objetividade da doutrina estoica, que vê tais representações como inconfundíveis, permite e por assim dizer impõe esse desdobramento. Ora, mostrar que há algo de comum entre uma *phantasía* e um *phántasma* parece ser o procedimento que melhor permitiria estabelecer o *alcance universal* do resultado obtido. Não haveria caso mais privilegiado para expressar todo esse alcance. Se se puder mostrar que mesmo um mero *phántasma* exibe algo de comum com representações supostamente evidentes e, portanto, pretensamente inconfundíveis, todas as outras representações terão seu poder apreensivo evidentemente comprometido. Nesse sentido, um "argumento dos sonhos e alucinações" teria, na crítica aos sentidos, lugar central e gozaria de estatuto privilegiado. A compreensão de seu sentido nos parece mesmo permitir concluir que, se fosse necessário suprimir todos os outros argumentos críticos a respeito do poder de apreensão dos sentidos, bastaria mantê-lo, pois ele proporciona o resultado desejado em seu grau máximo e definitivo. E também aqui, portanto, poder-se-á perceber que há uma disposição "não confusa" e "classificada", agora no interior do conjunto de argumentos contra os sentidos: uma certa hierarquia se mostra, que entroniza os casos de sonho, alucinação e embriaguez. Também eles, é verdade, são lugares-comuns como o remo e a pomba. Mas não se deve subestimar o tratamento que esses casos recebem com os acadêmicos. É preciso compreendê-lo de um modo que se afigura muito mais profundo e sofisticado do que à primeira vista poderia parecer, muito mais do que percebe Luculo.[14]

A crítica de Luculo a esses argumentos se expressa nos seguintes termos: "De todas as representações vazias uma é a refutação, quer as formadas pela imaginação, que admitimos sói ocorrer, quer aquelas em sonho ou por causa do vinho ou da insanidade: pois diremos que a evidência, que obstinadamente devemos conservar, está longe de todas as representações desse tipo. Quem, de fato, quando para si imagina algo e figura pelo pensamento, não percebe, tão logo volta a si próprio e se recobra, a diferença que há entre as representações evidentes e as vazias? O mesmo raciocínio no caso dos sonhos...tão logo despertos, desdenhamos essas representações e não as consideramos como o que fazemos no fórum. 'Mas enquanto são vistas, é o mesmo o aspecto das coisas que vemos nos sonhos e o das que vemos acordados'. Primeiramente, há diferença. Mas deixemos isso de lado, pois dizemos que não são os mesmos o poder e a integridade dos que dormem e dos que estão despertos, nem quanto ao intelecto, nem quanto aos sentidos. Nem sequer os embriagados fazem o que fazem com a mesma aprovação que quando sóbrios: duvidam, hesitam, recobram-se às vezes, e assentem de modo mais débil às coisas

---

14 Indício a nosso ver significativo de que esse argumento pode ser visto como síntese da crítica, como expressão mais eficaz e completa do cerne da argumentação como um todo, se encontra nos termos da descrição que, como vimos, Luculo faz, à guisa de introdução, dos argumentos acadêmicos, descrição que cabe então reler: "Primeiramente, esforçam-se por mostrar que muitas coisas que absolutamente não são, podem aparecer como sendo, visto que as almas, de modo vazio (*inaniter*), são movidas por coisas que não são, do mesmo modo que por aquelas que são" (*Acad.* II, 47). Parece-nos que o argumento do sonho, alucinação e embriaguez, ao operar com *phantásmata*, "deslocamentos vazios", meras "afecções em nós", se encaixa como uma luva nessa descrição. Eis por que traduzimos o advérbio *inaniter* mantendo a ideia primitiva de "vazio" (*inanis*), que caracteriza os *phantásmata*, e não pelo sentido mais metafórico de "sem fundamento", "sem razão" (Pimentel Álvarez: "infundadamente"; Rackham: "deceptively").

que apareçam, e depois de dormir compreendem quão tênues foram aquelas representações. Isso mesmo acontece aos insanos: em início de delírio, percebem e dizem que algo que não existe lhes aparece, e quando se recuperam o percebem e dizem as palavras de Alcmeão: "Mas meu coração não concorda com a visão de meus olhos" (*Omnium deinde inanium visorum una depulsio est, sive illa cogitatione informantur, quod fieri solere concedimus, sive in quiete sive per vinum sive per insaniam: nam ab omnibus eiusdem modi visis perspicuitatem, quam mordicus tenere debemus, abesse dicemus. Quis enim, cum sibi fingit aliquid et cogitatione depingit, non simul ac se ipse commovit atque ad se revocavit sentit quid intersit inter perspicua et inania? Eadem ratio est somniorum...Itaque simul ut experrecti sumus visa illa contemnimus neque ita habemus ut ea quae in foro gessimus. At enim dum videntur eadem est in somnis species eorumque quae vigilantes videmus! Primum interest; sed id omittamus, illud enim dicimus, non eandem esse vim neque integritatem dormientium et vigilantium nec mente nec sensu. Ne vinulenti quidem quae faciunt eadem adprobatione faciunt qua sobrii: dubitant, haesitant, revocant se interdum, iisque quae videntur imbecillius adsentiuntur cumque edormiverunt illa visa quam levia fuerint intellegunt. Quod idem contingit insanis, ut et incipientes furere sentiant et dicant aliquid quod non sit id videri sibi, et cum relaxentur sentiant atque illa dicant Alcmaeonis: "Sed mihi ne utiquam cor consentit cum oculorum aspectu*" (*Acad.* II, 51-2).

As objeções de Luculo são, à primeira vista, convincentes, mas, mais uma vez, ele não compreendeu precisamente o sentido da argumentação e não se deu conta de que o *enfoque* dado pela argumentação ao sonho e à alucinação é mais complexo e sutil do que imagina.[15] Não se trata de argumentar que confundimos sonho e vigília, sanidade e loucura, que não podemos distingui-los. Não se

---

15 Vamos passar a nos referir privilegiadamente a sonho e alucinação, como nos parece fazer o próprio Cicero, como veremos, em sua réplica.

trata também de comparar o conteúdo (*aspectus*) dessas diferentes representações e constatar que é semelhante, muito menos de afirmar que a capacidade de sentir, imaginar ou pensar é a mesma nesses diferentes estados. De fato, nem sequer interessa ao argumento questionar essas distinções todas, pois são mesmo fundamentais para a virulência que veicula. Todo o problema que tal argumentação denuncia só vem à tona quando abandonamos a perspectiva realista de Luculo e atentamos para o *novo ponto de vista* a partir do qual a crítica se constrói.

Em nenhum momento de sua réplica, Cícero negará a Luculo a pertinência de suas observações; apenas esclarecerá como se deve entender a argumentação e quão incisiva ela é. O quê, exatamente, se investiga? "Investiga-se como (as coisas) apareciam no momento em que eram vistas" (*tum cum videbantur quo modo viderentur, id quaeritur*) (*Acad.* II, 88). Duas observações devem ser feitas sobre esta sucinta, mas rica passagem: 1. Não se trata de analisar *o que* aparece quando sonhamos ou alucinamos, mas sim *como* (*quo modo*) isso aparece; 2. não se enfocam as representações de sonho e loucura a não ser *no momento preciso em que ocorrem* (*tum cum videbantur*). As bases das objeções de Luculo caem por terra já com este esclarecimento, pois os conteúdos das representações são aqui secundários e importa em nada, ou em muito pouco, a comparação com os estados de vigília e sanidade dessa maneira. Cícero não deixa de reiterar esse esclarecimento: "Vós nada fazeis quando refutais aquelas falsas representações dos que deliram ou dormem, por meio de suas próprias recordações. Pois não se investiga que tipo de recordação costumam ter os que despertaram ou deixaram de delirar, mas sim qual foi o tipo de visão dos delirantes ou dormentes no momento em que as sofriam" (*Vos autem nihil agitis cum illa falsa vel furiosorum vel somniantium recordatione ipsorum refellitis; non enim id quaeritur, qualis recordatio fieri soleat eorum qui experrecti sint aut eorum qui furere destiterint, sed qualis visio fuerit aut furentium aut somniantium tum cum movebantur*) (*Acad.* II, 90).

Estabelecido o correto enfoque de que parte a argumentação, o que resulta da análise? Após dar um exemplo de alguém que acorda de um sonho, Cícero acrescenta: "quando ele acordou, essas visões (representações), era capaz de considerá-las sonhos, como o eram, mas eram aceitas por ele quando dormia, como se estivesse acordado" (*experrectus enim potuit illa visa putare, ut erant, somnia, dormienti vero aeque ac vigilanti probabantur*) (*Acad.* II, 88). No caso da alucinação, vale citar o exemplo de Hércules: "Em Eurípedes, Hércules, quando atravessava seus filhos com setas, como se fossem os filhos de Euristeu, quando matava sua esposa, quando tentava fazer o mesmo com seu pai, não era movido por falsas (representações) do mesmo modo como seria movido por verdadeiras ?" (*apud Euripidem Hercules cum ut Eurysthei filios ita suos configebat sagittis, cum uxorem interemebat, cum conabatur etiam patrem, non perinde movebatur falsis ut veris moveretur?*) (*Acad.* II, 89). A semelhança entre esses estados opostos pode ser expressa, então, nos seguintes termos: quando sonhamos, enquanto sonhamos, "vivemos" nossos sonhos; acordamos sobressaltados de um pesadelo, porque o sentíamos como se estivéssemos acordados, como se fosse real. O mesmo acontece em alucinação: julgamos sempre estar em face de realidade, durante uma alucinação, e nosso comportamento o atesta. Eis aí, em linhas gerais, a semelhança, o "mesmo modo", o que há de comum entre *phantasíai* e *phantásmata*.

Aos olhos de Luculo, certamente, tal semelhança não era visível e talvez lhe soe, ainda agora, insignificante. Contudo, ela consegue minar as bases da doutrina estoica, pois, agora, não mais se pode atribuir às representações o poder de, *nelas mesmas*, portarem o veredicto a respeito do valor de sua objetividade – se assim o fosse, *mesmo durante o sonho e a alucinação*, eu não poderia deixar de ver neles senão uma desordenada reunião de *phantásmata* que apenas ilusoriamente pareceriam reais, sem jamais alcançar, contudo, a força de manifestação de uma genuína representação apreensiva. É, assim, o próprio conceito de evidência o que se perde aqui, pois, se em sonho e alucinação minhas visões vazias se dão para mim como "evidentes", não há mais marca inconfundível inscrita em nenhuma daquelas representações, exclusivamente a elas intrínseca.

Mas como, afinal, expressar com exatidão esse ponto de vista que a Luculo não se revela e que permite extrair tais resultados?

Esse enfoque, na verdade, deriva de exigências que, ao que parece, o acadêmico extrai da própria doutrina estoica, que vê então seu realismo posto em xeque a partir de seus fundamentos e termos mesmos. No estoicismo, a apreensão do real, assentimento a uma representação apreensiva, consiste num momento em que o intelecto, investido então de sua função de proceder a um ato de assentimento, passivamente se rende à evidência, a um conteúdo que a representação fielmente reproduz de seu objeto de origem. Noutros termos, o que nesse processo é subjetivo, porque voluntário, como que se anula em favor daquilo que nele é objetivo, porque imposto com necessidade: a representação apreensiva não permite escolha, ela nos constrange ao assentimento, para além de nossa vontade, porque é inevitavelmente evidente. E o "ato voluntário" de que, em princípio, o intelecto é capaz transforma-se, nesse caso, numa anuência passiva ao evidente e objetivo. Ora, se assim é, a crítica dos acadêmicos nada mais faz do que recordar ao estoico uma lição ministrada por sua própria doutrina: a representação, apreensiva ou não, é, antes de tudo, uma *afecção do intelecto*, e é a este, portanto, que devemos nos dirigir para constatar os efeitos dessa pretensa evidência. É então que se constata uma inesperada e fundamental semelhança: se em sonho e alucinação minhas visões se apresentam como se fossem reais – mostra-o o modo como as "vivo" enquanto as tenho –, é porque *dou assentimento a elas como se fossem apreensivas*, elas me obrigam a aceitá-las como numa situação objetiva, vale dizer, de apreensão, o que nunca poderia acontecer se "evidência" fosse qualidade exclusiva de representações que surgem do real e o reproduzem "artisticamente". *Meu assentimento foi o mesmo*: essa descoberta, eu a obtenho ao enfocar aquilo que, no intelecto, *é somente intelecto, sua parte "ativa"*. Eis aí, então, o que me permite constatar a semelhança, eis aí de onde se extrai aquele *mesmo modo* que torna absolutamente indistinguíveis as representações, quanto a seu poder de apreensão.

É o que dirá Cícero ao concluir a análise: "Tudo isto é dito para estabelecer o que é o mais certo possível, que, para o assentimento da alma, não há diferença entre representações verdadeiras e falsas" (*Omnia autem haec proferuntur ut illud efficiatur quo certius nihil potest esse, inter visa vera et falsa ad animi adsensum nihil interesse*) (*Acad.* II, 90). Esta formulação do eixo do argumento esclarece algo que se podia ao menos entrever na sua formulação por Luculo, no início de sua exposição, pois já então era perceptível que estaria em jogo a maneira como a mente é afetada, *o modo como o intelecto experimenta* suas representações e aparições: "Em seguida, visto que a mente é movida por si própria (*mens moveatur ipsa per sese*), como o mostram as coisas que retratamos pela imaginação e as que às vezes aparecem aos que dormem ou alucinam, é verossímil que também a mente seja movida (*mentem moveri*) de modo que não somente não distinga se aquelas representações são verdadeiras ou falsas, mas também que não haja entre elas absolutamente nenhuma diferença" (*Acad.* II, 48).

Parece-nos crucial ver no argumento do sonho e da alucinação, sobretudo em virtude de seu enfoque no fenômeno do assentimento dado pelo intelecto, o momento mais eficaz para que se perceba em que sentido e com que destaque se deve compreender aqui a ideia de que "a mente é movida" e, nessa medida, também o cerne da crítica como um todo: com esse argumento, trata-se, por que não dizer, do momento final e culminante de um processo em que a crítica se vai aprofundando, esclarecendo e descobrindo, até encontrar sua formulação mais precisa e eficaz. Lembre-se que a exposição de Luculo sobre os argumentos dos acadêmicos se iniciava fornecendo a formulação sintética da estratégia que os guiava a todos, para então apresentar os diferentes casos: "Primeiramente, esforçam-se por mostrar que muitas coisas que absolutamente não são, podem aparecer como sendo, visto que as almas, de modo vazio, são movidas por coisas que não são, do mesmo modo que por aquelas que são" (*Acad.* II, 47). Pareceu-nos então que o caso do sonho e da alucinação, até por ser abordado por Luculo imediatamente a seguir, já no início de sua crítica, operava muito bem como exemplo paradigmático dessa estratégia. Parece-nos agora que a réplica de Cícero faz o percurso em sentido contrário: dando aos diferentes argumentos seu devido lugar a partir de sua função, força e alcance, chega ao argumento do sonho e alucinação como ápice, com ele encerrando o caso contra os sentidos: "Mas afasto-me dos sentidos (*Sed abeo a sensibus*)" (*Acad.* I, 90), passando então à crítica à razão: "O que é que pode ser apreendido pela razão (*Quid est quod ratione percipi possit*)?" (*Acad.* II, 91).[16]

---

16 É verdade que Luculo, após descrever a tática dos acadêmicos, menciona inicialmente o argumento proposto por eles sobre a possibilidade de que um deus, que para os estoicos comunica representações em sonhos e oráculo, pudesse também tornar persuasivas representações falsas e até mesmo aquelas que são indistinguíveis (47). Mas esse argumento – que terá talvez inspirado o "Deus Enganador" cartesiano – não é retomado por Cícero em sua resposta. Encontra-se nela uma outra formulação, que já não parece expressar exatamente o mesmo argumento: "Se um deus, dizes, te perguntasse se, estando sãos e íntegros os sentidos, desejas algo mais, o que responderias?" (*Acad.* II, 80; o argumento se estende a 81). Cremos que aquele argumento inicial é como que absorvido pelo do sonho e alucinação, se levamos em conta a formulação a seguir: "Se é oferecida por um deus *a quem dorme* (*dormienti*) uma representação tal que seja provável, por que não também tal, que seja muito verossímil? Em seguida, por que não tal, que dificilmente seja distinguível de uma verdadeira? Depois, que nem mesmo seja distinguível? Finalmente, tal que não haja nenhum distinção entre essa

Indício bastante forte do estatuto especial do argumento do sonho e alucinação encontra-se num momento que podemos considerar de transição no texto. Como dissemos, parece-nos que o conjunto de argumentos contra os sentidos é disposto sistematicamente, por assim dizer em camadas, num crescendo. Cícero já marcara no texto ao menos um ponto em que parecia haver certa mudança de nível, ao afirmar que iria "diminuir a controvérsia" (*Sed ut minuam controversiam...*) (*Acad.* II, 83), formulando as quatro proposições que regem a argumentação como um todo (*ibid.*).[17] Estaremos agora perante outro passo decisivo na direção de um determinado argumento que, expressando todo o alcance da crítica, o faça nos termos exatos e claros. Esse passo se localiza imediatamente antes da introdução do argumento do sonho e alucinação e após todos os outros argumentos. Cícero assim o inicia: "Mas, para que eu chegue às coisas que são mais claras...(*sed ut ad ea quae clariora sunt veniam*)" (*Acad.* II, 87). Parece-nos que esta observação introduz, por assim dizer, uma espécie de sato qualitativo na progressão da argumentação, indicando que o que virá a seguir goza de estatuto privilegiado como expressão do sentido da crítica como um todo. Cícero, então, atribui também a Crisipo muito do que se dirá, pois, para pesar de muitos estoicos, ele "aplicadamente reuniu tudo contra os sentidos e a evidência, contra toda experiência e contra a razão (*studiose omnia conquisierit contra sensus et perspicuitatem contraque omnem consuetudinem contraque rationem*)", decerto para poder refutar, mas "foi

---

e a outra?" (49). Parece-nos que o argumento do sonho e alucinação termina por dar conta, à sua maneira, da dificuldade aí expressa.

17 O contexto nos parece deixar claro que "diminuir" a controvérsia, aqui, significa dar-lhe contornos mais precisos, formulação mais enxuta, e não exatamente diminuir a polêmica, como se aumentasse o acordo entre as partes. Trata-se, na feliz tradução de Rackham, de "estreitar", "tornar estrita" (*narrow down*) a controvérsia, e isso se fará conferindo-lhe formulação ao mesmo tempo mais abrangente e precisa.

inferior a si respondendo a si próprio, e assim por ele Carnéades foi armado (*ipsum sibi respondentem inferiorem fuisse, itaque ab eo armatum esse Carneadem*)" (*ibid.*).[18] Segue-se então a introdução do tema do sonho e da alucinação, assim caracterizado: "deste tipo são aquelas coisas que por ti foram tratadas com muita diligência...(*Ea sunt eius modi quae a te dilligentissime tractata sunt*)". Cícero certamente faz aí alusão às observações e críticas que Luculo antes fizera aos casos de sonho, alucinação e embriaguez, críticas que, sem dúvida, retomam as análises estoicas e suas respostas em defesa da doutrina da apreensão. Pode-se então compreender o argumento a seguir, que explora os casos de sonho, alucinação e embriaguez, como uma resposta acadêmica a uma objeção estoica, resposta que se serve de elementos fornecidos pelo próprio estoicismo.

Sabemos que os conceitos básicos envolvidos são estoicos, mas agora se trata de algo mais específico. A julgar pelas informações de Sexto Empírico, "estoicos posteriores" (οἱ νεώτεροι) acrescentaram à definição de representação apreensiva a seguinte ressalva: "a que não tem obstáculo. Pois há ocasiões em que uma representação apreensiva ocorre, mas não é crível, em virtude de circunstâncias externas (AM VII, 253-4)". Essa terá sido, talvez, uma das contribuições de Crisipo ao debate, em resposta às críticas de Arcesilau a Zenão, críticas que devem ter introduzido o tema dos enganos que as diferentes condições de sensação provocam: a remoção dos obstáculos, de circunstâncias externas desfavoráveis à apreensão, será então necessária

---

18 Alude-se aqui ao fato de que, assim como Crisipo procurou responder às críticas de Arcesilau a Zenão, para isso desenvolvendo, sofisticando e aperfeiçoando a doutrina, Carnéades, como seguidor de Arcesilau, partiu dessas réplicas e delas procurou extrair tréplicas que as anulassem, para tanto servindo-se fartamente do próprio arsenal conceitual e argumentativo de Crisipo. Certamente é isso o que justifica a afirmação que Diógenes Laércio lhe atribui: "Se não existisse Crisipo, eu não existiria (εἰ μὴ γὰρ ἦν Χρύσιππος, οὐκ ἂν ἦν ἐγώ)" (IV, 62).

para que se possa dizer categoricamente, de uma representação apreensiva, que é "verdadeira, tal que não poderia vir a ser falsa". Ora, se é assim, pode-se concluir que a formulação do argumento do sonho e alucinação, tal como Cícero a expõe após referir-se à polêmica entre Carnéades e Crisipo, representa a tréplica que o primeiro, atento conhecedor da filosofia do segundo, apresentou contra sua ressalva. Nesse caso, terá sido Carnéades o responsável por essa mudança de registro da crítica, por esse aprofundamento e refinamento, verdadeiro "salto qualitativo".

Encontra-se em Sexto Empírico a informação que nos parece atestar essa hipótese de leitura: "daquilo que dizem os estoicos (sobre a representação apreensiva), os partidários de Carnéades algumas outras coisas a eles concedem, mas não é possível conceder a cláusula 'tal que não poderia vir a ser a partir de um inexistente'. Pois representações surgem também a partir de não-existentes como de existentes (γίνονται γὰρ καὶ ἀπὸ μὴ ὑπάρχοντων φαντασίαι ὡς ἀ πὸ ὑπάρχοντων). E sinal dessa indistinguibilidade é o fato de que são constatadas por igual evidentes e fortes (ἐπ' ἴσης|ἐναργεῖς καὶ πληκτικάς), e do fato de serem por igual evidentes e fortes é sinal o fato de subordinarem-se a elas as ações consequentes (τὰς ἀκολού θους πράξεις). Pois, assim como em vigília (ἐν τοῖς ὕπαρ) um homem que bebe obtém prazer no beber e o homem que escapa de uma fera selvagem ou qualquer outro objeto de terror gargalha e grita, assim também em sonhos (κατὰ τοὺς ὕπνους) se satisfaz a sede e se julga beber de uma fonte, e de modo semelhante há medo para os apavorados…e assim como em estados normais cremos e assentimos ao que aparece muito claro (τοῖς τρανότατα φαινομένοις), procedendo com Dion, por exemplo, como Dion, e com Theon, como Theon, assim também, em loucura (ἐν μανίᾳ), alguns experimentam algo (πάσχουσι) de modo semelhante" (AM VII, 402-4). Esta passagem de Sexto, além de, parece-nos, corroborar a interpretação acima proposta do argumento, mostra qual terá sido a contribuição de Carnéades: casos de sonho e alucinação permitem ao acadêmico encontrar um meio de desqualificar a resposta estoica que preconiza que tomemos medidas que tornem favoráveis as circunstâncias de percepção, como relatava Luculo (II, 19). Isso não mais tem força contra o fato de que, em sonho e alucinação, o intelecto faz algo que *em nenhuma circunstância* poderia fazer: assentir a *phantásmata* como se fossem representações apreensivas.

Mostra-se aí também, mais uma vez, que o argumento não explora a *semelhança de conteúdo* das representações. Isso será talvez verdadeiro no caso do argumento dos gêmeos, ovos, estátuas e outros similares, onde os objetos de sensação exibiriam tal semelhança: "Assim, quem via Públio Servílio Gêmino, se julgava que via Quinto, caía numa representação de modo tal que não podia ser apreendida, porque a representação verdadeira não se distinguia da falsa por nenhuma marca característica...Assim, quando P. Gêmino pode aparecer para ti Quinto, o que possuis de seguro, para que não possa te aparecer como Cota quem não o seja, visto que algo pareça ser que não é (*Qui igitur P. Servilium Geminum videbat, si Quintum se videre putabat, incidebat in eius modi visum quod percipi non posset, quia nulla nota verum distinguebatur a falso...Quando igitur potest tibi P. Geminus Quintus videri, quid habes explorati cur non possit Cotta videri Qui non sit, quoniam aliquid videtur esse quod non est*)?" (II, 84-5). A não-distinguibilidade das representações supostamente verdadeiras e falsas, reais e irreais, baseia-se, nestes casos, na possível não-distinguibilidade *dos objetos que as originam*, em virtude de sua enorme semelhança: o argumento se apoia em eventuais características dos objetos, para então extrair consequências a respeito das representações que produziram. O mesmo procedimento de recorrer aos objetos vigora provavelmente nos casos clássicos de "ilusões dos sentidos": o remo, o colo da pomba, o navio que nos parece imóvel e que conduz os passageiros à representação de que são as outras coisas que se movem, o sol, que nos parece pequeno, mas que é muito maior (*Acad.* II, 81-2).

Não é o que ocorre no caso do sonho e alucinação. Dirigir-se ao assentimento do intelecto significa não mais recorrer aos objetos e, portanto, às circunstâncias envolvidas na relação entre eles e as representações que produzem em nós, para detectar tal não-distinguibilidade. Assim, cabe esclarecer que, por mais tentadora e natural que se tenha tornado a nós tal ideia, o argumento não pretende nos convencer de que não podemos determinar com certeza, por exemplo, se a representação que temos de que estamos agora perante uma lareira é apreensiva, porque em sonho também já tivemos tal representação. O fato de que, ao sonharmos e alucinarmos, frequentemente lidamos com conteúdos de representação corriqueiros em nossos estados de vigília e sanidade não é aqui ponto importante. Como vimos, o foco é outro e incide sobre o momento em que se dão em nós esses conteúdos, e sobre o como em nós ele se dão. Se não nos damos conta dessa diferença, não conseguimos, parece-nos, compreender o argumento.[19]

---

19 Parece-nos que é o caso da análise que sobre isso faz M. Frede ("Stoics and Skeptics on Clear and Distinct Impressions", *Essays in Ancient Philosophy*, Oxford, Clarendon Press, 1987). Em favor do estoico, Frede lembra que "ele não nega que possamos cometer o equívoco de pensar que uma impressão é cognitiva, quando ela não é" (p. 174). Ora, é preciso, contudo, que um critério de verdade, tal como o estoico o concebe, mesmo se se admite eventualmente a necessidade de remoção de obstáculos, preserve-nos de tais equívocos de maneira infalível, se a evidência é deveras presente no conteúdo da representação. É por isso que o acadêmico dirá que *um único caso* que contrarie o cânon o põe a perder. Embora Frede considere "mais promissora" a linha de ataque baseada nas representações dos que sonham, dos loucos e embriagados (*ibid.*), conclui: "Assim, parece que o cético não consegue mostrar que impressões cognitivas e não-cognitivas não diferem entre si qualitativamente e que, por isso, a mente não pode discriminar entre elas com base em sua diferença inerente" (p. 175). Mas sua análise nos parece pecar ao supor que o argumento pretende que "em certos estados anormais, uma pessoa não está

Este é o cerne da argumentação e o momento mais agudo do texto a respeito desse enfoque que o acadêmico adota, cuja originalidade nos parece notável. Pois se trata aí de evocar e pôr em operação um ponto de vista eminentemente *subjetivo*, num sentido do termo que nos parece mais próximo daquele que será típico da Modernidade, do que daquele que, via de regra, se encontrava entre os antigos. É que certamente não se trata, aqui, de denunciar alguma forma de "relativismo" que se constataria na comparação entre as diferentes sensações de diferentes indivíduos, explicável por uma análise metafísica do movimento – à maneira, por exemplo, do Protágoras do *Teeteto* de Platão.[20] Mas

> em condições de dizer se suas impressões são cognitivas ou não, porque as não-cognitivas lhe parecem ter todas as características das cognitivas" (*ibid.*). Mas não é o que o argumento explora. Se bem o compreendemos, trata-se de evidenciar o que o assentimento do intelecto no momento preciso em que ocorre nos informa, e isso não é que, em "estados anormais", não se sabe distinguir representações apreensivas de não-apreensivas, mas sim que, nesses estados, uma representação não-apreensiva, na verdade uma mera aparição, *provoca uma reação* – para usar o feliz vocabulário do próprio Frede (*ibid.*) – que deveria ser exclusivamente produzida por representações supostamente apreensivas. Foi o que nos disseram "os partidários de Carnéades" no texto acima citado de Sexto Empírico.
>
> 20 No caso dessa imaginosa e sofisticada doutrina que Platão elabora e põe na boca do sofista, toda sensação é verdadeira, por apreender o que é; e o faz, porque "ser" reduziu-se a "aparecer para" (152a-c). E isso agora se explica pelo fato de que tudo é movimento – tudo que dizemos "ser" resulta do movimento, da translação e da mistura (152d-e). A sensação, ela própria, em virtude da radicalidade dessa tese, nada é senão um "intermediário" (*metaxú ti*), produzido particularmente em cada encontro de duas "infinitas formas de movimento", uma, "que aborda" (*tò prosbállon*) – por exemplo, o olho que vê –, outra, "que é abordada" (*tò prosballómenon*) – por exemplo, a coisa vista –, formas que momentaneamente nos dão a ilusão de que realmente existe algo como um "sujeito" e um "objeto" nesse processo de sensação (153d-154a; 156a-b; 156e-157 a). Note-se que, nesse caso, falar de "subjetividade" significaria, na verdade, a partir de uma tese dogmática sobre a natureza das coisas, dissolver os termos mesmos do problema do conhecimento, tal como formulado no debate entre acadêmicos e estoicos. E a expressão não é absolutamente indispensável para indicar o conteúdo dessa doutrina mobilista.

também não temos aí a maneira pirrônica característica de exploração do problema da representação, tal como desenvolvida nos modos de Enesidemo, onde se explora um conflito de representações diferentes que surgem de um mesmo objeto e se constata que tal conflito é indecidível, o que nos leva a suspender o juízo sobre elas. Para marcar a diferença, observemos como o pirrônico mobiliza aí os casos de sonho, alucinação e embriaguez. Eles aparecem no quarto modo, que se baseia nas diferentes circunstâncias que envolvem as representações – estados naturais e anti-naturais, vigília e sono, diferenças de idade, movimento e repouso, ódio e amor, predisposições, embriaguez e sobriedade etc. A consideração de cada um desses pares de circunstâncias opostas permite constatar que nossas representações a elas são relativas e que, por isso, do mesmo objeto surgem distintas representações. Por exemplo, os que estão "em estado de frenesi ou estase (οἱ φρενιτίζοντες καὶ οἱ θεοφορούμενοι)" julgam ouvir vozes de demônios, enquanto nós nada ouvimos (HP I, 109). E "as coisas que nos parecem ser vergonhosas quando sóbrios (νήφοντες) não se nos mostram, quando embriagados (μεθύουσιν), vergonhosas" (HP I, 109). Da mesma forma, "também em virtude de dormir ou estar acordado (παρὰ τὸ ὑπνοῦν ἢ ἐγρηγορέναι) surgem diferentes representações, dado que como representamos em sono (ὡς φανταζόμεθα καθ ὕπνους) não representamos acordados (οὐ φανταζόμεθα ἐγρηγορότες), nem como representamos acordados também representamos em sono (οὐδὲ ὡς φανταζόμεθα ἐγρηγορότες, καὶ κατὰ τοὺς ὕπνους φανταζόμεθα), de modo que o ser ou não ser para as representações não é absoluto, mas relativo (οὐχ ἁπλῶς ἀλλὰ πρός τι); pois é relativo ao que é em sonho ou à vigília (πρὸς γὰρ τὸ καθ ὕπνους ἢ πρὸς ἐγρήγορσιν)" (HP I, 104). Como não é possível julgar esse conflito de representações que sua relatividade produz sem estar inserido nalguma circunstância, não podemos fazê-lo, pois fazemos parte do conflito – "nem pode aquele que está acordado julgar as representações dos que dormem junto com as dos que estão acordados, nem o saudável as dos doentes junto com as dos saudáveis; pois assentimos ao que é presente e que nos afeta no presente, de preferência ao que não está presente (τοῖς γὰρ παροῦσι καὶ κινοῦσιν ἡμᾶς κατὰ τὸ παρὸν συγκατατιθέμεθα μᾶλλον ἢ τοῖς μὴ παροῦσιν)" (HP I, 113). Note-se que o argumento afirma uma *diferença de modo* para representações em sono e vigília, diferentemente do que encontramos no argumento do acadêmico, onde se constata o mesmo tipo de assentimento, e que sonho, alucinação e embriaguez não recebem destaque especial, sendo apenas ocasiões, entre outras, de constatação de relatividade. O mais importante, contudo, será a maneira como o pirrônico fecha o modo, recorrendo ao instrumental formal dos modos de Agripa para categoricamente estabelecer a não-decidibilidade do conflito: quando tentamos decidi-lo, somos capturados numa circularidade que envolve a relação entre prova e critério (HP I, 114-17). O recurso aos modos de Agripa é frequente nos modos de Enesidemo e configura uma estratégia argumentativa dominante, que o pirrônico, sempre que possível, convoca, e que ganha virulência porque se trata de explorar um conjunto de dificuldades que emergem de um estado problemático de *intersubjetividade*, que se exibe neste e em quase todos os outros modos, expresso sistematicamente pela ideia de que diferentes representações surgem do mesmo objeto e não podemos escolher uma delas como a verdeira, a "apreensiva", porque fazemos parte do conflito.[21] Ora, com os acadêmicos, temos uma abordagem subjetiva *stricto sensu*: trata-se de perguntar se e como os sentidos e o intelecto, *neles mesmos*, como pretensos meios de conhecimento objetivo, permitiriam detectar e estabelecer critérios de verdade. Trata-se agora de enfocar a sensação como dado representativo *do* e *no* intelecto, e de estudar o

---

21 São talvez exceções o terceiro e oitavo modos, que realmente possuem um mecanismo de operação distinto, mais próximo da maneira acadêmica, que explora dificuldades relativas à faculdade cognitiva individual considerada em si mesma. Sobre esse tema, cf. G. Striker, "The Ten Tropes of Aenesidemus", *Essays on Hellenistic Epistemology and Ethics*, Cambridge, 1996.

fenômeno do assentimento que disso resulta, também ele um evento do intelecto, tomando-o, justamente em virtude de sua *subjetividade intrínseca*, como *parâmetro de avaliação* do poder cognitivo do dado e sua *pretensão de objetividade*. É como se o intelecto fosse agora critério, mas não de verdade, e sim, restituindo ao termo seu sentido próprio, um tribunal onde se julga o problema do conhecimento.[22]

Temos, então, que a crítica acadêmica aos sentidos termina por formular-se rigorosamente a partir dessa exploração de um domínio que se pode considerar subjetivo, no sentido estrito acima descrito. Constata-se também que há bons motivos para atribuir a Carnéades essa, digamos, "descoberta" da autonomia do subjetivo como via para a crítica. Parece-nos agora possível enfocar sua discutida doutrina do probabilismo nos termos adequados, pois não pode ser compreendida, e os mal-entendidos a seu respeito não podem ser desfeitos, se não se divisa com clareza essa instância subjetiva em suas consequencias negativas, para então observar como o seguidor de Arcesilau terá se dado conta, num golpe de vista notável, de que nela se pode perceber, latente, certa positividade.

---

22 Parece-nos, assim, que cabe, para comentar os acadêmicos a propósito deste tema, discordar de M. Williams, quando afirma que "os céticos acadêmicos pensam a sensação em termos parcialmente físico-causais, como uma afecção do organismo vivo" ("Descartes and the Metaphisics of Doubt", *Essays on Descartes' Meditations*, Univ. California Press, 1986, p. 133). Isso é certo apenas do ponto de vista dialético que inicia a polêmica, pois se parte da distinção entre sonho e vigília, entre estado "normal" e estado "anormal" de percepção, para então denunciar o problema. Mas, como vimos, o tratamento do tema nos leva para longe da limitação aventada pelo autor. De fato, o argumento leva a que se deixe de lado a possível diferença de força, vigor e integridade no uso dos sentidos e do intelecto nos sonhos e alucinações. Parece-nos, assim, perfeitamente cabível encontrar operando no argumento, ao menos em sua generalidade e num sentido, evidentemente, mais simples e que não equivale àquilo que se encontra no filósofo francês, aquilo que Williams considera uma "nova concepção do mental" que Descartes funda: "pensar as 'sensações' em abstração dos sentidos" (*art. cit.*, p. 134).

Capítulo 3

Carnéades e o "probabilismo"

Observar a característica peculiar da crítica acadêmica que acima se procurou destacar, bem como constatar que o argumento do sonho e da alucinação, tal como elaborado e apresentado nesses textos, terá provavelmente sido de autoria de Carnéades, ao menos em sua formulação refinada e definitiva, é indispensável para compreender como a nova Academia, com o mesmo Carnéades, enfrentará o problema da ação de uma forma mais elaborada e consistente do que teriam logrado Arcesilau e seu conceito de *eúlogon*, propondo uma solução, um critério, que ao mesmo tempo oriente a ação cotidiana e permaneça satisfazendo a exigência fundamental imposta pela ideia básica que Carnéades perece ter retomado de Arcesilau, a de suspensão de juízo: não emitir opinião, não dar assentimento.

Ora, se concluímos que a análise crítica dos acadêmicos sobre o estoicismo e seus conceitos básicos nos revela a presença e aplicação de um ponto de vista subjetivo que, ao menos em esboço, aponta para um sentido moderno da ideia, que opera a fim de problematizar aquela doutrina dogmática, quase como uma consequência a extrair de seus próprios fundamentos – com fins, portanto, críticos, negativos, em defesa da suspensão de juízo e sem comprometimentos doutrinais –, pode-se então levantar a hipótese de que esse ponto de vista, polemicamente explorado no embate dialético, foi também pensado e desenvolvido de uma outra forma e com uma outra intenção, também não-dogmáticas. É o que, como veremos, parece ocorrer com o notório e tão discutido "probabilismo" do seguidor de Arcesilau.

A possibilidade de que o conceito carneadiano de "representação provável", πιθανὴ φαντασία, seja um legítimo e eficaz critério de ação, e ao mesmo tempo possa manter o acadêmico nos rigorosos limites estabelecidos pela ideia de *epokhé*, constitui aqui um tópico fundamental, se queremos compreender em que medida e por que motivos acadêmicos e pirrônicos se assemelham e distinguem; pois está em jogo, com esse conceito, uma das críticas pirrônicas mais importantes, formulada por Sexto Empírico no capítulo do primeiro livro das *Hipotiposes Pirronianas* dedicado a distanciar o cético dos filósofos da Academia. Nesse capítulo, descrevendo a posição dos acadêmicos e após atribuir-lhes a tese forte de que nada pode ser apreendido, Sexto Empírico acrescenta: "E diferem de nós claramente no julgamento das coisas boas e das más. Pois os acadêmicos dizem que algo é bom e que algo é mau não como nós (οὐχ ὡς ἡμεῖς), mas junto com o crer (πεπεῖσθαι) que o que eles dizem ser bom é mais provável (πιθανὸν|μᾶλλον) realmente sê-lo (ὑπάρχειν) do que o contrário, e de modo semelhante no caso do que é mau, enquanto nós nada dizemos ser bom ou mau junto com o julgar ser provável isso que dizemos (οὐδὲν μετὰ τοῦ πιθανὸν εἶναι νομίζειν ὃ φαμεν), mas sem opinar (ἀδοξάστως) seguindo a vida (ἑπομένων τῷ βίῳ), para que não sejamos inativos" (HP I, 226). E logo a seguir a diferença é generalizada: "As representações (τὰς φαντασίας), dizemos que são iguais quanto a credibilidade ou não-credibilidade (ἴσας|κατὰ πίστιν ἢ ἀπιστίαν), no quanto concerne ao discurso, e eles dizem que algumas são prováveis, outras não-prováveis (τὰς μὲν πιθανὰς|τὰς δὲ ἀπιθάνους)" (HP I, 227). Dessa diferença, para o pirrônico, uma outra se segue, categórica em sua intenção de atribuir dogmatismo ao acadêmico: "Mesmo se tanto os acadêmicos como os céticos dizem crer em certas coisas (πείθεσθαί τισιν), é evidente também quanto a isso a diferença das filosofias. Pois crer (πείθεσθαι) se diz diferentemente: não resistir, mas simplesmente seguir sem forte inclinação e pendor (τό τε μὴ ἀντιτείνειν ἀλλ' ἁπλῶς ἕπεσθαι ἄνευ σφοδρᾶς προσκλίσεως καὶ προσπάθειας), como a criança é dita seguir o preceptor; e o assentir a algo com escolha e por assim dizer simpatia conforme o querer fortemente (τὸ μετὰ αἱρέσεως καὶ οἱονεὶ συμπαθείας κατὰ τὸ σφόδρα βούλεσθαι συγκατατίθεσθαί τινι), como o incontinente crê naquele que julga digno viver de forma extravagante. Por isso, visto que os partidários de Carnéades e Clitômaco (οἱ μὲν περὶ Καρνεάδην καὶ Κλειτόμαχον) dizem crer com forte inclinação e haver algo provável (μετὰ προσκλίσεως σφοδρᾶς πείθεσθαί τε καὶ πιθανὸν εἶναί τι φασίν), mas nós o fazemos de acordo com o simples aceitar sem pendor (κατὰ τὸ ἁπλῶς εἴκειν ἄνευ προσπαθείας), também nisso deferiríamos deles" (HP I, 229-30).

Parece-nos possível mostrar que estas críticas – forma dogmática de preferir certas representações em detrimento de outras e, como decorrência disso, um conceito também dogmático de crença – se revelam infundadas, quando dirigidas a Carnéades e seu conceito de representação provável. Mas parece-nos também – e isso constitui o ponto nevrálgico da hipótese de leitura a ser aqui defendida – que o infundado dessas críticas só se torna claro se compreendemos o "probabilismo" como uma *consequência* da crítica ao conceito estoico de representação apreensiva – como uma espécie de "resíduo" que a própria crítica ilumina e nos deixa, e que pode ser retomado em novo sentido, não mais negativo, mas ainda não-dogmático. Eis por que, como dizíamos, não se deve perder de vista a contribuição original que, como vimos, Carnéades parece ter dado àquela crítica, pois ela já estaria a apontar para tal consequência.

Além de permitir desfazer os mal-entendidos em que se fundam os ataques pirrônicos, parece-nos que, até ironicamente, mas sem muita surpresa, a análise pode mostrar que existem semelhanças fundamentais entre esse conceito carneadiano de representação provável e a importantíssima noção pirrônica de *fenômeno*, que, como veremos, desempenha no pirronismo papel ao menos análogo ao pretendido por Carnéades para seu conceito. Para tanto, as informações que nos fornecem os *Academica* – nesse caso, exclusivamente passagens do segundo livro, onde essa doutrina é comentada a partir de um tratado do discípulo Clitômaco – devem ser, como sempre, nosso ponto de partida. Mas, neste caso, também será indispensável recorrer à descrição que o próprio Sexto Empírico faz, no primeiro livro *Contra os Lógicos* (AM VII), da filosofia de Carnéades, pois parece, em alguns momentos, como que completar as informações presentes em Cícero.

Tais semelhanças talvez nos permitam, mais uma vez, além de mostrar a continuidade de pensamento entre Arcesilau e Carnéades, observando na noção de provável, πιθανόν, do segundo, uma tentativa de retomada e aperfeiçoamento da noção de *eúlogon* do primeiro, aproximar as duas correntes e reiterar a tese geral que desde o início norteia esta comparação entre acadêmicos e pirrônicos, a de que elas são mais importantes do que as diferenças.[1]

---

1 A respeito da continuidade ente Arcesilau e Carnéades, a nosso ver perceptível tanto na posição suspensiva que o segundo retoma do primeiro, como no refinamento que se pode ver no probabilismo em relação à noção de *eúlogon*, julgamos acertado o comentário de D. Sedley, que, reconhecendo diferenças metodológicas, no entanto considera que "não há justificativa para a tradição da antiguidade tardia, de que Carnéades inaugurou uma nova fase – a 'Nova Academia', em contraste com a 'Média Academia' de Arcesilau" ("The Protagonists", p. 12). Eis por que em nenhum momento se fez ou fará aqui uso dessa distinção. Registre-se também que já Hegel comentava a representação provável carneadiana na exposição de Sexto Empírico aproximando-a do *eúlogon* – cf. *Lecciones...*, p. 417. Contra tal continuidade pronuncia-se Ioppolo (*Opinione...*, p. 15, n. 12).

6. ACAD. II, 99-111

Na extensa crítica que faz no segundo livro dos *Academica*, Luculo, em nome de Antíoco e do estoicismo que este defende, assim se refere à pretensão dos acadêmicos de que não se podem distinguir verdadeiras e falsas representações: "Disso nasceu o que Hortênsio postulava, que dissésseis ao menos isso mesmo ter sido apreendido pelo sábio, que nada pode ser apreendido. Mas a Antípater, que isso mesmo postulava, pois dizia que àquele que afirmasse que nada pode ser apreendido era consentâneo dizer que ainda esta única coisa é apreendida: que as outras não podem sê-lo, Carnéades, mui perspicazmente, se opunha; pois dizia tão longe estar que isso fosse consentâneo, que era mesmo grandemente incompatível; que, de fato, quem negasse haver algo que pudesse ser apreendido nada excetuaria e que, assim, é necessário que nem sequer isso mesmo, que não se excetuou, possa absolutamente ser apreendido e percebido (*Ex hoc illud est natum quod postulabat Hortensius, ut id ipsum saltem perceptum a sapiente diceretis, nihil posse percipi. Sed Antipatro hoc op. cit. postulanti, cum diceret ei qui adfirmaret nihil posse percipi unum tamen illud dicere percipi posse consentaneum esse, ut alia non possent, Carneades acutius resistebat; nam tantum abesse dicebat ut id consentaneum esset, ut maxime etiam repugnaret: qui enim negaret quicquam esse quod perciperetur, eum nihil excipere; ita necesse esse ne id ipsum quidem, quod exceptum non esset, comprendi et percipi ullo modo posse*)" (*Acad.* II, 28). Constata-se já aqui que Carnéades, ao menos deliberadamente, não afirmou como uma tese dogmática a não-apreensibilidade, diferentemente do que, como

vimos, julga Sexto e afirma no primeiro capítulo das *Hipotiposes*; ao contrário, mostra-se nessa passagem legítimo continuador da posição que Arcesilau, como sabemos, desenvolvera a partir da confissão socrática de ignorância, posição que também o discípulo vê como uma necessidade: não excetuar da obscuridade a afirmação de que tudo é obscuro, não excluir da não-apreensibilidade a afirmação de que nada é apreensível. Trata-se então, agora, de tentar compreender como essa posição rígida comporta um critério de escolha – para usar a palavra de Luculo, com que "perspicácia" soube Carnéades estabelecer essa conciliação.

Prossegue Luculo descrevendo a crítica a Carnéades, agora relatando as objeções de Antíoco, que, enfocando o mesmo ponto, retomando a mesma crítica e certamente recuperando objeções já desenvolvidas pelos estoicos contemporâneos a Carnéades, argumenta, de modo sem dúvida mais bem elaborado e profundo: "Antíoco mostrava opor-se mais articuladamente a essa posição: de fato, visto que os acadêmicos tinham como princípio (pois já percebeis que a isto chamo *dógma*) que nada pode ser apreendido, não deviam hesitar em seu princípio como nas outras coisas, sobretudo porque nele se localiza o cerne, pois esta é a regra de toda filosofia, o estabelecimento do verdadeiro e do falso, do conhecido e do desconhecido; visto que adotaram esse método e querem ensinar quais representações convém aceitar e quais repudiar, decerto foi preciso que eles apreendessem aquilo mesmo a partir de que fosse todo critério do verdadeiro e do falso; pois dois são os pontos máximos em filosofia, o critério de verdade e o fim dos bens, e não pode ser sábio quem ignore haver um início do conhecer ou um fim último do querer, de modo que ignore de onde começasse ou aonde chegar; mas tê-los por duvidosos e não confiar neles, de modo que não possam ser modificados, está muito distante da sabedoria. Assim, desse modo devia de preferência ser exigido deles que ao menos uma única coisa dissessem ter

sido apreendida, que nada pode ser apreendido (*Antiochus ad istum locum pressius videbatur accedere: quoniam enim id haberent Academici decretum (sentitis enim iam hoc me* δόγμα *dicere), nihil posse percipi, non debere eos in suo decreto sicut in ceteris rebus fluctuare, praesertim cum in eo summa consisteret, hanc enim esse regulam totius philosophiae, constitutionem veri falsi, cogniti incogniti; quam rationem quoniam susciperent, docereque vellent quae visa accipi oporteret, quae repudiari, certe hoc ipsum ex quo omne veri falsique iudicium esset percipere eos debuisse; etenim duo esse haec maxima in philosophia, iudicium veri et finem bonorum, nec sapientem posse esse qui aut cognoscendi esse initium ignoret aut extremum expetendi, ut aut unde proficiscatur aut quo perveniendum sit nesciat; haec autem habere dubia nec iis ita confidere ut moveri non possint abhorrere a sapientia plurimum. Hoc igitur modo potius erat ab his postulandum ut hoc unum saltem, percipi nihil posse, perceptum esse dicerent)*" (*Acad.* II, 29).

A crítica de Antíoco se funda numa posição filosófica própria, que se apresenta em oposição à dos acadêmicos, enquanto, no caso de Antípater e Hortênsio, parecia tratar-se apenas de fazer uma crítica interna, de detectar uma eventual limitação e talvez uma incoerência a que se veriam forçados os acadêmicos a partir da afirmação mesma da não-apreensibilidade, pelo fato de algo – essa mesma afirmação – permanecer apreensível. Para Antíoco, os acadêmicos devem ser criticados por razões bem mais graves, porque infringem princípios filosóficos fundamentais, cujo valor os primeiros estoicos haviam já estabelecido. Em primeiro lugar, o tema do critério de verdade, um dos "pontos máximos" em filosofia, do qual tudo decorre no que concerne a verdadeiro e falso, conhecido e desconhecido, não pode ser tratado mediante uma afirmação qualquer, pois é a base de tudo. É, assim, *necessário* que o acadêmico afirme a não-apreensibilidade como um *dogma* – ao menos a "tese" da não--apreensibilidade *tem de ser dogmática*, não pode ser, também ela, algo "não-apreendido". Antíoco parece basear-se na ideia de que, em filosofia, existem certas recomendações que não podem ser desobedecidas, e uma delas seria que não é possível que aquele princípio não permaneça objeto de crença dogmática, sem o que o próprio filosofar se impediria. Em segundo lugar, outro "ponto máximo" em filosofia diz respeito à prática, ao fim visado pelas nossas ações. Ora, como a defesa da não-apreensibilidade ainda permitiria, segundo a concepção dos acadêmicos, discernir representações que devem ser aceitas de representações que devem ser rejeitadas, eles pretendem também que se pode daí retirar um *critério de ação*, um meio de decidir em favor de certos procedimentos, em vista de determinadas finalidades. Contudo, pensa Antíoco, também aqui deve haver um "fim" concebido dogmaticamente, sob pena de perder-se toda e qualquer possibilidade de propor um modo de conduta consistente.

Assim, a necessidade veiculada pela crítica de um ponto de partida inevitavelmente dogmático para a filosofia, tanto no que concerne ao tema da verdade, como pelo que respeita ao tema da ação, faz nada menos do que ameaçar os alicerces da posição filosófica iniciada por Arcesilau; pois, noutras palavras, sustenta que não é possível uma suspensão de juízo sobre tudo e que não é possível viver sem crença dogmática. A posição acadêmica significa, segundo Antíoco, a supressão mesma de qualquer possibilidade de sabedoria (*sapientia*) e, portanto, de um sábio (*sapiens*) – ideias, como vimos, caras ao antecessor de Carnéades.

Tais críticas fazem parte de uma exposição de Luculo em defesa da posição de Antíoco e do estoicismo, sendo decorrência de uma doutrina filosófica mais ampla, que sustenta o fato inconteste e natural da apreensão, e que, portanto, as justifica. Assim, diz Luculo, sempre em nome de Antíoco e seu estoicismo, "se fossem falsas as noções (pois tu parecias chamar de noções as *ennoíai*) – se, pois, estas fossem falsas ou impressas por representações de um modo que sejam estas tais que não possam ser discernidas de falsas, como ainda as utilizaríamos? Como, além disso, veríamos o que seria consistente com um dado fato, o que seria inconsistente (*Quod si essent falsae notitiae (ἐννοίας enim notitias appellare tu videbare) – si igitur essent hae falsae aut eius modi visis impressae qualia visa a falsis discerni non possent, quo tandem iis modo uteremur? Quo modo autem quid cuique rei consentaneum esset, quid repugnaret, videremus*)?" (*Acad.* II, 22). Assim, não se pode agir adequadamente, não se pode nem mesmo agir, se não se admite a necessidade de uma apreensão segura das coisas: "É necessário que seja estabelecido um princípio que a sabedoria siga quando comece a fazer algo, e que esse princípio esteja de acordo com a natureza; pois de outra forma a inclinação (pois queremos que isto seja *hormé*), pela qual somos impelidos à ação e procuramos obter o que foi visto, não pode ser movida; mas aquilo que a move deve, antes de tudo, ser visto, e deve ser acreditado, o que não pode ocorrer se o que for visto não puder ser discernido do falso; mas como pode a alma ser movida à inclinação, se não se apreende se o que é visto está de acordo com a natureza ou é estranho a ela? E, do mesmo modo, se o que é seu dever não ocorre à alma, ela nunca fará nada, nunca será impelida para nenhuma coisa, nunca será movida; enquanto, se alguma vez fará algo, é necessário que o que ocorre apareça-lhe verdadeiro (...*constitui necesse esse initium quod sapientia cum quid agere incipiat sequatur, idque initium esse naturae accommodatum. Nam aliter adpetitio (eam enim volumus esse* ὁρμήν*), qua ad agendum impellimur et id adpetimus quod est visum, moveri non potest; illud autem quod movet prius oportet videri, eique credi, quod fieri non potest si id quod visum erit discerni non poterit a falso; quo modo autem moveri animus ad adpetendum potest si id quod videtur non percipitur accommodatumne naturae sit an alienum? Itemque si quid officii sui sit non occurrit animo, nihil umquam omnino aget, ad nullam rem umquam impelletur, numquam movebitur; quodsi aliquid aliquando acturus est,* *necesse est id ei verum quod accurrit videri*)" (*Acad.* II, 24-5). Note-se que estamos em face do mesmo tema que o trecho do *contra Colotes* de Plutarco aqui analisado mostrava ter recebido uma tentativa de resposta por Arcesilau: o da possibilidade ou não de ação sem assentimento, de uma inclinação para determinada atitude cuja explicação pudesse dispensar a ideia de apreensão fiel do real.

A crítica aos acadêmicos, simultaneamente uma defesa do estoicismo e de Antíoco, se articula e desdobra na exata medida em que, nesta doutrina, suas várias noções se ligam entre si, num todo indissolúvel e harmônico, tão harmônico quanto o real que descrevem. Assim, negar a apreensão significaria que "toda a razão é suprimida (*omnis ratio tollitur*)", o que suprime também a aspiração pelo conhecimento (*adpetitio cognitionis*), pela descoberta (*inventio*), o que leva consigo qualquer possibilidade de demonstração (*argumenti conclusio*) (*Acad.* II, 26). Sem tudo isso, "a própria filosofia, que deve progredir por raciocínios, que fim terá? E o que será da sabedoria? Ela não deve duvidar nem de si mesma nem de seus princípios, que os filósofos chamam *dógmata*, nenhum dos quais poderá ser traído sem infâmia (*Ipsa autem philosophia, quae rationibus progredi debet, quem habebit exitum? Sapientiae vero quid futurum est? quae neque de se ipsa dubitare debet neque de suis decretis quae philosophi vocant* δόγματα *quorum nullum sine scelere prodi poterit*)" (*Acad.* II, 27).

É, pois, ao caráter sistemático e harmonioso do mundo que apelam as objeções feitas a toda tentativa de crítica de nosso poder de apreensão. Se nossos sentidos possuem capacidade de apreender os objetos, resultado da presença em nós, por intermédio de nossas representações, de uma força que nos leva a dispor nossos sentidos a tal apreensão, é porque a natureza, por assim dizer com muita arte (*quanto quasi artificio…*), assim nos fez, nos fabricou, a nós e a todo ser animado. Isso garante que "o próprio intelecto, o qual é fonte dos sentidos e também é, ele próprio, sentido, possua uma força natural que dirige para as coisas pelas quais é movido (*Mens enim ipsa, quae sensuum fons est atque etiam ipsa sensus est, naturalem vim habet quam intendit ad ea quibus movetur*)" (*Acad.* II, 30), dando-se assim início a todo o processo de conhecimento, que a partir das representações, mediante a formação e emprego da memória (*memoria*) e em seguida dos conceitos (*notitiae rerum*), culmina, acrescidos de raciocínio e demonstração (*ratio argumentique conclusio*), na apreensão (*perceptio*). Eis aí a razão em sua completude, *ratio perfecta*, que chega então à sabedoria, *sapientia* (*Acad.* II, 30). Em síntese, "como o intelecto do homem é muito apto para o conhecimento das coisas e para a estabilidade da vida (*Ad rerum igitur scientiam vitaeque constantiam aptissima cum sit mens hominis*)" (*Acad.*, II, 31), completa Luculo: "Consequentemente, (o intelecto) emprega os sentidos e cria as artes como se fossem outros sentidos, e fortalece a própria filosofia até o ponto em que ela produza virtude, única coisa de que toda a vida depende (*Quocirca et sensibus utitur et artes efficit quasi sensus alteros et usque eo philosophiam ipsam corroborat ut virtutem efficiat, ex quae re una vita omnis apta sit*)" (*Ibid.*). Se assim é, o que pensar dos que pregam a não-distinguibilidade e a não-apreensibilidade? "Portanto, aqueles que negam que algo possa ser apreendido subtraem aqueles instrumentos ou equipamentos mesmos da vida, ou antes, subvertem mesmo toda a vida desde seus fundamentos e o próprio ser animado privam de alma (*Ergo ii qui negant quicquam posse comprendi haec ipsa eripiunt vel instrumenta vel ornamenta vitae, vel potius etiam totam vitam evertunt funditus ipsumque animal orbant animo*)" (*Ibid.*).

Em consonância com os preceitos metafísicos fundamentais do estoicismo, as críticas de Antíoco diagnosticam nos acadêmicos e em sua defesa da não-distinguibilidade das representações o mal que consiste em negar aquilo que é inegável e dispensar aquilo que é indispensável: a apreensão fiel e inabalável do real. O que torna sua proposta, sua recusa de todo dogma, algo insustentável e impraticável. Isso faz com que, em medida importante, a estratégia de defesa dos acadêmicos consista em mostrar que a apreensão, no sentido estoico dessa noção, e os conceitos a ela ligados, não são necessários para que se explique e justifique um critério de ação. Foi isso, como vimos, o que pretendeu Arcesilau. É isso, como veremos, o que pretenderá Carnéades.

Antes de nos concentrarmos na resposta acadêmica a tais críticas, vale recordar que o pirronismo também deparou com semelhantes desafios e os considerou, a eles também fornecendo uma resposta. Os primeiros capítulos das *Hipotiposes Pirronianas*, cuja função é descrever a filosofia cética e evitar que dela se façam juízos errôneos, procuraram, entre outros objetivos, mostrar que ao cético se apresentam as condições mínimas necessárias e suficientes para um uso não-dogmático do discurso e um critério não-dogmático de ação. Ora, mesmo uma rápida leitura dessas páginas basta para mostrar qual é o conceito fundamental que opera nessa desqualificação das críticas. Quando o cético diz não dogmatizar, pretende com isso dizer que não assente a "não-evidentes", mas que assente às "afecções que o forçam conforme uma representação (τοῖς|κατὰ φαντασίαν κατηναγκασμένοις πάθεσι)" (HP I, 13), algo que, pouco depois, será descrito em termos muito semelhantes: "as coisas que nos conduzem ao assentimento involuntariamente, conforme uma representação passiva (τὰ κατὰ φαντασίαν παθητικὴν ἀβουλήτως ἡμᾶς ἄγοντα εἰς συγκατάθεσιν)" (HP I, 19), e que aí mesmo se denominará: "essas coisas são os fenômenos (ταῦτα δὲ ἐστι τὰ φαινόμενα)" (*Ibid.*), literalmente, "as coisas que aparecem". E são elas também o objeto de seu discurso, quando profere suas célebres "fórmulas céticas", como, por exemplo, "não mais isto do que aquilo": "no proferir essas fórmulas, (o cético) diz o que a si próprio aparece (τὸ ἑαυτῷ φαινόμενον) e anuncia sua própria afecção (τὸ πάθος|τὸ ἑαυτοῦ) sem opinar (ἀδοξάστως), nada assegurando sobre os objetos externos" (HP I, 15). São também tais coisas, tais fenômenos, o que o pirrônico pretende estar o tempo todo comunicando ao longo das *Hipotiposes*, como mostra já o final do primeiro capítulo: "sobre nada do que será dito asseguramos que é assim completamente como dizemos, mas sobre cada coisa, ao modo de um registro, anunciamos segundo o que agora nos aparece (κατὰ τὸ νῦν φαινόμενον ἡμῖν)" (HP I, 4).

Esse conceito goza de lugar estratégico na economia do pirronismo e proporciona ao pirrônico meios para recuperar alguns outros que, agora se sabe, somente à primeira vista se mostravam exclusivos do dogmatismo. O cético pode, assim, afirmar possuir uma doutrina – contanto que com essa expressão não se pretenda fazer referência a um conjunto de dogmas interligados entre si e com os fenômenos, e sim a um "procedimento (τὴν|ἀγωγήν) que segue certo raciocínio (λόγῳ τινί) conforme o que aparece (κατὰ τὸ φαινόμενον)" (HP I, 16). E não poderia ser outro o critério de ação que sustenta: como o fenômeno "repousa num sentimento e numa afecção involuntária (ἐν πείσει γὰρ καὶ ἀβουλήτῳ πάθει κειμένη)", essa sua inevitabilidade lhe confere o privilégio de estar fora de questão, de não ser objeto da investigação crítica que incide sobre os dogmatismos – ele é, como tal, à medida que é simples aparecer, imune à *zétesis* (ἀζήτητος) (HP I, 22). Isso o torna um legítimo parâmetro de conduta, que confere ao cético as condições para dizer e agir sem dogmatizar; e ele chega a utilizar-se dessa imunidade também para demarcar a fronteira com o "não-evidente" dogmático que examina: "por isso, provavelmente ninguém disputa sobre o objeto aparecer (φαίνεσθαι) tal ou tal, mas investiga-se sobre se é tal qual aparece (εἰ τοιοῦτον ἔστιν ὁποῖον φαίνεται ζητεῖται)" (*Ibid.*). "Quando investigamos se o objeto é tal qual aparece (εἰ τοιοῦτον ἔστι τὸ ὑποκείμενον ὁποῖον φαίνεται), concedemos que aparece (ὅτι φαίνεται), e investigamos não sobre o que aparece (οὐ περὶ τοῦ φαινομένου), mas sobre aquilo que é dito sobre o que aparece (περὶ ἐκείνου ὃ λέγεται περὶ τοῦ φαινομένου).

E isso difere de investigar sobre aquilo mesmo que aparece (ζητεῖν περὶ αὐτοῦ τοῦ φαινομένου)", sobre o próprio fenômeno (HP I, 19).

Tal "fenomenismo", portanto, é o modo pirrônico de obter, sem infringir a suspensão de juízo sobre todas as coisas, as respostas para críticas como as que vimos Antíoco fazer aos acadêmicos. Ao examinar o "probabilismo" carneadiano, estaremos então, ao mesmo tempo, deparando com os elementos que permitirão uma comparação, para avaliar se também com Carnéades estaremos perante uma proposta não-dogmática acabada, como no pirronismo. Pirronismo que, mostra-o categoricamente o texto das *Hipotiposes*, não vê com bom olhos semelhante hipótese: "Mas também no que diz respeito ao fim (τέλος) diferimos da nova Academia; pois os que se dizem seus partidários utilizam o provável (τῷ πιθανῷ) na vida, mas nós, seguindo leis, costumes e afecções naturais (τοῖς φυσικοῖς πάθεσιν), vivemos sem opinar (ἀδοξάστως)" (HP I, 231).

Para tanto, há que examinar, inicialmente, as passagens do segundo livro dos *Academica* (99-111) em que Cícero, servindo-se de tratado de Clitômaco, discípulo direto de Carnéades, expõe a doutrina do *probabile* e afasta assim as críticas de Antíoco. Tal exame, articulado às análises sobre o já mencionado trecho de Sexto Empírico, nos permitirá, assim nos parece, retornar a essa páginas iniciais das *Hipotiposes*, aos mesmos textos acima destacados, para então, de posse dos subsídios apropriados, reexpô-los no interior de uma comparação e de uma avaliação das críticas.[2]

---

2 Encontra-se também, a propósito do probabilismo carneadiano, como ocorria com o conceito de *eúlogon* de Arcesilau, interpretação "dialética", inaugurada e minuciosamente desenvolvida por P. Couissin, e que pode ser sucintamente formulada nos seguintes termos: "Carnéades toma emprestada a Crisipo a representação persuasiva, a fim de refutar o dogma estoico da infalibilidade do Sábio" ("The Stoicism of the New Academy", p. 46). Procurando mostrar, argumenta Couissin, que o sábio só não pode dispensar a persuasão, mas pode passar sem apreensão, e que portanto não mais é "sábio", Carnéades retoma e mobiliza distinções feitas pelos próprios

Como no caso dos argumentos dos acadêmicos contra a teoria estoica da representação apreensiva, também agora é um bom procedimento começar considerando as objeções expostas por Luculo, pois os equívocos que as fundamentam, às vezes sutis, servem a Cícero – e nos servirão aqui – de ponto de referência. Mais uma vez, tal procedimento nos permitirá afastar uma interpretação que, embora em princípio possível e até mesmo à primeira vista óbvia, não expressaria o verdadeiro sentido da doutrina.

Quando expunha a defesa antioquiana da apreensão, Luculo mencionava os que pretendem "que há algo provável e por assim

estoicos entre representações verdadeiras e falsas, de um lado, e persuasivas e não-persuasivas, de outro, com se pode observar nos textos que descrevem a doutrina estoica (AM VII, 241-48) (*Ibid.*). Parece-nos correto relacionar as distinções entre representações, tal como as faz Carnéades, às distinções estoicas. Mas, como já procuramos defender a propósito de Arcesilau, isso mostra apenas uma inegável e justificável recuperação terminológica e conceitual, que proporciona aos acadêmicos os instrumentos adequados para expressar uma posição *in propria persona*, dado que tal posição se vislumbra e clarifica em virtude da crítica dirigida a esse mesmo estoicismo. Essa hipótese de leitura permanecerá aqui sendo explorada e defendida. Observe-se de passagem que, desta vez, Couissin tem a seu lado um de seus críticos mais contundentes, A. M. Ioppolo, que considera que Carnéades, diferentemente de Arcesilau, não pretende sustentar nenhuma posição própria, mas conduzir ao absurdo a posição estoica (cf. *Opinione*..., pp. 192-3). Nossa recusa das interpretações "dialéticas" em geral não nos impede de, eventualmente, concordar com certas formulações por elas propostas, com por exemplo esta, da mesma Ioppolo: "Carnéades retoma a mesma estratégia de que se valera Crisipo contra Arcesilau. Muda, da posição de Arcesilau, aqueles aspectos que a crítica de Crisipo conseguira fazer emergir como mais frágeis, incorporando as críticas em sua doutrina; assume conceitos próprios da filosofia estoica, usando-os num significado oposto" (p. 193). Pelo que já vimos a propósito da sofisticação dos argumentos contra a apreensão e a representação apreensiva, e pelo que a seguir veremos a respeito do probabilismo, esse comentário nos parece bastante feliz, pois captura bem o espírito que anima o pensamento do filósofo, com a diferença de que tudo isso se faz, a nosso ver, *in propria persona*. O fato de ser possível endossar observações pontuais desse tipo de interpretação sem aceitar suas linhas gerais diz muito, a nosso ver, de suas limitações, como tentaremos sugerir no fim de nossa análise.

dizer semelhante ao verdadeiro (*probabile aliquid esse et quasi veri simile*)"; e acrescentava: "eles utilizam essa regra (*regula*) tanto na conduta da vida como na investigação e na discussão (*et in agenda vita et in querendo ac disserendo*)" (*Acad.* II, 32). Note-se já uma semelhança de intenção com o pirronismo: como o *phainómenon*, também o *probabile* visaria a proporcionar via não-dogmática de ação e de discurso. E observe-se sobretudo a associação desse termo à expressão *veri simile*, "semelhante ao verdadeiro", que terá papel importante no desenvolvimento da polêmica e que é introduzida por Cícero de forma um tanto matizada ("por assim dizer", *quasi*). A crítica que Luculo exporá está centrada no sentido dessa expressão, que parece realmente própria da doutrina, a julgar pelo vocabulário empregado por Cícero quando se serve do livro de Clitômaco, que às vezes relaciona a terminologia do *probabile* à do *veri simile* (*probabile, probabilia, probabilitas, similia veri*, II, 99; *ipsam veri similitudinem non impeditam sequi*, II, 107; *qui probabilia sequitur nulla re inpediente*, II, 108).[3]

Vejamos então como Luculo, em nome de Antíoco, partindo dos termos em que se expressa a defesa acadêmica da não-distinguibilidade das representações como verdadeiras e falsas, enuncia a crítica: "O que é esse cânon do verdadeiro e do falso, se não temos nenhuma noção do verdadeiro e do falso, pela razão de não poderem ser distinguíveis? Pois, se a temos, deve haver diferença entre o verdadeiro e o falso, assim como há entre o bom e o mau; se não há nenhuma, nenhum cânon há, e aquele que tem uma representação comum do verdadeiro e do falso não pode ter nenhum critério ou nenhuma

---

3 *Quasi* é palavra às vezes utilizada por Cícero, quando se trata de introduzir termo latino, como proposta de tradução de expressão grega. *Veri simile* pode, então, ser o modo como julga dever ser dito no vernáculo uma expressão originária de Carnéades. Como veremos, certa terminologia que esse filósofo parece ter utilizado se presta a semelhante tradução, que já indicaria então uma determinada compreensão de sua doutrina que tenderia a alguma forma de dogmatismo.

marca de verdade que seja (*Quae ista regula est veri et falsi, si notionem veri et falsi, propterea quod ea non possunt internosci, nullam habemus? Nam si habemus, interesse oportet ut inter rectum et pravum sic inter verum et falsum: si nihil interest, nulla regula est, nec potest is cui est visio veri falsique communis ullum habere iudicium aut ullam omnino veritatis notam)*" (II, 33).

A crítica é contundente e sua formulação impressiona, pois se expressa nos termos de um dilema: ou o acadêmico endossa um critério que permite distinguir o verdadeiro do falso, assim rendendo-se à posição estoica de Antíoco, ou renuncia a todo e qualquer critério de distinção. Quanto à alternativa pretendida pelo acadêmico, não se sustenta, pois, para evocar alguma forma de verossimilhança, necessita trazer de volta, como que pela porta dos fundos, a distinção entre o verdadeiro e o falso. Ora, não havendo como discernir o verdadeiro do falso, o que poderia ser esse *veri simile*? Então, se existir tal modo de discernimento, teremos apreensão e não haverá por que propor outro critério. E, se não existir, não haverá também nenhum outro possível – ao menos, nenhum que proponha algo relativo ao verdadeiro, ainda que por simples "semelhança". O argumento se fundamenta no razoável pressuposto de que qualquer forma de verossimilhança suporia *por definição* que estivéssemos de posse de um critério seguro de distinção entre o verdadeiro e o falso, para então poder usá-los como pontos de referência na detecção de presença ou ausência de tal semelhança. E aí se localiza o dilema: "Por isso, se tu apresentas ou representação provável, ou provável que não é impedida, como queria Carnéades, ou alguma outra coisa que seguirás, terás de retornar àquela representação com que lidamos. Mas se nela há comunidade com a falsa, não haverá nenhum critério, porque o específico não pode ser designado por um sinal comum; mas se nada comum houver, eu terei o que quero, pois procuro aquilo que me apareça de tal modo verdadeiro, que não possa da mesma forma

aparecer falso (*Quam ob rem sive tu probabilem visionem sive probabilem et quae non impediatur, ut Carneades volebat, sive aliud quid proferes quod sequare, ad visum illud de quo agimus tibi erit revertendum. In eo autem, si erit communitas cum falso, nullum erit iudicium, quia proprium communi signo notari non potest; sin autem commune nihil erit, habeo quod volo, id enim quaero quod ita mihi videatur verum ut non possit item falsum videri*)" (*Acad.* II, 33-4). Se o argumento de Antíoco estiver construído sobre bases sólidas, se realmente estiver certo em sua compreensão da noção de verossimilhança, então provavelmente não haverá saída para o "probabilismo".

É preciso, então, dirigir o olhar para a exposição que Cícero faz da doutrina, exposição que, chancelada pela autoridade de sua fonte, Clitômaco – cujo tratado sobre a suspensão de juízo (*de sustinendis adsensionibus*), em seu primeiro livro, Cícero utiliza –, esclarecerá os equívocos que fundamentavam aquela crítica e a afastará. Assim, diz Cícero, "tão logo tenha sido explicada a posição completa de Carnéades, tudo isso de Antíoco se esvai" (*Acad.* II, 98).[4]

A exposição se inicia com algumas informações que já permitem detectar que, novamente, as dificuldades levantadas contra os acadêmicos resultam de um mal-entendido a respeito do correto significado dos conceitos envolvidos: "Carnéades sustenta que há dois gêneros de representações; em um, esta é a divisão, há umas

---

4 Dificilmente haverá, sobre o pensamento de Carnéades, documento mais digno de crédito do que os numerosos tratados de Clitômaco, infelizmente perdidos, que esse cartaginês "perspicaz, aplicado e diligente" (*acutus... studiosus ac diligens*) elaborou sobretudo para registrar aquilo que seu mestre desenvolvera apenas oralmente. Ao utilizar o mencionado livro de Clitômaco, pode Cícero então afastar de seu relato a suspeita de que pudesse aí dizer algo por ele mesmo forjado (*fingi*) (II, 98). A nosso ver, este trecho dos *Academica*, provavelmente muito próximo de ser um fragmento do tratado de Clitômaco, é, como veremos, garantia também de que se pode separar uma posição originariamente cética de Carnéades, do desenvolvimento dogmatizante que deve ter recebido de alguns de seus seguidores.

representações que podem ser apreendidas e outras representações que não podem ser apreendidas; mas, no outro, umas representações são prováveis e outras não-prováveis; e que, assim, o que é dito contra os sentidos e a evidência diz respeito à primeira divisão, e que, contra a segunda, nada se deve dizer. Eis por que sustentava que nenhuma representação é tal que se siga apreensão, mas que muitas são tais que se siga probabilidade (*Duo placet esse Carneadi genera visorum, in uno hanc divisionem, alia visa esse quae percipi possint, alia quae percipi non possint, in altero autem alia visa esse probabilia, alia non probabilia; itaque quae contra sensus contraque perspicuitatem dicantur ea pertinere ad superiorum divisionem, contra posteriorem nihil dici oportere; quare ita placere, tale visum nullum esse ut perceptio consequeretur, ut autem probatio multa)*" (*Acad.* II, 99).[5]

Além de reiterar a denúncia do quanto há de infundado nas pretensões dogmáticas de evidência para as representações, a passagem reivindica um modo de preservar dessa crítica a probabilidade, *probatio*, que permanece possível, visto que tal crítica – o que se diz "contra os sentidos (*contra sensus*) e a evidência (*perspicuitatem*)" – não incide sobre ela. Ora, em princípio, os termos em que se faz a distinção poderão talvez levar a concluir que os "dois gêneros de representações" (*Duo...genera visorum*) resultariam de uma divisão da totalidade das representações em *dois tipos que mutuamente se excluem*. Nesse caso, haveria, de um lado, as representações que seriam ou verdadeiras ou falsas; e, de outro, as representações que seriam ou prováveis ou não-prováveis. Note-se que, se assim for, a crítica de Antíoco estará robustecida, pois será preciso reconhecer que as representações

---

5 É importante desde já observar que "probabilidade" e "provável", aqui, expressam a ideia presente no verbo *probare*: "aceitar", "aprovar"; Cícero utiliza o adjetivo *probabile* para traduzir o termo grego πιθανόν, que significa "persuasivo". Fazer referência a representações "prováveis", portanto, significa aludir à sua capacidade de persuadir, de se fazer aceitar e aprovar. Não se deve pensar no sentido estatístico de "probabilidade".

prováveis ou não-prováveis, sendo numericamente distintas das verdadeiras ou falsas, deverão ser aquelas que por assim dizer se localizem numa região intermediária, no meio do caminho que separa as verdadeiras das falsas. Desse ponto de vista, uma representação provável possuiria mesmo certo "grau" de verdade que mais ou menos a aproxima de ser verdadeira, embora sem poder sê-lo plenamente, mas tornando-a mais ou menos provável. Nesse caso, falar de verossimilhança significaria aludir a uma propriedade que certas representações possuem em virtude de estarem relacionadas com outras, delas então dependendo para seu discernimento. E, então, realmente só poderíamos saber se uma representação é "verossímil", "semelhante ao verdadeiro", *simile veri*, se pudéssemos compará-la com seu assemelhado, com o verdadeiro, o que acionaria a objeção, pois para isso seria preciso conhecê-lo de antemão. Interpretação tanto mais tentadora quanto também se pode imaginá-la para a subsequente formulação da diferença entre os dois gêneros de representações, também passível de compreensão ambígua: "E assim, muitas (representações) devem ser aceitas pelos sentidos, apenas se mantenha que nada nelas está contido, tal que não possa ser também falso, em nada disso diferindo (*itaque et sensibus probanda multa sunt, teneatur modo illud, non inesse in iis quicquam tale qual non etiam falsum nihil ab eo differens esse possit*)" (*Ibid.*).

Parece-nos que a questão é mais complexa, mais sofisticada do que pode parecer à primeira vista. Uma passagem em que Cícero afirma estar retomando mais uma vez Clitômaco, agora para relatar de que modo este expressava a mesma posição de Carnéades, é esclarecedora: "Os acadêmicos sustentam haver, entre as coisas, dessemelhanças de um modo tal que algumas delas aparecem prováveis e outras, o contrário; mas que isso não é suficiente para que digas que algumas coisas podem ser apreendidas e outras não podem, porque muitas coisas falsas são prováveis mas nada falso pode ser apreendido

e conhecido (*Academicis placere esse rerum eius modi dissimilitudines ut aliae probabiles videantur, aliae contra; id autem non esse satis cur alia posse percipi dicas, alia non posse, propterea quod multa falsa probabilia sint, nihil autem falsi perceptum et cognitum possit esse*)" (*Acad*. II, 103).

A passagem é curiosa e um tanto delicada, pois afirma que a diferença entre as representações prováveis e não-prováveis decorre de uma diferença das coisas (*esse rerum...dissimilitudines*). Mas, antes de tratar dessa afirmação, observemos o importante comentário de que *o falso poder ser provável*, pois ele não se encaixa bem na interpretação acima, sugerindo muito mais, com a "mistura" que faz entre aqueles dois gêneros ao relacionar falso e provável, que temos aí *duas formas distintas* de interpretar *o mesmo conteúdo*. Parece-nos que esse é o sentido correto para a interpretação do texto anterior sobre Carnéades. E Clitômaco considera que permanece aí vigorando a não-distinguibilidade do verdadeiro e do falso, pois a probabilidade não infringe a crítica à apreensibilidade: "Assim, (Clitômaco) disse que erram redondamente os que dizem que os sentidos são suprimidos pela Academia, visto que pelos acadêmicos nunca foi dito que cor, gosto ou som nada são, sua posição era que essas representações não contêm uma marca de verdade e certeza própria, que não é encontrada em nenhuma outra parte (*Itaque ait vehementer errare eos qui dicant ab Academia sensus eripi, a quibus numquam dictum sit aut colorem aut saporem aut sonum nullum esse, illud sit disputatum, non inesse in iis propriam quae nusquam alibi esset veri et certi notam*)" (*Ibid.*).

O fim da descrição da posição própria de Clitômaco nos parece corroborar a tese de que a distinção entre os dois gêneros de representações não recorta e reserva dados que assim se excluiriam reciprocamente: "Se não obtemos vossa aprovação para essas doutrinas, que sejam de fato falsas; certamente não são detestáveis, pois não retiramos a luz, mas as coisas que vós (dizeis) ser percebidas e apreendidas, essas mesmas coisas, se é que são prováveis, dizemos que aparecem (*Haec si vobis non probamus, sint falsa sane, invidiosa certe non sunt, non enim lucem eripimus, sed ea quae vos percipi comprehendique, eadem nos, si modo probabilia sint, videri dicimus*)" (*Acad.* II, 105). O texto agora fala por si: trata-se, nos dois gêneros, de fazer referência ao *mesmo*, às *mesmas coisas* (*eadem*). Fazer tal distinção de dois tipos de representações não é, portanto, separar *conteúdos*. Isso permite levantar a hipótese de que se trate aí, na verdade, de uma diferença de *forma*, ou, para dizer melhor, de *ponto de vista*. As mesmas representações, então, poderão ser, de um certo ponto de vista, verdadeiras ou falsas; e, ao mesmo tempo, de outro ponto de vista, prováveis ou não-prováveis. Se assim for, o probabilismo poderá arrogar-se um meio de, como critério de conduta, potencialmente recuperar toda e qualquer representação para esse fim, desde que registrada nessa nova e não-dogmática escala, desde que enfocada por esse outro prisma.

Além disso, note-se a presença da sintomática terminologia do *aparecer* (*videri*), que serve agora para comentar a probabilidade: diremos que os *probabilia* "aparecem", querendo com isso expressar tal probabilidade como ausência de apreensão. Temos aqui um possível desdobramento do conceito, que lhe confere extensão importante: talvez tudo o que se diga sobre o próprio probabilismo, a descrição teórica mesma do que nele se apresenta, seja, então, também um "aparecer", inclusive aquela afirmação de dessemelhança das coisas, que agora constatamos, a partir desse novo enfoque que instaura o *probabile*, "aparecendo" dessemelhantes e, por isso mesmo, "aparecendo" possuir dessemelhanças que justificariam tais diferenças de manifestação. E será talvez o próprio discurso que explica o probabilismo apenas também expressão de representações prováveis, que então permitiriam ao acadêmico eximir também seu discurso de dogmatismo, como parece mesmo ter sido a intenção dos acadêmicos, a julgar pelo que, como vimos, dizia o próprio Luculo, que lhes atribuía usar o *probabile* "na conduta da vida e na investigação e discussão (*in quarendo ac disserendo*)" (*Acad*. II, 32). Se assim é, as "representações prováveis" de que se serve o "sábio" em suspensão de juízo permitem-lhe também comentar adequadamente o próprio discurso que dirige criticamente ao adversário dogmático, de modo a esvaziá-lo de função apreensiva e inocentar a si mesmo da acusação de, ao dizer seus argumentos, ter de admitir a apreensão segura de algo.[6]

6 Não vamos aqui desenvolver o tópico, mas isso nos parece importante também para matizar o problema da possível aceitação por Carnéades da ideia de que o sábio às vezes opina. Como se sabe, esse é um dos mais obscuros tópicos relativos ao pensamento do filósofo, que parece ter dado margem a interpretações distintas por seus seguidores e comentadores. Uma delas, a "dialética", defendida, como se sabe, por Couissin e, neste caso, também por Ioppolo, sustenta que a "tese" de que o sábio às vezes opina é, nas palavras desta, afirmada "claramente por exigências dialéticas na polêmica antiestoica" (*Opinione...*, p. 64, n. 115), como norte da crítica veiculada pelo probabilismo: "O máximo que se pode obter, sendo homem, é buscar elevar as condições de certeza subjetiva, necessárias para esseguir que a própria ação alcance o objetivo. Assim, o sábio estoico é condenado à opinião" (*Op. cit.*, p. 15). Para Couissin, "a tese de que 'o Sábio terá opiniões' é, assim, derivada de definições estoicas, e os estoicos são encurralados nessa conclusão, que de fato é contrária à doutrina que eles constantemente repetiram. Conforme suas necessidades de discussão, Carnéades recorreu às vezes à *epokhé*, às vezes à *dóxa*, não deixando a seus oponentes meios para escapar do dilema. Pois é patentemente absurdo que o Sábio tenha opiniões" ("The Stoicism...", p. 46). Neste caso, a interpretação "dialética" soa tentadora, pois presta o serviço de esvaziar de dogmatismo uma afirmação que incomoda a qualquer leitura cética do filósofo. Mas não se pode aceitá-la de todo, pois não nos parece que se possa ver na *epokhé*, para Carnéades, apenas uma alternativa dialética. Contudo, talvez exista outra possibilidade de leitura, ao mesmo tempo não-dogmática e não-dialética, que se sugere exatamente na alusão de Cícero ao *probabile* como operador na investigação e na discussão. Talvez se possa atribuir a Carnéades a afirmação de que o sábio opina, como um recurso dialético, crítico, em relação ao estoicismo, sem assumir que tudo o que o filósofo diz é *contra stoicos* e sem incorrer em dogmatismo, se se compreende, como aqui, que seu discurso de oposição de argumentos se pode esvaziar de intenções assertivas fortes, desde que veículo apenas de representações prováveis. Noutras palavras, se o *probabile*, de maneira análoga ao *phainómenon* no pirronismo, puder ser utilizado como operador discursivo que autoriza a um uso do discurso isento de dogma, pode-se explicar a tão discutida afirmação

É verdade que esse vocabulário às vezes é sugestivo de significações dogmáticas, e isso provavelmente está na origem da guinada que a doutrina do probabilismo mais tarde sofrerá. Mas não se deve esquecer que se trata sempre de expressar um "aparecer", e que, com isso, Carnéades e Clitômaco julgam encontrar um solo seguro sobre o qual erigir, sem dogmas, as regras de conduta. Em virtude de tudo isso, parece-nos que cabe então ao intérprete privilegiar e tentar seguir a hipótese de leitura que permitiria justificar essa pretensão, oferecendo, para tanto, uma explicação para o probabilismo que o exima do fardo dogmático da necessidade de apreensão.

E tal desafio se impõe rápido no texto de Cícero sobre Carnéades, pois encontramos aí a ideia de que o "sábio" segue não somente o que lhe "aparece provável", algo que já não mais nos deve surpreender, mas também aquilo que lhe *aparece verdadeiro*: "Assim, o que quer que ocorra com aspecto provável, se nada se oferecer que seja contrário a essa probabilidade, o sábio usará e assim todo o seu plano de vida será governado. De fato, mesmo aquele que por vós é introduzido como sábio segue muitas coisas prováveis não apreendidas, percebidas nem assentidas, mas verossímeis; se não as aprovasse, toda a vida seria suprimida. Pois o quê? Subindo o sábio num navio, possui apreendido na alma e percebido que ele navegará conforme seu desejo? Como pode? Mas se agora partisse daqui a Puteoli, a trinta estádios, com um bom navio, um bom piloto e nesta tranquilidade, apareceria a ele provável que chegaria lá a salvo. Portanto, por representações desse tipo tomará decisões de ação e de inação, e estará mais pronto a aceitar que a neve é branca do que estava Anaxágoras (que, não somente negava que isso fosse assim, mas também que, a ele, a neve até mesmo aparecia ser ela própria branca, porque sabia

---

como um exigência dialética perfeitamente compatível com o probabilismo como doutrina *in propria persona*. Julgamos que as análises que seguem poderão lançar alguma luz sobre essa possibilidade de interpretação.

que a água, de onde foi condensada, era negra); e seja o que for que entre em contato com ele de um modo tal, que a representação seja provável e por nada impedida, ele será movido. Pois não é esculpido da rocha ou talhado no carvalho; tem corpo, tem alma, é movido pelo intelecto, é movido pelos sentidos, de modo que muitas coisas lhe aparecem ser verdadeiras e não ter, contudo, aquela distinta e própria marca de apreensão; e por isso o sábio não assente, porque algo falso pode surgir do mesmo modo como algo verdadeiro (*Sic quidquid acciderit specie probabile, si nihil se offeret quod sit probabilitati illi contrarium, utetur eo sapiens, ac sic omnis ratio vitae gubernabitur. Etenim is quoque qui a vobis sapiens inducitur multa sequitur probabilia, non comprehensa neque percepta neque adsensa sed similia veri; quae nisi probet, omnis vita tollatur. Quid enim? coscendens navem sapiens num comprehensum animo habet atque perceptum se ex sententia navigaturum? qui potest? Sed si iam ex hoc loco proficiscatur Puteolos stadia triginta probo navigio, bono gubernatore, hac tranquilitate, probabile ei videatur se illuc venturum esse salvum. Huius modi igitur visis consilia capiet et agendi et non agendi, faciliorque erit ut albam esse nivem probet quam erat Anaxagoras (qui id non modo ita esse negabat sed sibi, quia sciret aquam nigram esse unde illa concreta esset, albam ipsam esse ne videri quidem); et quaecumque res eum sic attinget ut sit visum illud probabile neque ulla re impeditum, movebitur. Non enim est e saxo e robore dolatus; habet corpus, habet animum, movetur mente, movetur sensibus, ut esse ei vera multa videantur, neque tamen habere insignem illam et propriam percipiendi notam, eoque sapientem non adsentiri, quia possit eiusdem modi exsistere falsum aliquod cuius modi hoc verum*)" (*Acad.* II, 99-101).

Este trecho é rico e exibe algumas características importantes da doutrina. Por exemplo, percebe-se, na descrição do caso do sábio que sobe num navio e se convence, levando em conta as circunstâncias presentes, de que viajará com segurança, que se aplica o expediente de remover os obstáculos à probabilidade da representação. Haverá, assim, uma "verossimilhança não impedida" (*veri similitudinem non impeditam*) (*Acad.* II, 107) a ser seguida, uma "probabilidade quando nada impede" (*probabilia...nulla re impediente*) (*Acad.* II, 108). E o próprio "sábio" estoico se conduz, muitas vezes, pelo provável. Ora, se lembramos que a ideia de remover os obstáculos à representação é, como vimos, proposta já pelo próprio estoicismo, pode-se extrair a conclusão de que o probabilismo carneadiano se concebe como uma retomada desprovida de pretensões de apreensibilidade de características da teoria estoica da representação. Se o próprio sábio estoico age seguindo os *probabilia*, é porque, embora não se dê conta, o que realmente opera no mecanismo de suas ações dispensa a apreensão. Tal possível estratégia de recuperar do estoicismo aquilo que uma posição não-dogmática pode ainda incorporar se funda, a nosso ver, nos resultados obtidos com a crítica à noção de representação apreensiva. A "representação provável" dos acadêmicos – conceito também originalmente estoico – retomará, agora com intenções construtivas, esses resultados.

A passagem mostra também que o probabilismo proporciona um uso da linguagem em conformidade com a pretensão de recuperar os dados por um prisma não-dogmático. Poderemos, como todos, dizer que a neve é branca, mas o faremos doravante porque temos disso uma representação provável. A estratégia da defesa do probabilismo, em suma, é mostrar que nada se perde, se seguimos os *probabilia* – exceto aquilo que é dispensável para a vida: a apreensão e o assentimento, que passam a ser vistos como acréscimos teóricos e filosóficos ao dado como tal, acréscimos que não mais devemos confundir com ele. Assim, diz Cícero a Luculo, "este sábio de quem falo contemplará o céu, a terra e o mar com os mesmos olhos com que o faz esse seu, sentirá com os mesmos sentidos o restante das coisas que caem sob cada um deles (*Iisdem enim hic sapiens de quo loquor oculis quibus iste vester caelum, terram, mare intuebitur, iisdem sensibus reliqua quae sub quemque sensum cadunt sentiet)*" (*Acad.* II, 105). Recuperam-se também o uso da memória, que não exige apreensão (II, 106), como queria Luculo, e as técnicas, ao menos aquelas que "seguem o que aparece (*id quod videtur sequuntur*)" (II, 107).[7]

Enfim, a defesa do probabilismo no segundo livro dos *Academica* de Cícero, decerto o documento mais seguro e historicamente fiel sobre o tema a nós disponível, deixa-nos, contudo, com uma associação de termos que exige explicação. "Aparecer provável", "aparecer verossímil", "aparecer verdadeiro": como se relacionam essas expressões? Como a probabilidade permitiria conferir algum sentido para a ideia de "verdade", sem recair no dilema de Antíoco? Como o modificador "aparece..." opera nessa acepção? Acima de tudo, qual será esse *novo ponto de vista* que permitiria reler não-dogmaticamente as representações e comentá-las à luz de toda essa terminologia?

---

7 A argumentação de Cícero no caso da memória em muito lembra o que encontramos nas *Hipotiposes* a propósito da "concepção mental" (*nóesis*). Se não pudéssemos recordar de representações sem tê-las antes apreendido, pondera Cícero, teríamos o absurdo de não poder lembrar dos dogmas de Epicuro. Mas, se de fato nos lembramos e isso implica apreensão, deveremos admitir algo que o estoico julga inadmissível: a verdade do epicurismo. Sua alternativa é reconhecer que recordação não exige apreensão. Similar é o que encontramos em Sexto Empírico: se a investigação cética de uma doutrina exigisse sua apreensão, o próprio dogmatismo estaria proibido de criticar um dogmatismo adversário, sob pena de reconhecer-lhe a veracidade (HP II, 4-6). Isso posto, o pirrônico afirma: "Pois, eu julgo, o cético não é proibido de uma concepção (νοήσεως) que, a partir dos fenômenos (ἀ πό|τῶν|φαινομένων) que, com evidência, ocorrem passivamente, surge pelo próprio intelecto e absolutamente não introduz a realidade do que é concebido" (HP II, 10). E Cícero alude também a algo que no pirronismo terá tratamento mais desenvolvido: a ideia de que são possíveis técnicas (τέ χναι) que lidam apenas com os *phainómena*. Ao que parece, são possíveis também "artes" (*artes*, 107). Eis aí pontos de contato importantes entre o πιθανόν, o *probabile* acadêmico, e o *phainómenon* pirrônico, sobre ao quais falaremos um pouco mais pormenorizadamente.

Parece-nos que tudo isso só se esclarece com uma leitura atenta da exposição que faz Sexto Empírico, no primeiro livro *Contra os Lógicos* (AM VII, 159-89), da filosofia de Carnéades.

7. AM VII, 159-89

Anunciemos, desde já, aonde se pretende chegar: o referido texto de Sexto Empírico, ao preencher certas lacunas deixadas pelo texto de Cícero, parece-nos proporcionar os elementos para uma explicação acabada do probabilismo de Carnéades, inclusive para que tal probabilismo possa ser compreendido como um aperfeiçoamento da posição cética elaborada a partir de Arcesilau, tanto de sua crítica do estoicismo, como de sua elaboração da noção de *eúlogon*. Por esse texto, aqui abordado sempre à luz de *Acad.* II, 99-111 e como um seu complemento, poderemos perceber em que sentido o conceito de representação provável, como critério de ação e como operador discursivo, permanece respeitando as linhas de força da posição suspensiva proposta por Arcesilau, ao mesmo tempo permitindo à filosofia da chamada nova Academia um desdobramento positivo e assim justificando a afirmação de Cícero, no segundo livro dos *Academica*, já nossa conhecida, de que Carnéades prolonga ou aperfeiçoa a posição de Arcesilau (II, 16). Ao mesmo tempo, o texto de Sexto fornece também os subsídios para que se trace uma linha de continuidade entre a crítica à representação apreensiva dos estoicos e a noção de representação provável, pois mostra como este conceito se beneficia substancialmente do desenvolvimento daquela concepção de subjetividade que, como vimos, norteava a crítica à noção estoica, propondo agora uma alternativa a tal noção que se fundaria na dimensão puramente subjetiva da representação. Seria então com o probabilismo carneadiano que essa ideia de subjetividade encontraria, entre os acadêmicos, sua expressão plena e consciente, se é verdade, como aqui se pretendeu, que coube a esse filósofo dar ao argumento que explora os casos de sonho, alucinação e embriaguez o sentido acima descrito. Buscar-se-á aqui mostrar também de que modo e em que medida se apresenta e opera, no probabilismo carneadiano, isso que acabamos por chamar, em alguns momentos de nosso itinerário, de subjetividade.

O que já nos parece apontar para tal linha de continuidade é a maneira como o probabilismo se vê introduzido na exposição de Sexto; mais precisamente, o fato de sua descrição ser precedida de uma rápida, mas importante, notícia sobre a crítica ao conceito estoico de representação, crítica que é, por sua vez, expressamente tributária, como veremos, das objeções de Arcesilau ao estoicismo. Nesse sentido, a linha de continuidade entre a crítica ao estoicismo e o probabilismo é, ao mesmo tempo, aquela que liga Arcesilau a Carnéades: se o probabilismo do discípulo emerge como uma consequencia da crítica ao dogmatismo estoico, para a qual, como vimos, ele parece ter dado contribuição decisiva, permanece sendo um refinamento daquilo que o mestre havia proposto.

Como acontecia em Cícero, até mesmo pela característica da terminologia, também na descrição de Sexto o probabilismo pode parecer significar, em alguns momentos, uma forma de dogmatismo, pois, como veremos, igualmente nele atua o vocabulário do verdadeiro e do falso. O procedimento aqui, portanto, será ler essas páginas de AM VII recorrendo, quando necessário, aos *Academica*, para tentar mostrar que se pode recortar daquele texto de Sexto Empírico uma doutrina não-dogmática da representação provável. Evidentemente, isso não invalida o fato de que essa doutrina deve ter dado margem a um desdobramento que ultrapassaria os limites prescritos e respeitados pela proposta primitiva de Carnéades, pois, segundo Sexto, a representação provável é "critério de verdade segundo os partidários de Carnéades (κριτήριόν ἐστι τῆς ἀληθείας κατὰ τοὺς περὶ τὸν

Καρνεάδην)" (173). Este tipo de expressão, conforme um uso frequente em textos antigos, pode incluir ou não o próprio Carnéades e, por isso, não resolveria por si só o problema de saber se nosso filósofo viu em seu conceito de representação provável um critério de verdade. Contudo, o que até aqui vimos a esse respeito, principalmente a julgar pelas informações fornecidas por Clitômaco, permite concluir que ele se pretendeu defensor da suspensão de juízo – lembremos que, segundo esse discípulo, Carnéades se dedicou incansavelmente à tarefa de "extrair de nossas almas o assentimento, isto é, a opinião e a precipitação" (*Acad.* II, 108). Assim, nossa análise tentará mostrar, recorrendo eventualmente aos *Academica*, onde o probabilismo é dito permitir um modo de proceder e legitimar o uso do discurso, que o próprio Carnéades não deve ser aí incluído e que pretende fornecer critério não-dogmático de ação, seguindo e desenvolvendo a posição defendida por Arcesilau – o sábio deve suspender o juízo –, assim como seus argumentos críticos. Pode-se, assim, desde já recordar que nosso filósofo nunca pretendeu que a distinção entre representações prováveis e não-prováveis permitisse ignorar sua não-distinguibilidade como verdadeiras ou falsas (cf. *Acad.* II, 99 e 102).[8]

---

8 A mesma expressão: "os partidários de Carnéades" (οἱ περὶ τὸν Καρνεάδην) aparecia na passagem de Sexto, também no primeiro livro *Contra os Lógicos* (AM VII, 402), em que vimos a utilização dos casos de sonho e alucinação para a crítica à representação apreensiva, o que nos permitiu concluir por uma autoria carneadiana para o argumento, tal como se desdobrava nos *Academica*. Como dissemos, é sempre conjectural a decisão sobre quem incluir sob semelhante designação. No entanto, parece-nos que o texto que a seguir tentaremos analisar, ao mesmo tempo em que visa a mostrar uma linha de continuidade, distingue claramente a parte crítica da filosofia de Carnéades de sua doutrina do probabilismo, e introduz a menção a seus seguidores somente a propósito desta última, o que permite concluir que esses seguidores devem apenas ter retomado aquele argumento, movidos pelo intuito de construir sua interpretação própria da filosofia do mestre, sem poderem, contudo, ser considerados responsáveis por sua formulação. Desse modo, nossa hipótese aqui é a de que a expressão, quando utilizada para falar da representação provável como critério de verdade, não inclui

O texto de Sexto sobre Carnéades contém, inicialmente, uma exposição dos argumentos críticos contra o dogmatismo (159-165); a seguir, apresenta a doutrina da representação provável (166-175) e seus desdobramentos em "irreversível" e "testada" (176-189).

O critério proposto por Carnéades "para a conduta da vida e a obtenção da felicidade" (166) é denominado "representação que aparece verdadeira" (ἡ φαινομένη ἀληθὴς φαντασία), a qual "os acadêmicos denominavam também provável (πιθανήν)" (174).[9] Em primeiro lugar, parece-nos possível e muito importante mostrar que a caracterização da noção de representação provável, πιθανὴ φαντασία, nos termos de uma representação "aparecendo verdadeira", φαινομένη ἀληθής – vocabulário, não custa lembrar, que nos transporta de volta aos *Academica* –, seria resultado da crítica ao dogmatismo, como, por assim dizer, um seu "resíduo". Vejamos como isso poderia ser mostrado.

Em 161, ao se descreverem os elementos presentes na doutrina dogmática (estoica) da representação, esta é definida como uma afecção (πάθος) que se produz com o impacto das "coisa evidentes" (τῶν ἐναργῶν), afecção que, assim, "deve ser indicativa de si própria e do *phainómenon* que a produziu (τοῦτο δὲ πάθος αὐτοῦ ἐνδεικτικὸν ὀφείλει τυγχάνει καὶ τοῦ ἐμποιήσαντος αὐτὸ φαινομένου)". Pelo que sabemos da filosofia estoica, referir-se à representação como *páthos* não é senão retomar uma definição a que o próprio estoicismo havia chegado, como resultado de algumas reformulações e aperfeiçoamentos (cf. HP II, 70-1; AM VII, 227, 239). Quanto ao termo *phainómenon*, aqui, remetendo à origem da afecção, à sua causa, parece ser utilizado para denotar o próprio objeto. Não se discerne, nesse emprego, entre o aparecer desses objetos e eles mesmos,

---

Carnéades; mas, quando utilizada a propósito do argumento dos sonhos, alucinação e embriaguez, deve incluí-lo.

9 Em 169, diz-se também "probabilidade", πιθανότης, e uma expressão a ser retomada: ἔμφασις.

pois tal aparecer é signo de evidência – daí também dizer-se, dessas coisas, que são as coisas evidentes. Conforme o otimismo epistemológico típico do dogmatismo estoico, o que "aparece" indubitavelmente exibe o "objeto externo" (τῶν ἐκτός, 160), é sua própria presença em nós; e aquele *páthos* é, pois, *phantasía*, é representação, que, assim como a luz, que se mostra e com ela tudo que nela se encontra, "deve exibir (ἐμφανίζειν) a si mesma e ser indicativa da coisa evidente (τοῦ|ἐναργοῦς) que a produziu" (163). "Fenômeno", portanto, é aqui sinônimo de "coisa evidente" – é, numa palavra, o próprio objeto em sua manifestação. A maneira como o estoicismo utiliza a expressão *phainómenon* é, assim, coerente consequência dos fundamentos da doutrina. Carnéades bem o sabe, e encontra nisso seu ponto de partida.

Este uso realista, ontologicamente forte e, talvez, até mesmo em consonância com um sentido pré-filosófico do termo, ocorre também em Sexto Empírico, sempre com o objetivo de descrever posições filosóficas dogmáticas – *v. g.*, HP I, 49: "(é natural que a representação seja) tal como de cada coisa faz impressão a visão que recebe o que aparece (ἡ δεχομένη τὸ φαινόμενον ὄψις)"; HP III, 152: "(os pitagóricos) dizem, com efeito, que os fenômenos (τὰ φαινόμενα) são constituídos a partir de algo..."; AM VIII, 142: "pois, este (o critério) tendo sido mostrado inseguro, torna-se impossível também afirmar sobre os fenômenos que são por natureza tais como aparecem (περὶ τῶν φαινομένων|ὅτι τοιαῦτά ἐστι πρὸς τὴν φύσιν ὁποῖα φαίνεται)"; AM X, 300: "(os pitagóricos) concebem que também o número é algo sensível e objeto que aparece (φαινόμενον πρᾶγμα)". Em todos esses casos, dizer *phainómenon* também parece ser uma forma de dizer o próprio objeto, sem que seja preciso, porque não se vê aí um problema, distinguir entre a coisa mesma e sua manifestação.

A crítica – até 165 – evidentemente buscará, nesse contexto, mostrar o infundado de um conceito de representação como critério de verdade. Para tanto, estabelece aquilo mesmo que Arcesilau propusera a Zenão e começara a desenvolver em vários argumentos, essencialmente retomando seu procedimento argumentativo geral: "Novamente, então, visto que nenhuma representação é verdadeira, tal que não poderia vir a ser falsa, mas que se constata haver uma falsa que se assemelha a toda (representação) que parece verdadeira, o critério surgirá numa representação comum, tanto do verdadeiro, como do falso. Mas a representação comum desses não é apreensiva e, não sendo apreensiva, também não será critério (πάλιν οὖν ἐ πεὶ οὐδεμία ἐστὶν ἀληθὴς τοιαύτη οἵα οὐκ ἂν γένοιτο ψευδής, ἀ λλὰ πάσῃ τῇ δοκούσῃ ἀληθεῖ καθεστάναι εὑρίσκεταί τις ἀπαρά λλακτος ψευδής, γενήσεται τὸ κριτήριον ἐν κοινῇ φαντασίᾳ τοῦ τε ἀληθοῦς καὶ ψεύδους. ἡ δὲ κοινὴ τούτων φαντασία οὐκ ἔστι κα ταληπτική, μὴ οὖσα δὲ καταληπτικὴ οὐδὲ κριτήριον ἔσται) (164). Não há dúvida de que, embora não se apresente aí um conjunto de argumentos para defender essa posição, como ocorria nos *Academica*, retoma-se aí a estratégia mesma de toda a argumentação que a partir de Arcesilau se contrapunha à teoria zenoniana da representação apreensiva e seus desdobramentos, estratégia que expressa o sentido de toda a argumentação: uma semelhança qualquer entre representações verdadeiras e falsas inviabiliza toda representação como um critério indiscutível de apreensão, porque a destitui de sua pretensa função apreensiva.[10] No entanto, a formulação do argumento emprega a terminologia típica desse debate de uma forma que nos parece muito significativa, pois aponta para uma característica importante do probabilismo e de seu surgimento. Note-se que neste momento, eminentemente crítico, a contestação da capacidade apreensiva das

---

10 Essa estratégia, Sexto Empírico acabara de expô-la, quando se referia a Arcesilau (AM VII, 154-7).

representações faz com que seu "aparecer", que na simples descrição anterior e preparatória da doutrina realista permitia identificá-lo ao próprio objeto ou, ao menos, descurar da diferença entre esse objeto e sua manifestação, seja agora expresso também numa terminologia crítica: a semelhança que se constata é de uma representação falsa "com toda (representação) que parece verdadeira (πάση τῇ δοκού ση ὀληθεῖ)". Referindo-se agora ao "aparecer" da representação e, portanto, do próprio objeto, não mais no contexto neutro de uma descrição, mas agora num contexto crítico, o texto não emprega o vocabulário do *phainómenon*, do "aparecer", nesse sentido mais imediatamente compreensível em que se diz que algo se "manifesta", se "mostra", se "exibe". Literalmente, agora, fala-se da representação que *parece* verdadeira, mediante o emprego de um verbo mais adequado para isso e que, em virtude de uma função semântica eminentemente negativa que a tradição filosófica lhe impôs, não deixe margem para dúvida: *dokeîn*. Com este verbo, diferentemente de *phaínesthai*, cognato de *phainómenon*, trata-se sempre de expressar uma *opinião*, um *juízo* que se emite sobre algo, não sua simples "aparição". A passagem acima poderia também ser corretamente traduzida por: "...com toda (representação) que é julgada verdadeira". O contexto crítico mesmo e o resultado da análise – há sempre uma representação do falso semelhante a uma do verdadeiro – impõem que se fale agora da "verdade da representação", de seu poder de apreensão, como *apenas uma opinião*, uma *dóxa*. E na própria enunciação da descoberta daquela semelhança entre representações que, segundo o realismo especular dos estoicos, nunca poderiam assemelhar-se, já se opera a substituição dos termos, como que corrigindo um uso impreciso, pois se sabe agora que "representação apreensiva" é expressão que habita o domínio da especulação filosófica, daquela opinião que os acadêmicos associam à precipitação e que Carnéades, seguindo

Arcesilau, terá utilizado, a julgar pelo comentário de Clitômaco referido por Cícero, para referir-se ao assentimento.

Por que isso é importante aqui? Porque aponta para uma possível *preservação* do termo *phainómenon*, proveitosa quando se propuser um critério positivo e não-dogmático de ação. A doutrina dogmática do realismo especular defende, em suma, que a coisa aparece a nós, produzindo uma afecção, a qual é representação, que em muitos casos nos permite apreender nela mesma, com precisão, o próprio objeto que a gerou. Esse aparecer da coisa nos dá, portanto, seu ser, tal como é. Fundamentada, como vimos nos *Academica*, numa análise das representações acima de tudo como afecções do intelecto e objetos de assentimento, a crítica constatou a semelhança entre representações verdadeiras e falsas, minando assim a pretensão realista de que certas afecções, sobre serem também representações, podem ser indubitavelmente consideradas apreensivas. Assim, denuncia-se o que há de mera opinião, simples conjectura infundada, nessa pretensão, nesse acréscimo filosófico que se faz à manifestação pura e simples, acréscimo e manifestação que a crítica descobre poderem e deverem ser separados. E isso impõe que se separem também na terminologia. Eis o que explica o emprego mais minucioso desse vocabulário.[11]

Ora, quando na exposição de Sexto, encerrada a parte crítica, se tratar de expor a proposta de um critério de ação, dizer *tò phainómenon*, "o que aparece", não mais será um meio possível de expressar um qualquer objeto "evidente", um índice da coisa mesma, apenas enfocada em sua manifestação naturalmente evidente e objetiva. Dizer "o que aparece", agora, significará fazer referência a um *modo*

---

11 Parece-nos que a possibilidade – pouco provável, a nosso ver – de que talvez tenha sido o próprio Sexto Empírico quem introduziu em sua descrição uma distinção terminológica entre "parecer" e "aparecer", em nada compromete as conclusões acima extraídas, pois isso significaria apenas que, leitor atento das fontes com que lida, teria então constatado a necessidade de tornar explícita uma diferença que ali já se apresentava implícita, mas operando.

de manifestação, não à coisa manifestada – não ao que é "representado", mas a uma *característica da representação*: como vimos, "probabilidade" (πιθανότης) e "representação provável" (πιθανὴ φαντασία) são a "representação que aparece verdadeira" (ἡ φαινομένη ἀληθής); e "representação não-crível e não-provável" (ἀπειθὴς καὶ ἀπίθανος φαντασία) é a "representação que não aparece verdadeira" (ἡ οὐ φαινομένη ἀληθής) (169). Evidentemente, o vocabulário da verdade e da falsidade impressiona e pode sugerir dogmatismo. Contudo, tenhamos em mente nossa hipótese de que a crítica manteve preservado um sentido para a ideia de "aparecer". Desse ponto de vista, importa menos a presença desse forte vocabulário, do que a retomada da ideia de *phainómenon*, agora operando como um *modificador que se refere à representação* e que, nessa medida, incidirá sobre tudo o que a adjetivar. Resulta daí a necessidade de uma mudança de foco para a boa leitura da expressão: não mais "representações que aparecem *verdadeiras ou falsas*", à maneira realista; e sim "representações que *aparecem* verdadeiras ou falsas". Tal mudança de foco significa uma reviravolta: se impõe como consequência dos frutos colhidos pela crítica, que pôs em xeque a objetividade das representações e, ao fazê-lo, preparou o caminho para que essas mesmas representações sejam reavaliadas em seu sentido, juntamente com noções correlatas como *phainómenon* e *páthos*.

Assim, a eleição da representação provável, entendida como representação *phainoméne alethés*, que aparece verdadeira, para critério de ação, parece explicar-se como um *corolário*. A ideia fica ao menos sugerida numa obscura e controvertida afirmação de Sexto, quando introduz o tema do critério de ação: "também ele próprio (Carnéades), sendo instado sobre um critério para a conduta da vida e aquisição da felicidade, é virtualmente forçado também em conformidade consigo próprio (δυνάμει ἐπαναγκάζεται καὶ καθ᾽ αὑτόν) a se pronunciar sobre isso, adotando a representação provável" (166).

Parece-nos que, além de caracterizar a proposta do probabilismo como uma resposta a um desafio, imposto provavelmente pelos dogmáticos, o texto acima permite conjecturar que Carnéades procede seguindo uma linha de continuidade em relação ao que defendia – e acaba de ser exposto no texto –, que essa proposta se elabora *com coerência* e *por decorrência*. Afinal, ele a faz, literalmente, "em conformidade consigo mesmo", "segundo si próprio", *kath'hautón*.[12]

Nesse sentido, parece-nos correto concluir que a crítica, tal como expressa em 160-1, partindo das noções de evidência e objetividade, se encerra abrindo a perspectiva para ver na *phantasía*, na representação, agora, *antes de mais nada*, um *páthos*. E que, se observarmos o texto por esse prisma, veremos no início dessa crítica uma construção

---

12 "On his own account", traduz Bury ("por sua própria conta"). Parece-nos interessante observar que o texto emprega a preposição *katá* com o pronome reflexivo, preposição que não pode ser entendida como expressão de agente da passiva. O texto não quer dizer que Carnéades foi forçado "por si próprio" a falar sobre o assunto (conjectura tentadora, porque poderia ser bem aproveitada para uma crítica da interpretação "dialética" do *pithanón*, mas infundada). Essa preposição serve, entre outras funções, para expressar, como vimos a propósito do próprio Carnéades, a *filiação* a um filósofo ou doutrina. Neste caso, deveremos inferir que Carnéades, quando introduz o *pithanón* como critério de ação, o faz como fiel seguidor de sua própria posição filosófica. Couissin interpreta essa passagem na mesma linha de leitura seguida para o *eúlogon* e considera que Carnéades só se pronuncia sobre um critério de ação, porque questionado pelos adversários, o que permite compreender "dialeticamente" sua doutrina: "porque foi questionado (*apaitoúmenos*) sobre o critério que adotaria para a vida prática, foi também obrigado, em verdade, virtualmente forçado (*dunámei epanagkázetai*) a falar sobre o critério (AM VII, 166)" ("The Stoicism...", p. 51). Além do que abservamos acima, cabe ponderar que faz mais sentido imaginar que os adversários de Carnéades o questionem sobre seu critério de ação, se ele sustenta uma posição *in propria persona*, do que se o fizesse apenas *contra stoicos*. E que dificilmente, em sã consciência e em respeito ao mínimo bom senso dialético, alguém que se vê permanentemente ameaçado de refutação como que "forçaria' seu constante refutador a tentar refutá-lo. A exigência feita a Carnéades soa mais razoável como uma *tentativa de refutação do próprio Carnéades por seus adversários*, do que como indicação do contrário.

como que em retrospectiva, cujos termos preparam sua conclusão, a ela conduzem, e que assim se expressaria: porque a crítica logra denunciar as ilusões especulativas da teoria da representação apreensiva, ao enfocar toda representação pelo prisma daquele que ativamente lhe concederia ou recusaria assentimento, para assim descobrir – como nos mostrou de maneira lapidar o argumento dos sonhos e alucinações nos *Academica* – sua surpreendente passividade, ela nos deixará ainda com um "aparecer representativo", que considerado agora adequadamente, só nos permite terminar constatando-nos em face da *phantasía* como *páthos*. Daí, o ponto de partida do argumento, numa distinção apenas à primeira vista insignificante, já falará de um *páthos* a partir do objeto, de sua evidência (*enárgeia*), mas ainda não de *phantasía*: "se há esse critério, não se sustenta fora da afecção a partir da evidência (οὐ χωρὶς τοῦ ἀπὸ τῆς ἐναργείας πάθους)" (160). "Evidência" aqui, como vimos, pode ser apenas um modo de dizer o próprio objeto, o que daria à frase o seguinte significado: deve-se buscar o critério no *páthos* produzido pelo objeto, que será a representação que este produz. A sequência do texto mostra que isso é correto e que provavelmente era essa a intenção, imposta pelo momento lógico da argumentação, pois agora a análise descritiva dará o passo seguinte e fará a identificação entre *páthos* e *phantasía*; "afecção que não é senão a representação (ὅπερ πάθος ἐστιν οὐχ ἕτερον τῆς φαντασίας)" (160). No entanto, a formulação já é prenúncio da modificação que sofrerá, prepara já seu adequado aprofundamento e consequente depuração. Não nos esqueçamos de que a evidência, *enárgeia*, é também, inclusive para o estoicismo, não propriamente a coisa mesma, mas sim um evento do intelecto, mesmo se privilegiado em matéria de objetividade. O que permitiria dar à frase acima um significado mais desenvolvido, sem contrariar sua intenção primitiva: se há critério de verdade, apreensão a representações apreensivas, é porque há evidência; para descobri-lo, será necessário procurá-lo justamente em tal evidência, naquela situação do intelecto que o dogmático assim considera e denomina, e que se caracteriza, segundo o próprio estoicismo, por sua *inevitabilidade*. Pois, como sabemos, a representação apreensiva irá arrastar-nos ao assentimento como se nos puxasse pelos cabelos, momento em que, embora em princípio, em tese, sejamos ativos em nosso assentimento, haveremos de experimentar, na verdade, ao nos rendermos a tal evidência, um estado de *passividade*. Agora, o *páthos* da *enárgeia* não é a afecção produzida pelo objeto, mas sua tradução intelectual: o estado em que devo encontrar-me quando experimento tal representação evidente. Desse ponto de vista, a formulação que dá a partida à argumentação – "se há esse critério, não se sustenta fora da afecção a partir da evidência" – já aponta para a necessidade de analisar o requerido fato mental da passividade a ser constatada em nosso pretenso reconhecimento da evidência. E foi isso que, nos argumentos desenvolvidos nos *Academica* de Cícero, nossa aceitação incondicional de *phantásmata* de sonhos e alucinações denunciava, de maneira contundente, como desprovido de fundamento, pondo a perder a "marca distintiva" necessária para a evidência e a representação apreensiva.

É como se o argumento de Carnéades, para depois poder recuperar, da representação, aquilo que permita ainda vê-la como "provável" – como "aparecendo verdadeira" –, fosse, com seu adversário, perscrutar-lhe a origem, para então, feita a crítica, a ela retornar. Afirma-se então que o ser vivo, que se caracteriza e distingue como tal em virtude de sua "capacidade sensitiva", *dýnamis aisthetiké*, só tem sensação, *aísthesis*, quando ocorre uma modificação pelo contato dos objetos, quando tal capacidade de sentir é "de algum modo afetada" (πως παθοῦσα) (161). Se tal capacidade permanecer não--movida, *akínetos*, não-afetada, *apathés*, a sensação, a bem dizer, não o é, nem é perceptiva (*antileptiké*) de nada (160-1). Por tudo isso, conclui Carnéades, "deve-se portanto investigar o critério na afecção da alma a partir da evidência ἐν ᾧρα τῷ ἀπὸ τῆς ἐναργείας πόθει τῆς ψυχῆς ζητητέον ἐστὶ τὸ κριτήριον)" (161). Eis o que justifica que se investigue o *páthos* da *enárgeia*: a presença da afecção como elemento constitutivo do processo mesmo da sensação. Nessa medida, mais do que identificado à representação, o *páthos* é, portanto, julgado *conditio sine qua non* para a *phantasía* – é, assim, nesse sentido, *inevitável*. É, por assim dizer, uma espécie de "grau zero da representação".

Estaríamos diante de um argumento que, para constatar que nos resta falar de um aparecer que é um *páthos*, inicia afirmando que devemos procurar por um *páthos*, já que tudo começa com um *páthos*... Teremos aí um círculo vicioso? Cabe, em primeiro lugar, recordar que a crítica não faz aí senão acompanhar a doutrina a ser criticada: é o próprio estoico que acaba por definir a representação como uma afecção. No entanto, que não se veja nisso mera assunção dialética, pois a análise crítica acaba por dar-se conta da importância decisiva da passividade no suposto processo cognitivo, o que lhe permite formular-se nos termos acima expostos. Parece-nos que uma eventual impressão de circularidade se esvairá, se passarmos a compreender a exposição em sua totalidade como se visasse em primeiro plano a apresentar o probabilismo, para isso retomando, a título de preparação, a crítica à teoria da representação como ponto de passagem obrigatório. Segundo essa hipótese de leitura, a crítica de Carnéades à noção de representação, sucintamente descrita, seria já deliberadamente exposta – provavelmente pela fonte de que se serve Sexto – de forma seletiva, naquilo que possui de esclarecedor para a compreensão dos fundamentos do probabilismo, pois seus resultados legitimam essa nova proposta.

Os *Academica* parecem corroborar a importância que adquire o vocabulário da passividade, para expressar o cerne da crítica, inclusive quando isso ocorre pela voz de Luculo, que, como vimos, enunciava a crítica de modo "não-confuso": "Primeiramente, esforçam-se por mostrar que muitas coisas que absolutamente não são, podem aparecer como sendo, visto que as almas, de modo vazio, são movidas (*moveantur*) por coisas que não são, do mesmo modo que por aquelas que são" (*Acad.* II, 47); e a seguir: "depois, visto que a mente é movida (*moveatur*) ela própria por si mesma, como mostram as coisas que pintamos com a imaginação e as que às vezes são vistas (*videntur*) pelos que dormem ou deliram, é verossímil que a mente seja movida (*moveri*) de modo tal, que não só não distingue se aquelas representações são verdadeiras ou falsas, mas também que nelas nada se distingue" (*Acad.* II, 48). Note-se, neste caso, que mesmo em situações "ativas" do intelecto, como o imaginar, o vocabulário é passivo. Não há nada estranho nisso: todo e qualquer dado do intelecto, seja produto de uma sensação que se impõe, seja resultado de uma deliberada atitude de imaginação, é, enquanto tal, no intelecto e para ele, um *páthos*. Assim, a exibição da não-distinguibilidade já nos mostra que, tomadas em si mesmas, as representações – tanto as supostamente verdadeiras ou reais, as *phantasíai*, como as supostamente falsas ou ilusórias, os *phantásmata* – nos "movem"; e, "movidos", não podemos nelas detectar marca distintiva de verdade e falsidade. No entanto, e essa é a lição que tira Carnéades, este "ser movido" se impõe, aquém de qualquer precipitada pretensão especular.

Tentemos então descrever as linhas gerais do argumento de Carnéades: 1. Se há critério, "não se sustenta fora da afecção a partir da evidência" (*enárgeia*, como *phainómenon*, remete, neste momento de crítica, ao objeto externo). Argumentação (160-1): a afecção distingue o ser vivo, sem ela não há *aísthesis*, muito menos possibilidade de apreensão; 2. "essa afecção é representação" (162-3). Tanto em termos de afecção como de representação, deixa-se clara a pretensão especular: deve ser indicativa de si própria e do que a produziu (162-3); 3. O problema: "nenhuma representação é verdadeira, tal que não poderia vir a ser falsa, mas sim se constata haver uma falsa semelhante a toda que parece verdadeira"; se assim for, não haverá representação apreensiva e, portanto, critério de verdade (164). Carnéades não apresenta argumentos aqui, pois está, de fato, retomando Arcesilau, que, dizia Sexto, estabeleceu esse fato "de muitas e variadas formas" (155). Essas formas, em que julgamos haver já modificações por Carnéades, nos foram apresentadas pelos *Academica* e nelas, seja por intermédio de Luculo, como vimos, seja na exposição do próprio Cícero, opera com especial importância o vocabulário da passividade, o que nos confirmam alguns momentos da crítica ao poder apreensivo dos sentidos – das representações –, com especial destaque para os argumentos do sonho e alucinações: investiga-se "como as coisas apareciam no momento em que eram vistas (*videbantur*)" (88). Num caso de alucinação, diz o texto, "ele não era movido (*movebatur*) por coisas falsas como se fosse movido (*moveretur*) por verdadeiras?" (89). A constatação da célebre "não-distinguibilidade", feita nesses termos, proporcionará, portanto, ao mesmo tempo, a constatação de certa "permanência" da representação, mas apenas como *páthos*. Assim, na própria crítica ao dogmatismo, tal como expressa nos *Academica* – como já ocorria em AM VII, 160 –, o conceito de *páthos* exibe a relevância que o transformará em ponto de partida para um critério não-dogmático, pois, comparecendo estrategicamente na articulação da argumentação que conclui pela impossibilidade de apreensão, a não-distinguibilidade entre representações verdadeiras e falsas, aponta já para sua recuperação noutro registro, ou, ao menos, deixa entrever sua possibilidade. Se somos movidos do mesmo modo por esses dois tipos de representações (verdadeiras e falsas), é porque lhes damos o mesmo tipo de assentimento e, portanto, não podemos distingui-las como tais – eis, em suma, a crítica; mas poderemos falar ainda – e apenas – de nosso "ser movido", e é daí que emergiria a dimensão subjetiva da representação como autônoma e positiva para o estabelecimento de um critério não-dogmático de conduta.[13] Assim, certas passagens dos *Academica* de Cícero, particularmente a propósito da apresentação, no segundo livro, do sentido geral das críticas ao poder apreensivo dos sentidos (das representações), destacando a presença de um vocabulário de passividade – mais especificamente, o verbo *movere* na voz passiva, usado aí em alguns momentos –, nos dizem noutros termos o que Sexto Empírico registrava em AM VII como passo inicial da argumentação de Carnéades: é no *páthos* do intelecto, supostamente efeito de uma evidência, *enárgeia*, que se deve investigar a eficácia de um possível critério de verdade.

Ora, é fundamental ter tudo isso em mente, para a compreensão da decisiva passagem em AM VII, 167-9, onde, iniciando a descrição do critério carneadeano de ação, Sexto nos fala de duas "maneiras de ser" (σχέσεις) da representação. Numa, a representação é "em relação ao representado" (ὡς πρὸς τὸ φανταστόν), pois é "daquilo a partir de que surge" (τοῦ τε ἀφ' οὗ γίνεται), do "objeto sensível externo" (τοῦ ἐκτὸς ὑποκειμένου αἰσθητοῦ) e, como tal, ela é ou verdadeira ou falsa (ἡ ἀληθής|ἡ ψευδής); verdadeira, quando concorda com o representado, falsa, quando dele discorda. Mas, noutra, é "em relação ao que representa" (πρὸς τὸν φαντασιούμενον), pois ela é "daquilo em que surge" (τοῦ ἐν ᾧ γίνεται), do "homem" (ἀνθρώπου) e, como tal, é "aparecendo verdadeira" ou "não aparecendo verdadeira" (ἡ μέν ἐστι φαινομένη ἀληθής ἡ δὲ οὐ φαινομένη ἀληθής). Deste segundo ponto de vista caberá agora falar de um critério, o qual, segundo Sexto, segundo os partidários de Carnéades, era, como já sabemos, critério de verdade, mas que mais adiante, quando atribuído apenas a Carnéades, refere-se a "matérias triviais", "questões relevantes" e

---

13 O que permitirá, como se verá, o estabelecimento de importante aproximação com o conceito pirrônico de fenômeno, que, afinal, se expressa com mais precisão também por recorrência à noção de *páthos*.

"matérias que contribuem para a felicidade" (184), vocabulário que parece dizer respeito à *práxis*, não a questões epistemológicas.¹⁴

O que passará a fazer a diferença agora, desse ponto de vista que nos agrada aqui chamar subjetivo, será a *força* com que uma representação aparecer verdadeira: "Da representação que aparece verdadeira, uma é obscura (ἀμυδρά), como no caso das que são apreendidas de modo confuso (συγκεχυμένως) e de modo indistinto (οὐκ ἐκτύπως) em virtude da pequenez do que é visto ou de uma distância considerável ou da fraqueza da visão; mas a outra é a que, junto com o aparecer verdadeira (σὺν τῷ φαίνεσθαι ἀληθὴς), possui ainda também forte (σφοδρόν) o aparecer que é verdadeira (τὸ φαίνεσθαι αὐ τὴν ἀληθῆ). Dessas, novamente, a representação obscura e fraca (ἡ μὲν ἀμυδρὰ καὶ ἔκλυτος φαντασία) não seria critério; pois, por não indicar claramente (τρανῶς) nem a si própria nem o que a produziu, não é de natureza (πέφυκεν) a nos persuadir (ἡμᾶς πείθειν) nem nos conduzir (ἐπισπᾶσθαι) ao assentimento. Mas a (representação) que aparece verdadeira (ἡ δὲ φαινομένη ἀληθής) e suficientemente 'aparece em' (ἱκανῶς ἐμφαινομένη) é, segundo os partidários de Carnéades, critério de verdade" (171-3).

---

14 "Em relação ao que representa" traduz πρὸς τὸν φαντασιούμενον. A forma verbal pode ser a da voz média do verbo (φαντασιοῦν), o que levaria a entendê-lo no sentido de "imaginar para si mesmo", dando-lhe sentido a partir do significado – tipicamente aristotélico – de *phantasía* como "imaginação". Certamente não é o caso aqui. Parece-nos que estamos perante a *voz passiva* do verbo, de difícil tradução literal, o que conduz costumeiramente a uma tradução "ativa". Bury traduz: "in relation to the subject experiencing the presentation", o que não permite ainda manter plenamente a ideia de que também neste caso trata-se de *ser representado*, de *passivamente* "experimentar" o que se dá. Digamos que a distinção se expressa mais literalmente nos termos: "em relação àquilo que é representado", de um lado; "em relação àquele que é representado", de outro. Também neste segundo caso, o do homem, sua "maneira de ser" em relação às representações que possui se expressa em termos passivos.

Note-se que o texto instaura – mais precisamente, explicita –, com as duas "maneiras de ser" que distingue para a representação, aquele ponto de vista que norteava os argumentos dos *Academica* contra a representação apreensiva, sobretudo o dos sonhos e alucinações: é quando observo a representação como sendo "daquilo em que ocorre", precisamente no sentido de "ser representado", e, assim, me volto para o assentimento que dou, que constato a ausência de distinção entre as representações quanto a seu poder de apreensão. Ora, agora com finalidades práticas, para que possa distinguir minhas representações o suficiente para escolhê-las ou rejeitá-las como parâmetros de ação, eu retorno a elas e as descubro portadoras, não de uma diferença de evidência, mas de uma diferença de vivacidade e clareza, intensidade e nitidez. E, ao fazê-lo, porque não as tomo como veículo de apreensão, posso até mesmo retomar, para comentar minhas representações, motivos circunstanciais como distância dos objetos, deficiências da sensação etc. Aquela "remoção de obstáculos" que de nada servia ao estoico, porque não isentava sua representação apreensiva de suspeita de não-apreensibilidade, pode agora ser recuperada, pois serve apenas a uma situação de vivacidade das representações no intelecto que pode ser intensificada, não à de sua absoluta verdade. E os critérios que permitem aumentar a probabilidade das várias representações, tornando-as "testadas" e "irreversíveis", que a seguir Sexto Empírico irá expor, serão talvez apenas a sofisticação dessa retomada.[15]

---

15 O fato de que no fim dessa estratégica passagem ocorra a menção àqueles partidários de Carnéades que viam aí critério de verdade torna-a, é preciso reconhecer, delicada e de interpretação sempre polêmica. Dissemos já que não nos parece suficiente para condenar Carnéades ao dogmatismo, em virtude do que se encontra em Cícero, mas isso não elimina a possibilidade de que certas afirmações aí contidas estejam já vazadas de uma interpretação dogmatizante. O que dizer, por exemplo, da afirmação de que não nos persuade uma representação que não indica claramente a si própria nem o que a produziu? Não teríamos aí uma incursão, em princípio vedada, à

Mas a passagem acima, além de explicitar o critério de distinção entre representações prováveis e não-prováveis, permite, parece-nos, isentar o probabilismo carneadiano de uma grave acusação feita pelo pirrônico. As representações se diferenciam agora pela intensidade, força, vivacidade ou clareza com que aparecem. As que aparecerem em certas condições que, por esse critério, se mostram favoráveis, serão ditas aparecer verdadeiras. Esse seu intenso e vivaz aparecer é experimentado por quem tem a representação, por esse que "é representado" e que então a sentirá, por assim dizer, de modo destacado. Ora, parece que, no experimentar tais representações, trata-se de, naturalmente (*péphyken*), "crer", *peíthein*, ou seja, "ser levado (*epispâsthai*) ao assentimento" (172). Mais uma vez, aqui, opera com especial importância o vocabulário da *passividade*: sou como que levado, atraído por uma representação forte a segui-la. Isso lança uma forte suspeita sobre a pertinência da distinção que se encontra, como vimos, em Sexto Empírico, a respeito de dois sentidos de "crer" ali discernidos e a atribuição de um deles, aparentemente o mais

---

relação entre a representação e seu objeto? Tal modo de falar, como vimos, era típico do conceito estoico de representação, tal como o apresentava linhas acima a exposição de Sexto. Cremos haver aí duas possibuilidades de interpretação: ou bem se trata de um acréscimo posterior, norteado pela transformação da representação provável em critério de verdade, o que, consequentemente, permitiria por seu meio voltar a falar dos objetos de origem das representações; ou bem seria possível, ainda não-dogmaticamente, inferir a propósito dos objetos certas conclusões a partir das representações de que surgem, desde que se dê a tal discurso, a ele também, estatuto meramente "provável", algo que, pelo que se viu nos *Academica* (II, 99-100), não estaria fora de cogitação, ao menos para Clitômaco, que se permitia dizer que há dessemelhanças entre as coisas (II, 102). Em favor desta segunda interpretação, observemos que não parece estar no horizonte da crítica acadêmica como um todo questionar se as representações que dizemos ter em condições consideradas "normais", como as de vigília, sanidade e sobriedade, por exemplo, seriam, de fato, oriundas de objetos reais. Não nos parece, em princípio, incompatível uma interpretação não-dogmática do probabilismo e a afirmação mencionada. Mas a afirmação é inevitavelmente ambígua e comporta as duas análises.

comprometido com o dogmatismo, a Carnéades, Clitômaco e seus partidários (HP I, 230). Parece que o fato de esses filósofos afirmarem crer "com forte inclinação" (*metà proklíseos sphodrás*) e haver algo provável os compromete, pois isso significaria que dão preferência a certas representações, em detrimento de outras, o que não se poderia fazer sem transgredir a *epokhé*; enquanto isso, o pirrônico, quando crê, apenas segue, sem pendor (*áneu prospatheías*). Por tudo o que a análise nos levou a constatar e concluir, não mais nos parece razoável atribuir a Carnéades, e provavelmente também a Clitômaco, uma noção de crença fundamentada em qualquer preferência *voluntária*, deliberada, por esta ou aquela representação, como uma *escolha* que, enquanto tal, seria passível da crítica que se destina a todo dogmatismo. É *a força da própria representação* que me leva a, *passivamente*, a ela assentir. A "forte inclinação" de que fala a passagem de Sexto é, na verdade, o que sou levado a aceitar, de modo que cabe muito mais adotar os termos em que o pirrônico expressa seu próprio tipo de crença: "simplesmente seguir, como a criança segue o instrutor".[16]

16 Como observa Frede, e já comentamos parcialmente aqui, há uma ligação etimológica profunda, que é também semântica, entre "persuadir", *peíthein*, bem como o adjetivo correspondente *pithanón*, "persuasivo", e "crer", que resulta do emprego da voz média do mesmo verbo, significando então "deixar-se persuadir", "obedecer" – assim como, diga-se de passagem, uma criança obedeceria ao escravo que a conduz – e, daí, dar crédito, crer. "É essa conexão, diz Frede, que Cícero tenta preservar, quando traduz *pithanón* por *probabile*, para torná-lo correspondente ao verbo que gosta de usar para 'aprovar' ou 'aceitar', ou seja, *probare*" ("The Skeptic's Two Kinds of Assent and the Question of the Possibility of Knowledge", *Essays...*, p. 215). Nunca é demais lembrar que "provável", nesse contexto, significa então "persuasivo", "crível", "aceitável", não envolvendo o sentido moderno de probabilidade estatística. Crer, portanto, para o probabilismo, consiste em ser conduzido, constrangido pela força de uma representação. A propósito disso, não há como negar, a nosso ver, a grande semelhança existente entre o probabilismo carneadiano e a concepção *humiana* de crença. Em ambos os casos, a partir da valorização da vivacidade da representação – ideia, no caso de Hume –, emerge um conceito de crença como modo de manifestação do dado no intelecto. Para Hume, como se sabe, uma ideia é objeto de crença quando

Vimos que uma das formas de expressar o que ocorre com uma representação quando é provável é dizer que ela "aparece em o suficiente", *hikanôs emphainoméne*. Esta expressão nos parece fundamental, por dois motivos: porque reitera a ideia de que se lida, no probabilismo, com distinções de *graus* de vivacidade, e, sobretudo, porque nos parece deixar claro que se transita aí no âmbito *subjetivo* da representação, em sua "maneira de ser" segundo a qual é daquele *em que* ocorre, o homem. Eis por que, quando descrevia o conceito de

---

é concebida ou sentida na mente com grande vivacidade, influenciando-a de modo especial. É como se essa ideia, pela força distinta que porta, se aproximasse muito, o máximo possível para uma ideia, de ser sentida pela mente como uma impressão, a qual, oriunda dos objetos, entretanto na mente também só se distingue de qualquer ideia por sua maior força e vivacidade: "Pelo termo *impressão*, então, quero dizer todas as nossas percepções mais vivazes, quando ouvimos, vemos, sentimos, amamos ou odiamos, desejamos, ou queremos. E impressões se distinguem de ideias, que são as percepções menos vivazes, de que somos conscientes quando refletimos sobre qualquer dessas sensações ou movimentos acima mencionados" (*An Enquiry Concerning Human Understanding*, L. A. Selby-Bigge (ed.), Oxford at the Clarendon Press, seg. ed. 1902, # 12). E quando certas circunstâncias adequadas se apresentam – conjunção constante entre uma impressão e a ideia correlata, concebida imediatamente pela força do costume –, ocorre o fenômeno da crença, cuja descrição não deixa dúvidas quanto à semelhança: "Digo, então, que crença nada é senão uma concepção de um objeto, que é mais vívida, vivaz, forte, firme, fixa, do que a imaginação sozinha é capaz de alcançar. Essa variedade de termos, que pode parecer tão pouco filosófica, pretendeu apenas expressar aquele ato da mente que torna as realidades, ou o que é considerado tal, mais presente a nós do que as ficções, as faz ter mais peso no pensamento e lhes dá uma influência superior sobre as paixões e a imaginação...crença é algo sentido pela mente, que distingue as ideias do julgamento das ficções da imaginação. Dá-lhes mais peso e influência; as faz aparecerem mais importantes; impõe-nas na mente, e as torna o princípio que governa nossas ações" (# 40). Observe-se que o "ato da mente" a que Hume se refere não é senão o conceber a ideia, mas que é, na verdade, um *senti-la*, como se estivesse perante uma impressão. Também aqui, a situação do intelecto é de *passividade*. A semelhança decerto não é gratuita: o que Carnéades está explorando e desenvolvendo o situa no mesmo terreno de subjetividade em que se faz a "geografia mental" denominada *Investigação sobre o Entendimento Humano*.

representação provável, além de chamá-lo de "probabilidade", Sexto Empírico dizia também uma expressão de tradução difícil: *émphasis*. O termo significa "ação de aparecer em", "manifestação". Expressa o fato de que a probabilidade maior ou menor que me leva a seguir um representação em detrimento de outra se descobre nessa manifestação da representação *em quem a tem* – por que não dizer, na intensidade do *páthos* que nele se produz.[17]

Para estabelecer o sentido preciso do probabilismo carneadiano e seu estatuto não-dogmático, é preciso deixar claro o que, com a suspensão, com a não-distinguibilidade, se perde, e o que se pode ainda reter. Uma passagem do segundo livro dos *Acadêmicos*, quando estabelece a não-distinguibilidade, afirma que não se pode mais dizer que se vê quem se vê por meio de uma representação apreensiva; o que não quer dizer que não se possa mais dizer que se vê alguém, desde que o façamos do modo adequado: "removido aquele cânon pelo qual se deve reconhecer, mesmo se o próprio homem que vês for aquele que te aparecer, ainda não julgarás por aquela marca por que dizes dever-se fazê-lo, tal que uma falsa não possa ser do mesmo modo (*sublato enim iudicio illo quo oportet agnosci, etiamsi ipse erit quem videris qui tibi videbitur, tamen non ea nota iudicabis, qua dicis oportere, ut non possit esse eiusdem modi falsa*)" (II, 84). Ora, pode-se ainda, em certo sentido, "reconhecer", distinguir no que se vê; desde que não se reivindique apreensão, mas apenas probabilidade, porque há sempre um aparecer. Assim, se não há mais uma incontestável

---

17 Observemos, de passagem, que o fato de Carnéades estar pensando a partir de uma ideia estoica – a vivacidade diferente exibida pelas diferentes representações é tributária de uma crítica ao estoicismo – para o estabelecimento de seu critério de ação, não deve levar necessariamente à conclusão de que seu probabilismo consiste em mera construção *ad hominen*. Como já tivemos a ocasião de constatar, a dependência da tábua conceitual estoica não significa forçosamente que estamos diante de um discurso *contra stoicos*.

teoria da representação apreensiva a basear as distinções que fazemos dos dados que pautam nossas ações mais simples e imediatas, tudo pode ainda ser discernido pela ótica da representação provável. Nesse sentido, o probabilismo tornaria possível uma releitura não-dogmática do dado que repõe o mundo vivido tal como era, reformulando-se apenas a construção "teórica" que explica – mas não justifica dogmaticamente – o modo de sua "apreensão".[18]

A ideia de que há continuidade entre o resíduo da crítica acadêmica e o critério de ação de Carnéades parece-nos mostrar-se, não somente nas páginas de Sexto acima analisadas, como também, ao menos, em uma passagem da obra de Cícero, no tratado *Sobre a Natureza dos Deuses*, que parece expressar explicitamente que a

---

18 Contudo, a formulação de Cícero parece permitir compreender, em sua ambiguidade, quão fácil seria deixar-se conduzir na direção de uma nova doutrina da apreensão, desde que sem a mediação da representação apreensiva dos estoicos. Não teria a posição de Filo de Larissa – que talvez norteie a formulação ciceroniana – resultado de uma interpretação semelhante? Esse espinhoso tema não será aqui objeto de análise, pois está fora do escopo deste trabalho. Mas esta passagem, assim com a que vimos acima em Sexto (AM VII, 172), talvez também seja fruto de um comentário filosófico posterior, de tendência dogmática. De qualquer modo, também ela pode ser vista como compatível com uma posição não-dogmática, pois o grande ganho que o probabilismo proporcionaria, que inclusive contaria em seu favor, consiste em não acarretar impugnação de nenhum conteúdo, apenas de uma forma de comentá-lo e explicá-lo. Nesse sentido, tudo se pode ainda afirmar, desde que sob a chancela de representações prováveis e não-apreensivas. E o critério da intensidade, força ou clareza com que uma representação aparece permitiria recuperar, na prática, as distinções costumeiras. Parece-nos que tal compreensão do probabilismo e dos conceito de assentimento e crença que comporta satisfazem plenamente a seguinte formulação de Frede: "Assim, o cético pode ter posições que explicam seu comportamento. Ele se comporta exatamente do modo como se comportaria alguém que acreditasse que essas posições seriam verdadeiras. Mas ele insiste em que não há necessidade de assumir que a ação, além do tipo apropriado de impressão, exija a crença adicional de que a impressão é verdadeira" ("The Skeptic's Two Kinds of Assent and the Question of the Possibility of Knowledge", *Essays...*, p. 209).

adoção pelo sábio de representações que não são apreensivas como critério de ação decorre da constatação de não-distinguibilidade das representações: "Pois não somos aqueles para quem nada aparece ser verdadeiro (*nihil verum esse videatur*), mas aqueles que dizemos que certas coisas falsas estão ligadas às verdadeiras, com tanta semelhança, que nelas não há nenhuma marca certa de julgamento e assentimento. A partir disso se estabelece isto (*ex quo exstitit illud*), que muitas coisas são prováveis (*multa esse probabilia*), as quais, embora não sejam apreendidas (*non perciperentur*), por elas ainda a vida do sábio é regida, porque possuem uma representação distinta e clara (*visum quendam...insignem et inlustrem*)" (*de Nat. Deor.* I, 12).

Ao caracterizar a representação que é critério de ação como *insignis et inlustris*, Cícero nos indica outro modo interessante de enfocar o probabilismo. Estes termos, particularmente o segundo, podem ser filologicamente aproximados do conceito estoico de *enárgeia*, *evidência*, pois uma representação que é "evidente", *enargés*, é uma representação que, literalmente está "em luz", "em brilho". Vimos mesmo como a analogia com a luz serve bem à descrição do conceito de representação. Ora, a expressão de Cícero permite conjecturar que ao acadêmico resta ainda um modo de afirmar de uma representação que ela está "em luz": tratar-se-ia de uma forma de afirmar sua privilegiada vivacidade, força e intensidade. Ela se comporta em meu intelecto, ao fim e a o cabo, de um modo distinto, *insignis*. Por que não recuperar o vocabulário tradicional, conferindo-lhe agora novo sentido? Se assim for, poder-se-á concluir que o probabilismo terá preservado, à sua maneira bem peculiar, uma função para um dos mais dogmáticos conceitos do dogmatismo estoico, porque estaria veiculando, por assim dizer, uma *evidência sem verdade*. Pois, se no caso do estoicismo se deveria afirmar que a representação evidente, apreensiva, exibe-se com mais clareza porque recebe do objeto este privilégio, no caso de Carnéades tal clareza se constata de modo puramente subjetivo: há uma diferença na vivacidade das representações – mantendo a metáfora, em sua "luminosidade", em seu "brilho" –, e podemos detectá-la, para, por seu meio, operar praticamente, sem necessitar evocar e resolver o problema da origem dessa distinção – tal indagação é objeto de suspensão. Pois "uma representação se mantém mais provável e mais impressionante (πιθανωτέραν τε καὶ πληκτικωτέραν) do que outra" (173).[19]

No capítulo do primeiro livro das *Hipotiposes* dedicado a explicar as diferenças entre pirrônicos e acadêmicos, atribuiu-se, como vimos, aos membros da nova Academia a crença forte de que o que julgam ser "mais provável" o é realmente; nisso, prossegue a crítica, acabam por fazer aquilo mesmo que caracteriza todo dogmatismo, emitir uma opinião, pronunciar-se sobre a natureza das coisas, o que também seria verdade para sua afirmação de que certas representações são prováveis, certas outras, não (HP I, 226-7). A acusação, pelo que se concluiu acima, não vale para Carnéades: a não-distinguibilidade das representações como verdadeiras e falsas, meio para que se estabeleça a suspensão de juízo, e não um fim em si mesmo, permanece vigorando com o probabilismo. A maior ou menor probabilidade das representações não se constata com base em critérios objetivos e não aspira, por isso, a comentar como as as coisas realmente são. E a crença nessa probabilidade, como se viu, consiste

---

19 Muito sucintamente, L. Robin se refere nestes termos à contribuição de Carnéades: "Ao mesmo tempo conservando a atitude crítica de Arcesilau contra a *representação apreensiva*, ele reconhece a realidade do sentimento de *evidência*" (*La Pensée Grecque*, Paris, Albin Michel, 1963, p. 431). A nosso ver, a formulação sintetiza com bastante eficácia o cerne da filosofia de Carnéades, desde que compreendida à luz das distinções feitas acima, que limitam de maneira significativa sentido e emprego da noção de evidência. Eis por que não nos parece prudente endossar a conclusão seguinte, que o autor extrai da ideia de que as representações podem ser testadas e examinadas: "Assim, a verdade, somos nós mesmos que as criamos, por sucessivas apalpadelas" (*Ibid.*). Tal afirmação mais dá margem a malentendidos do que a esclarecimentos.

apenas no constatar a maior força com que ocorre a representação no intelecto e no deixar-se por ela levar. Parece então possível eximir Carnéades da acusação de dogmatismo, ainda que talvez seja necessário reconhecer uma leitura dessa natureza feita pelos acadêmicos posteriores, como informa o texto de Sexto Empírico que tentamos aqui analisar.[20]

---

20 Carnéades não pode, então, ser acusado daquilo que Frede denomina "ceticismo dogmático", expressão que utiliza para referir-se ao que às vezes se chama também de "dogmatismo negativo" – a afirmação dogmática da tese de que nada pode ser conhecido (cf. "The Skeptic's Two Kinds of Assent…", p. 212). Vale a pena seguir seu comentário a propósito do surgimento dessa posição, que seria uma variante imprópria daquela de Carnéades. Frede a detecta na fala final dos *Academica* (II, 148), quando Catulo defende a tese, atribuindo-a a nosso filósofo, de que o sábio dá assentimento e opina, contanto que sabedor de que nada pode ser conhecido. Por isso, afirma Catulo, "aceitando aquela *epokhé* de todas as coisas, dou de modo veemente assentimento a esta outra afirmação, que nada pode ser apreendido (ἐποχήν *illam omnium rerum comprobans illi alteri sententiae, nihil esse quod percipi possit, vehementer adsentior*)". Não importa aqui tentar decifrar sentido e consistência possíveis dessa posição, mas sim o modo como se afirma. Comenta Frede: "Essas observações revelam seu dogmatismo na veemência com que Catulo assente à impressão de que nada pode ser conhecido, na forte ligação que ele tem com essa posição, ligação de espécie completamente estranha a um cético clássico e que é explicitamente criticada por Sexto Empírico (HP I, 230). Além disso, revela seu dogmatismo ao permitir que o cético tenha opiniões, isto é, crenças sobre como as coisas são" (p. 213). Esta passagem é exemplo paradigmático de como se pode descobrir, na constituição de uma interpretação dogmatizante do probabilismo carneadiano, indícios de uma elaboração originalmente não-dogmática. Pois o que acima julgamos pertinente atribuir ao probabilismo de Carnéades permite reler essa afirmação final dos *Academica* por outro prisma. Por que um cético que procede conforme a representações prováveis não poderia, ao mesmo tempo em que se diz em *epokhé*, "de modo veemente" (*vehementer*) dar assentimento à não-apreensibilidade das coisas? Deixemos por um momento de ver na "veemência" desse assentimento significado retórico ou alguma forma de expressar, como diz Frede, de forma um tanto indefinida, o "tipo de ligação" que se tem com a tese; passemos então a dar a essa expressão um outro sentido, que possui, inclusive em nossa língua: o de *intensidade*. Catulo diz assentir *de modo intenso* à não-apreensibilidade. No léxico do probabilismo, como sabemos, isso significa: assentir a uma

8. EÚLOGON, PITHANÓN, PHAINÓMENON

O probabilismo de Carnéades, associando as noções de *phantasía*, *phainómenon* e *páthos* de modo a produzir uma espécie de assepsia da afecção pura e simples, de modo a torná-la expressão do evento intelectual do aparecer da representação enquanto tal, aquém de sua dimensão objetiva, assim permitindo uma leitura não-dogmática das representações com finalidades práticas, pode também ser visto como uma forma de retomar aquele mesmo caminho que Arcesilau começara a trilhar com seu conceito de *eúlogon*. Pois percebe-se claramente que tais características de sua doutrina terminam por oferecer fundamento para que se satisfaça de modo mais desenvolvido e consistente uma exigência que a passagem em Sexto sobre o *eúlogon* já estabelecia; e que o fazem a partir de um mesmo universo conceitual que a passagem em Plutarco propõe ter sido aquele adotado por seu antecessor.

representação provável, deixando-se conduzir por sua vivacidade. Se assim é, conclui-se que na origem do probabilismo, com Carnéades, cogitava-se já da possibilidade de reconsiderar a natureza assertiva do próprio discurso crítico – pois é com função crítica que Carnéades mobilizava essa tese –, conferindo-lhe estatuto de meramente provável; isso daria um sentido consistente àquela já nossa conhecida afirmação presente em Cícero (*Acad.* II, 32) de que o *probabile*, além de critério de ação, opera na investigação e na discussão (*in quaerendo ac disserendo*). Na origem, portanto, parece que era possível uma *justificação não-dogmática da afirmação da não-apreensibilidade*, porque assim o permitia a noção de representação provável. Entre os vários seguidores de Carnéades, contudo, não deve ter sido difícil perder de vista toda a sutileza presente nas distinções que, com semelhante noção e com o conceito de crença a ela associado, Carnéades parece ter introduzido.

Noutras palavras, observar o aparecer das representações à luz da intensidade com que nos afetam e, apenas por isso, ser levado a dar-lhes assentimento, para então agir, significa recuperar a distinção atribuída a Arcesilau em Plutarco dos três "movimentos da alma": o de representação, *phantastikón*, o de impulso, *hormetikón*, e o de assentimento, *sygkatathetikón*, de modo a tornar viáveis os dois primeiros sem a necessidade do terceiro, legitimando assim a ação sem dogma, sem invadir o domínio da opinião. A crença numa representação provável, que aparece verdadeira por causa de sua vivacidade e força, opera agora, em virtude da passividade que a define, como um impulso para agir imposto pela própria representação, como efeito de sua manifesta presença no intelecto, sem que com isso se faça qualquer afirmação sobre a natureza mesma de sua origem, sobre seu estatuto objetivo, evitando aquilo que o texto em Plutarco expressava como inaceitável: opinar, precipitar o assentimento.

E note-se que, já em Plutarco, tratava-se de construir uma doutrina do impulso não-dogmático para a ação, mediante uma análise da *phantasía* em que também compareciam as noções de *phainómenon* e *páthos*. Com efeito, porque algo há de que se pode dizer que "aparece adequado", *tò phainómenon oikeîon*; porque se dá então uma representação desse adequado, *phantasía toû oikeíou*; porque semelhante representação, como tal, não pode ser suprimida, produto inevitável e necessário que é de um contato com seu objeto, que resulta num imprimir e ser afetado, *typoûsthai kaì páskhein*; por tudo isso, o impulso, então, naturalmente, *physikôs*, nos conduz a isso que aparece adequado, sem a necessidade de assentimento dogmático. Opera nessa descrição do mecanismo da ação uma espécie de análise do dado que nele distingue, apenas conceitualmente, aspectos do mesmo que realmente não se separam. O aparecer adequado de algo se dá como representação, que é afecção. Como afecção, e simplesmente nessa medida, já proporciona impulso, o que já conduz a uma ação pautada pelo conteúdo daquele aparecer. Isso basta para explicar as atitudes diárias mais corriqueiras, sem que seja necessária uma teoria que fundamente o agir recorrendo à natureza das coisas. Ora, acabamos de constatar que, com o probabilismo de Carnéades, o mecanismo da crença se explica como um "ser naturalmente conduzido ao assentimento" a uma representação, ou seja, reconhecer sua clareza e render-se à sua intensidade, seguindo-a. Esse assentimento, portanto, não deve ser confundido com o dogmático, pois nada mais é do que o ser atraído e levado pela representação que, afecção que é, aparecendo vivazmente "verdadeira", nos constrange. E a "naturalidade" que o caracteriza, provavelmente retomando-se a ideia que o texto em Plutarco nos apresenta, explicita-se agora como mera expressão da passividade em que nos encontramos diante de uma representação provável. O impulso, assim, nos conduz naturalmente ao que aparece adequado, porque o aparecer adequado, como aparecer, como representação e, finalmente, como afecção que intensamente se me impõe e a seu conteúdo, me conduz naturalmente a isso.

Esse novo comentário sobre o mecanismo da ação sem dogma, também ele explorando a relação entre os conceitos de representação, fenômeno e afecção, parece, contudo, ter acrescentado uma importante modificação, um significativo refinamento, que expressa lapidarmente a originalidade de Carnéades: se, no texto de Plutarco sobre Arcesilau, a relação entre "o que aparece adequado" e a "representação do adequado" se mostra pelo menos ambígua, de difícil determinação, permitindo que se pense ainda nos termos de uma "representação do que aparece", mantendo-se a ideia de que "o que aparece" é aquilo de que tenho representação, em Carnéades e seu probabilismo trata-se de afirmar um *aparecer da representação*, enfatizando-se agora seu modo próprio de manifestação. Tal diferença só se explica, porque o filósofo distinguiu, como vimos, "duas maneiras de ser" das representações; e as enfocou, autorizado pela análise crítica que delas fizera, em sua dimensão plenamente subjetiva.

Munido desse seu enfoque, parece que Carnéades pode ainda oferecer uma versão não-dogmática para o mecanismo da ação que talvez consiga evitar, ou ao menos minimizar, uma limitação importante a que parece ter sido conduzida a doutrina do *eúlogon*. Como vimos, agir sem dar assentimento, sem precipitação e opinião é possível, pois o impulso para agir deste ou daquele modo se dá já no domínio pré-discursivo da afecção representativa. Mas há uma consequência a que não se deve fugir, um preço a pagar, apresentado agora na passagem sobre a doutrina em Sexto: só é possível uma "defesa razoável" de uma ação após sua execução e resultado. A razoabilidade de uma ação depende de seu sucesso e só então se pode afirmar e articular. Noutros termos, eu sei que vou proceder a partir de uma informação que me é dada por algo que apenas aparece adequado, porque nisso mesmo já me é dado o impulso para fazê-lo. Mas falta uma análise desses conteúdos que me proporcione uma descrição desse impulso, um quadro teórico e conceitual mínimo que explique por que, da afecção, surge a inclinação. Se isso se puder fazer a contento, poder-se-á também desenvolver a doutrina do critério prático numa direção ainda inexplorada. O *eúlogon*, nesse caso, mostrar-se-ia um critério que me permite explicar a inclinação para o agir em geral, mas que não me permite ainda explicar satisfatoriamente por que me vejo levado a concluir que devo agir de determinado modo em determinada circunstância: não me proporciona uma justificativa elaborada para o fato de que eu, por assim dizer, adquiro um preferência pontual, imediata, até convicta, no momento mesmo em que me ocorre o dado, em favor de uma atitude e em detrimento de outra. Numa palavra, não me permite, sob pena de dogmatismo, explicar por que justifico, para mim mesmo, que meu modo de agir em determinada circunstância se me afigure adequado *antes* mesmo de sua execução, e que possa ser assim explicado.

Ora, o probabilismo terá talvez enriquecido a antiga doutrina com meios para contornar o problema. Ao recortar e enfocar a dimensão subjetiva da representação, nela encontrando critérios *ainda não-discursivos* de distinção para as representações – força, vivacidade, clareza, intensidade, nitidez –, posso desde já justificar – ou, ao menos, para isso apresentar boas razões – que seja levado a seguir algumas e não outras, a adotar uma determinada forma de procedimento em detrimento de outra, sem com isso ultrapassar a linha divisória que separa a simples persuasibilidade, a credibilidade suficiente, da pretensão dogmática. Agora, direi que a inclinação por certo modo de agir se impõe a mim, porque a representação disso também se impõe a mim, ocorrendo em meu intelecto com vivacidade constrangedora. Posso, enfim, elaborar um discurso que dê conta de minhas razões para agir de determinada maneira, sem com isso correr o risco de dogmatizar. Ainda mais: como o critério agora descoberto comporta graus, que resultam em graus de minha crença, é-me até permitido "testar" a credibilidade de minhas representações, as condições e circunstâncias que as envolvem, antes de proceder a uma ação, pois isso fará apenas aumentar ou não a força com que aparecem no intelecto, sem me transportar para o terreno minado da relação dessas representações com seus objetos de origem, de sua verdade ou falsidade possíveis, de sua apreensibilidade. Nesse sentido, as distinções relatadas por Sexto Empírico entre representação "provável" (πιθανή), "ao mesmo tempo provável e irreversível" (πιθανὴ ἅμα καὶ ἀπερίσπαστος) e "ao mesmo tempo provável, irreversível e testada" (πιθανὴ ἅμα καὶ ἀπερίσπαστος καὶ διεξωδευμένη), (AM VII, 176-89; HP I, 227-29), serão maneiras de explorar essa nova possibilidade de, mesmo em suspensão de juízo e nos rigorosos limites da não-distinguibilidade das representações como verdadeiras e falsas, agora ativamente perscrutar, antes de agir, seus efeitos possíveis. Talvez a melhor ilustração para esse enriquecimento se encontre naquele exemplo dado por Cícero, no segundo livro dos *Academica*, do "sábio" dos acadêmicos que embarca num navio para viajar: embora não tenha uma representação apreensiva de que chegará a salvo a seu destino, ao levar em conta as circunstâncias favoráveis envolvidas – distância relativamente pequena, bom navio, bom piloto, boas condições climáticas – "aparece-lhe provável" (*probabile ei videatur*) que chegará em segurança, e então embarca. Eis um exemplo das *decisões* (*consilia*) que toma para fazer algo ou deixar de fazê-lo, a partir de suas representações (*Acad.* II, 100).[21]

---

21 O texto em Sexto afirma, descrevendo uma representação "testada e irreversível", que, quando um conjunto de representações se mostra concordante, sem aparecer falso, então "cremos mais" (μᾶλλον πιστεύομεν) (AM VII, 177-8). Diz também que uma representação que é também "testada" é "mais crível" (πιστοτέρα) (AM VII, 181). Talvez Carnéades tenha logrado incorporar a um critério não-dogmático de ação aquilo que a Arcesilau ter-se-ia afigurado uma impossibilidade, em virtude de algo que só se lhe podia apresentar como um dilema: ou somos precipitados ao afirmar algo dogmaticamente, ou, evitando fazê-lo, justificamos uma ação apenas após seus efeitos. Pois, a cada vez que tentamos prever uma ação como correta, estaremos eventualmente opinando; por isso, cabe apenas justificar como razoável uma ação após sua execução e resultado. Arcesilau talvez estivesse atento para situações como a que relata Diógenes Laércio a respeito do estoico Esfero, que, após a morte de Zenão, se torna discípulo de Cleantes, e que deve então ter sido contemporâneo de Arcesilau. Segundo Diógenes (VII, 177), esse filósofo, em conversa na corte de Alexandria com Ptolomeu Filopater, disse ao rei que o sábio estoico não opina. Ptolomeu, para refutá-lo, mandou servir romãs de cera. Quando o filósofo pegou uma delas, o rei o acusou de "dar assentimento a uma falsa representação", obtendo como resposta: "não dei assentimento ao fato de serem romãs, mas ao fato de ser razoável (*eúlogon*) que o fossem". Embora não seja estoico, Arcesilau decerto enxerga o incômodo de semelhante escapatória, incômodo que então só se evitará, para ele, se assumirmos a posterioridade da justificação. A anedota é referida e comentada por Ioppolo, *Opinione...*, pp. 83-4 e 190. As análises de Ioppolo sobre o tema são também sugestivas de que Carnéades, seguindo o procedimento geral que caracteriza seu pensamento, estaria replicando – a nosso ver, sem intenções apenas dialéticas – a uma crítica

Mas as diferenças entre o probabilismo de Carnéades e o conceiton de *eúlogon* de Arcesilau são apenas aquelas que se encontram entre uma primeira tentativa e sua retomada mais desenvolta, não comprometendo o fato de que possuem muito em comum, como vimos. Ora, esse fundo comum, que já o permitia, a propósito do *eúlogon*, permite agora, a respeito do *pithanón*, aproximar o critério de ação dos acadêmicos do critério pirrônico. Vimos, por exemplo, que o pirrônico se guia pela "orientação da natureza", porque é "naturalmente sensível e pensante", pode utilizar suas capacidades inatas de pensar e sentir. Mas é conduzido também pela "necessidade (*anágke*) das afecções (*páthe*)", bebendo quando tem sede e comendo

---

estoica a Arcesilau, elaborada por Crisipo, para quem "a representação é somente uma causa inicial; ela é uma condição necessária, mas não suficiente, do impulso e da ação. Enquanto, pois, os estímulos externos são causa inicial, ou auxiliar, ou próximas das nossas ações, as causas perfeitas e principais são as disposições humanas, das quais depende o dar ou negar o assentimento que está em nosso poder" (*op. cit.*, pp. 167-8). O estoico estaria, então, veiculando criticamente a presença de certo, por assim dizer, "mecanicismo" limitante na teoria do *eúlogon*, algo que a leitura da pasagem em Plutarco pode sugerir: "Contra Arcesilau, portanto, Crisipo sustenta que a representação não basta para induzir o homem a agir, porque não é causa completa. Nem o impulso conduz φυσικῶς à ação, porque a ação nunca é casual, nem surge como resultado de um instinto imediato" (p. 172). Para Crisipo, segundo a autora, "o mecanismo da ação descrito por Arcesilau não permite, ao contrário, nenhum espaço para a ação voluntária" (p. 170). Será preciso então reconhecer que "com a *epokhé* é possível conciliar a ação e evitar a *apraxía*, o que não é possível é justificar a ação voluntária" (p. 187). Parece-nos que os "graus de probabilidade" que se podem obter e mesmo produzir para as representações, segundo Carnéades, permitem ser vistos como a introdução de um aperfeiçoamento que responde à exigência crítica de Crisipo, pois proporciona, em certo sentido, lugar para uma dimensão ativa e uma instância de decisão previamente construída pelo próprio agente a partir de sua análise da persuasibilidade de suas representações, sem com isso, no entanto, ter de adotar teses dogmáticas, como por exemplo a concepção estoica de destino. Lembre-se, contudo, que a persuasão que se obtém pelo exame e teste das representações só pode levar a um aumento de sua intensidade, de uma vivacidade perante a qual permanecemos experimentando passividade.

quando sente fome. Em ambos os casos, trata-se de pautar-se pelo que aparece (*tà phainómena*) (HP I, 23-4). Isso se diz também como um "seguir as afecções naturais" (τοῖς φυσικοῖς πόθεσιν ἑπόμενοι) (HP I, 231), justamente no momento em que se trata de distinguir o critério pirrônico de ação do acadêmico. Parece-nos evidente que o "fenomenismo" do pirrônico, que lhe proporciona um critério legítimo de conduta, também se instaura a partir de uma análise do conceito fundamental de *phainómenon* como *páthos*, e que está aí, nessa passividade que caracteriza, antes de mais nada, todo aparecer, a garantia da desejada imunidade ao dogmatismo. Ora, isso, como se buscou aqui mostrar, pode ser dito, sem sombra de dúvida, também a propósito do probabilismo carneadiano e, em medida mais modesta, da doutrina do *eúlogon*.

Retomemos então as páginas de Sexto Empírico mais significativas para a compreensão do sentido exato da filosofia pirrônica, aquelas que iniciam as *Hipotiposes*; elas mostram claramente que, se o conceito de *phainómenon* desempenha papel de tamanha importância, é porque sofreu, num processo bastante semelhante ao que encontramos em Arcesilau e sobretudo Carnéades, refinamentos importantes. E é possível observar que, também no pirronismo, recorrer à noção de *páthos* para bem expressar o sentido desse fenomenismo resulta de uma lição imposta pela investigação crítica das filosofias.

O pirrônico, nos diz Sexto, não dá assentimento a não-evidentes (HP I, 14), e sua investigação crítica das filosofias, sua *zétesis*, se debruça precisamente sobre as precipitadas tentativas de elaborar teorias explicativas que os justificassem ou recusassem definitivamente. Sobre ambas as possibilidades, o pirrônico, como sabemos, suspende o juízo. O alcance dessa suspensão e da investigação crítica que ela impõe pode ser expresso pela distinção entre o que aparece, o fenômeno, e *o que se diz a seu respeito*, que dogmaticamente já vai além dele, em busca de seus fundamentos. Eis por que pode o pirrônico afirmar que não investiga "o que aparece", mas sim "o que é dito sobre o que aparece" (HP I, 19-20), "se o objeto é tal como aparece" (HP I, 22). Essa imunidade do "próprio fenômeno" (HP I, 19-20) à investigação, o fato de ele ser, portanto, *azétetos*, se explica, na verdade, pela impossibilidade mesma de negar-lhe certo assentimento, pois repousa "numa afecção involuntária (ἐν|ἀβουλήτῳ πάθει)" (HP I, 22), e o cético não poderia negar assentimento às "afecções que o constrangem (τοῖς|κατηναγκασμένοις πάθεσι)" (HP I, 13), "às coisas que nos movem passivamente (τοῖς|κινοῦσιν ἡμᾶς παθητικῶς) e conduzem inevitavelmente (ἀναγκαστικῶς) a um assentimento" (HP I, 193). É, pois, como *páthos*, como uma aparecer que se me dá passiva e forçosamente, que posso exclui-lo de minha *zétesis* crítica.

Por isso, pode-se mesmo identificar *phainómenon* e *páthos* e pretender que, ao dizer o que aparece, expressa-se um afecção pessoal, como faz o pirrônico para esclarecer o sentido não-dogmático das várias expressões de que se utiliza: "ao proferir essas fórmulas (o cético) diz o que aparece a si próprio (τὸ ἑαυτῷ φαινόμενον) e anuncia sua própria afecção (τὸ πάθος|τὸ ἑαυτοῦ)" (HP I, 15); "mas (o cético) o diz afirmando o que a ele próprio aparece (τὸ ἑαυτῷ φαινόμενον) sobre o proposto de modo anunciativo, não declarando dogmaticamente com convicção, mas descrevendo o que sofre (ὃ πάσχει)" (HP I, 197). Todas as suas fórmulas são "indicativas da disposição cética e da afecção em nós (τοῦ περὶ ἡμᾶς πάθους)" (HP I, 187), como por exemplo "não mais isso do que aquilo", que mostra "nossa afecção (πάθος ἡμέτερον)" (HP I, 190), ou "tudo é não-apreensível", que é anúncio de uma "afecção própria (τὸ ἑαυτοῦ πάθος)" (HP I, 200), e "não apreendo", que indica "afecção pessoal (πάθους οἰκείου)" (HP I, 201), assim como a proposição "a todo argumento um argumento igual se opõe", que é "anúncio de uma afecção humana (ἀνθρωπείου πάθους), a qual é fenômeno ("está aparecendo") a quem a sofre (ὅ ἐ στι φαινόμενον τῷ πάσχοντι)" (HP I, 203).

Ora, essa intensa aproximação entre as noções de *phainómenon* e *páthos* só se justifica e legitima quando, adotando agora para o pirronismo a mesma abordagem que norteou nossa análise dos acadêmicos, passamos a ver na segunda a forma por assim dizer primitiva de expressar aquilo que realmente resiste a um ataque crítico à *concepção realista de representação* e que, nessa exata medida, permite recuperar um sentido para o "aparecer", agora devidamente repensado e beneficiado pelos resultados dessa crítica. Para tanto, é necessário observar o conjunto mais bem elaborado de argumentos que o pirronismo dirigiu a esse conceito dogmático: os dez modos de suspensão de juízo atribuídos a Enesidemo, que representam mesmo o análogo pirrônico àquela bateria de argumentos que encontramos no segundo livro dos *Academica*, dirigidos contra os sentidos.

Nos modos de Enesidemo, ocorre com certa frequência o emprego da expressão *tò phainómenon*, "o que aparece", ou *tà phainómena*, "as coisas que aparecem", com a função de expressar as próprias coisas (cf. HP I, 44, 49, 90, 94, 96, 121), aquilo que outras passagens chamam, mais precisamente, de "objeto subjacente externo", *tà ektòs hypokeímena* (às vezes com ligeiras variações; cf. HP I, 61, 78, 87, 99, 106, 112, 117, 124, 127, 128; 134, 140, 144, 163; lê-se também *tà prágmata* em 59, 129 e 163). Trata-se de uso possível da expressão, um emprego, digamos, pré-filosófico ou brutalmente realista da mesma, pelo qual não cabe distinguir o objeto de sua manifestação fenomênica. Mas há uma sua utilização mais importante, já filosoficamente planejada, mediante a qual aciona-se, a bem dizer, todo o mecanismo argumentativo desses modos. Como sabemos, eles visam a estabelecer um conflito que não pode ser decidido e que nos deve levar, então, a suspender o juízo. Tal conflito se diz, ao mesmo tempo, em duas formulações e numa delas, o vocabulário do aparecer já recebe tratamento mais refinado: "os mesmos objetos aparecem (*phaínetai*) diferentes" (HP I, 59, 107, 118; noutros termos, o mesmo verbo se emprega em 87).

Distingue-se agora o objeto do fato de que aparece, e será na diversidade em diversos sentidos conflituosa desse seu variado "aparecer" que se estabelecerá a incapacidade de decidir e a consequente suspensão. Mas isso se diz também de outro modo: "diferentes representações (*phantasíai*) surgem dos mesmos objetos" (HP I, 40, 61, 80, 106), e tal conflito indecidível é, ao mesmo tempo, expressão da impossibilidade de julgar essas representações (HP I, 112). Assim, os termos do problema nos levam de volta ao estoicismo e sua influente doutrina da representação, que opera nos modos como ponto de partida de que emergirá a crítica e a necessidade da suspensão. E a relação entre as representações e os objetos externos se expressa no vocabulário do aparecer, que agora é um dos termos do problema.

A conclusão dos modos em favor da *epokhé* traz consigo um certo resíduo que a formulação crítica amiúde registra: se, em virtude do indecidível conflito de representações que aparecem diferentes a partir dos mesmos objetos, não posso me pronunciar sobre como são por natureza (HP I, 59, 78, 87, 93, 112, 123, 128, 129, 134, 135, 140, 144, 163), é, no entanto, possível ainda dizer "como cada um dos objetos me aparece (*emoì phaínetai*)" (HP I, 78, 87, 93, 112, 123, 140, 144, 163). Suspensa a questão da objetividade de meu aparecer, comentada na terminologia estoica da representação (apreensiva), o que me "aparece" não mais pode ser sinônimo da coisa mesma e não pode mais ser visto simplesmente como sua representação. *Enquanto aparecer*, tal *phainómenon* se mantém imune à suspensão, pois é agora um evento pessoal que em mim se dá, independentemente de sua possível objetividade, de seu poder, agora obscuro, de "apreensão". E é o próprio Sexto Empírico quem nos autoriza a introduzir a noção de *páthos* para expressar o resultado dos modos de Enesidemo, quando, no segundo livro das *Hipotiposes*, analisando a noção estoica de representação e problematizando sua capacidade apreensiva, a eles se refere:

"Mas nem é possível dizer que a alma apreende por meio das afecções sensíveis os objetos externos, por serem as afecções dos sentidos (τὰ πάθη τῶν αἰσθήσεων) semelhantes a tais objetos. Pois baseado em que o intelecto saberá se as afecções dos sentidos são semelhantes aos sensíveis, se nem este entra em contato com os objetos, nem os sentidos lhe mostram a natureza deles, mas as suas próprias afecções (τὰ ἑαυτῶν πάθη), como argumentamos a partir ds modos de suspensão de juízo (ἐκ τῶν τρόπων τῆς ἐποχῆς)?" (HP II, 74).

Pode-se então dizer que o fenomenismo pirrônico, resultado da "descoberta" de que uma crítica contundente à pretensão especular do dado não o suprime, apenas modifica nossa maneira de enfocá-lo, emerge de uma análise crítica da noção estoica de representação. Isso não quer dizer que o pirronismo não se poderia consituir e formular sem a tábua conceitual do estoicismo. Mas significa aquilo mesmo que se constatou a propósito dos acadêmicos, ainda que, talvez, em menor intensidade: a parte positiva que resulta da crítica se elabora à luz daquilo mesmo que criticou. Um conceito pirrônico de *phainómenon* se expressará, como o fizera o *pithanón* de Carnéades e também o *eúlogon* de Arcesilau, tomando a *phantasía* estoica como apoio semântico, num processo de depuração do dado daquilo que a crítica nos revela ser apenas sua franja dogmática.

Eis por que as passagens dos textos que associavam uma acepção pirrônica já elaborada e refinada de *phainómenon* à noção de *páthos*, faziam-no pela mediação do conceito de representação. Voltemos então aos momentos do início das *Hipotiposes* em que se descrevia e elegia o *phainómenon* como critério de ação em sua passividade. Quando esclarecia que o cético não suprime os *phainómena*, acrescentando ainda que nem mesmo os investiga enquanto tais, eis como se expressava completamente sua inevitabilidade e consequente imunidade à *zetesis*: "pois as coisas que nos conduzem involuntariamente (ἀβουλήτως) ao assentimento, conforme uma representação passiva (κατὰ φαντασίαν παθητικήν), não suprimimos, como dizíamos acima; e essas coisas são os fenômenos (τὰ φαινόμενα)" (HP I, 19). Sexto faz aí alusão a um comentário pouco anterior, onde afirmava que o cético dá assentimento a "afecções que constrangem conforme uma representação (κατὰ φαντασίαν)" (HP I, 13). E quando anunciava seu critério de ação, o fenômeno, assim o justificava: "assim, o critério da conduta cética dizemos ser o fenômeno (τὸ φαινόμενον), assim chamando virtualmente sua representação (δυνάμει τὴν φαντασίαν αὐτοῦ οὕτω καλοῦντες); pois, como ela jaz num sentimento e afecção involuntária (ἐν πείσει γὰρ καὶ ἀβουλήτῳ πάθει κειμένη), não pode ser investigada (ἀζήτητος)" (HP I, 22). Esse modalizador: "conforme uma representação passiva", expressa o papel de ponte que a noção estoica desempenha para afirmação do *phainómenon* como *páthos*. Parece-nos que essa expressão, um tanto singular, não pretende se referir a um determinado tipo de representação que seria passiva, em contraste com algum outro tipo que não o seria. Trata-se de evocar *aquilo que na representação é passivo* – o fato de que, antes de pretender "representar" algo, tal *phantasía* é um *páthos*, que como tal se impõe, e é isso que caracteriza, para o pirrônico, os *phainómena*. Eles são, por assim dizer, as antigas representações desprovidas agora de sua pretensão especular, e que agora, portanto, não mais cabe tratar como tais, mas sim como simples afecções que só vemos assim quando delas retiramos essa camada dogmática de significação que, agora se sabe, representava um acréscimo teórico, que na justificação das decisões da conduta diária se pode dispensar sem malefício. Eis por que se pode também dizer do fenômeno que é "virtualmente" (*dynámei*) sua representação: a suspensão de juízo, se nos proíbe de tratar o dado como representação fiel da realidade, ao mesmo tempo não permite excluir tal possibilidade.

Ora, em Carnéades nos parece que se trata, ainda que, decerto, com mais ênfase, de utilizar o conceito de representação num espírito semelhante, como um ponto de referência acima de tudo semântico, sem, contudo, pretender que a "probabilidade" mantenha ainda alguma intenção "representativa" no sentido dogmático tradicional.[22] É verdade que o probabilismo mobiliza a noção estoica

---

22 Para Couissin, a conhecida crítica de Enesidemo aos acadêmicos, tal como exposta em Fócio, pretende incidir também sobre o *eúlogon* de Arcesilau e o *pithanón* de Carnéades, não se limitando a acadêmicos posteriores. Isso porque, ainda segundo Couissin, Enesidemo vê aí sempre transgressão da suspensão de juízo no sentido em que a compreende, o que o leva a contrapor a tais conceitos a célebre fórmula "não mais", expressão lapidar do equilíbrio que caracteriza aquilo que considera a autêntica *epokhé*. "Os pirrônicos, diz ele (Enesidemo), não estabelecem diferenças entre as representações, não distinguem 'o verdadeiro e o falso, o persuasivo e o dissuasivo, o que é e o que não é', como fazem os acadêmicos. Ele retoma a fórmula οὐ μᾶλλον: 'não mais isto do que aquilo', traço de união entre ele e os pirrônicos primitivos. Daí decorre que uma representação não é mais persuasiva do que dissuasiva, ou que não é nem uma nem outra, o que é uma e outra" (L'Origine…", p. 393). Em favor disso, reconheça-se que o texto de Fócio diz que a acusação de estoicismo aos acadêmicos dizia respeito "sobretudo (*málista*) aos de agora", o que torna razoável concluir que esse diagnóstico se aplica "à Academia como um todo, depois de Arcesilau" ("The Stoicism…", p. 31). A distinção entre duas "maneiras de ser" das representações, se bem compreendida sua função, pareceu-nos, entretanto, mostrar que também o probabilismo respeita a indistinguibilidade das representações expressa na fórmula pirrônica, algo que a exposição baseada em Clitômaco no segundo livro dos *Academica* categoricamente mostrou. Não há por que ver aí diferença substantiva com o pirronismo, quando se recorda que as referidas distinções entre as representações só se sustentam do ponto de vista subjetivo. Ainda nos parece mais razoável conjecturar que Enesidemo tem em mente, com sua acusação de estoicismo latente e sua consequente crítica, a posteridade de Carnéades, e que a inclusão que se pode inferir do emprego da palavra "sobretudo" é uma forma de relacionar esse guinada dogmática à sua origem, guinada que Enesidemo pode muito bem ter visto apenas como fruto de uma leitura infeliz, mas que o obriga agora, em nome dos mais genuínos ideais céticos, a buscar, desse desvio, sua genealogia, da mesma forma que, em seu próprio interesse, voltará a Pirro. Uma última consideração nos parece necessária a propósito da interpretação dita "dialética". Pode-se, a nosso ver, compreender o espírito que a anima, a partir da maneira como Couissin comenta a leitura que Filo teria feito da posição de Carnéades. Segundo Couissin, quando Filo afirma que as coisas são não-apreensíveis no que concerne ao critério estoico, mas

de representação com maior importância do que o faz o fenomenismo. E que utiliza vocabulário de verdade e falsidade, algo que um

apreensíveis em si mesmas (HP I, 235), "ele reduz a crítica de Carnéades a uma refutação desse critério e, quando diz que as coisas são *akatálepta* ('não-apreensíveis'), quer dizer que a 'representação apreensiva' dos estoicos não conduz à apreensão. Filo estava certo em ver na filosofia de Carnéades uma abordagem crítica do estoicismo: Sexto (HP I, 226) reproduziu um equívoco, possivelmente deliberado, de sua fonte, quando afirmou que a Nova Academia "assegurou" (*diabebaioûntai*) a não-apreensibilidade das coisas. Carnéades refutou a teoria estoica do conhecimento, mas estava satisfeito com isso, não propondo nenhuma teoria própria" ("The Stoicism...", p. 54). Ora, se é verdade que a análise se serve da interpretação que faz Filo da filosofia de Carnéades para daí concluir por seu sentido *contra stoicos*, não é menos verdade, e isso nos parece muito mais revelador, que, observando a argumentação por outro ângulo, a defesa de um Carnéades *contra stoicos* permite dele afastar a acusação de *dogmatismo negativo*. Nesse sentido, cabe a conjectura: não terá a interpretação "dialética' sido concebida como uma forma de evitar essa crítica? Desse ponto de vista, é como se interpretar "dialeticamente" fosse preciso, pois só assim uma posição "cética" consistente emergirá. Talvez essa abordagem, então, se baseie numa espécie de dilema: ou os chamados "céticos" acadêmicos falam *contra stoicos*, ou não são céticos, como se ser "cético" significasse, ao fim e ao cabo, cair na armadilha do dogmatismo negativo. E a única forma de evitá-lo seria, então, eximi-los de toda e qualquer afirmação. Ou, então, produzir tentativas de explicação de cunho psicologizante e, no limite, impossíveis de avaliar, como nesta passagem: "Temos de assumir que Carnéades, ou porque realmente não acreditou em nada, ou porque, como um orador hábil e astuto, não quis expor-se à crítica, recusou comprometer-se com qualquer doutrina positiva" ("The Stoicism...", p. 51). Apesar do risco de ter feito aqui uma redução grosseira dos motivos desse tipo de leitura, particularmente das perspicazes análises de Couissin, parece-nos que esse seria um falso dilema. De fato, todo o nosso esforço, aqui, dirigiu-se à tarefa de mostrar que os acadêmicos Arcesilau e Carnéades, como os pirrônicos, julgam possível passar ao largo do dogmatismo, seja ele negativo, seja ele positivo, e, ao mesmo tempo, defender uma posição *in propria persona*. E nos parece que o ônus da prova está do lado de quem não vê alternativa àquele dilema, pois ele parece fundamentado numa concepção de ceticismo apenas aparentemente óbvia, inspirada talvez em lugares-comuns que preconizam uma ligação indissolúvel entre ser cético e nada dizer. Em suma, não estaria tal interpretação excessivamente voltada para um retrato caricatural da figura do cético? Parece-nos esta uma ponderação importante para a adequada avaliação dessa linha de interpretação.

pirrônico – pelo menos um pirrônico grego antigo - poderia achar excessivamente forte. Mas uma leitura cuidadosa de nossas fontes nos parece autorizar, também aqui, que se aproximem as duas correntes. Não custa mais uma vez lembrar que, em Carnéades, "verdade" adjetiva o modo de aparecer da representação no intelecto, não aquela semelhança possível entre afecções e objeto de origem que o pirrônico também condena à suspensão.[23]

---

23 Parece-nos que as aproximações entre probabilismo acadêmico e fenomenismo pirrônico podem ser desenvolvidas, nalguma medida importante, também a respeito do modo como ambas as doutrinas julgam possível sofisticar a exploração do dado. No caso do pirronismo, são notáveis os pontos de semelhança entre a concepção de *tékhne* que se constrói fenomenicamente e características metodológicas essenciais daquilo que se chamou mais tarde método experimental, particularmente da proposta humiana. Com a noção de *signo rememorativo*, que permite ler os fenômenos e suas relações à luz de suas conexões frequentes que se manifestam fenomenicamente, pode-se até, julga o pirrônico, fazer predições relativamente seguras. Como observa Oswaldo Porchat Pereira, "a doutrina do signo rememorativo, tal sobretudo como o pirronismo a entende, é extraordinariamente próxima da doutrina humiana da causalidade como conjunção constante, até mesmo exemplos e explicações sendo bastante semelhantes. E, rejeitando embora a concepção dogmática de causa, não hesita o pirrônico em usar o vocabulário habitual da causalidade a propósito da conexão constante entre eventos (AM V, 103-104)" ("Ceticismo e Argumentação", *Vida Comum e Ceticismo*, p. 237, nota 23. Para as passagens de Sexto Empírico em que se expõe esse conceito e seus desdobramentos, cf. *art. cit.*, pp. 237-9). No caso do probabilismo acadêmico, não se possuem informações tão ricas, mas há indícios de que uma concepção probabilista de *tékhne*, da qual se fará talvez alusão por Cícero numa linha dos *Academica* ("...(artes) que apenas seguem o que aparece (*quae tantum id quod videtur sequuntur*)), seria possível em moldes semelhantes. Segundo a exposição de Sexto no primeiro livro *contra os Lógicos*, o acadêmico constata que "nenhuma representação é de forma simples, mas se liga a outra de modo não solto" (176), o que também permite cogitar de uma forma de "associação" de representações, importante para nossas crenças, em terminologia que também faz pensar em Hume e suas noções de hábito e conjunção constante: "cremos que este é Sócrates a partir do fato de todas as coisas costumeiras (τὰ εἰωθότα) estarem presentes nele..." (178); e, como "os julgamentos e ações são avaliados pela maioria dos casos (ὡς ἐπὶ τὸ πολύ)" (175), não é incompatível com a doutrina a ideia de elaboração de

generalizações que as diversas técnicas poderiam produzir e aplicar, em resultado da observação das ligações entre as representações. Também não falta aí menção à medicina e sua prática de levar em conta a "ação conjunta" (συνδρομή) dos sintomas de uma doença, comparação que leva a concluir que também o acadêmico faz o "julgamento da verdade pela ação conjunta das representações" (179). Evidentemente, considerando-se o vocabulário forte, permanece sempre a possibilidade de que tenhamos aí um desdobramento já posterior, de consequências dogmáticas, da doutrina. Mas já sabemos que o vocabulário tem sua mobilidade, e que o emprego de uma palavra, por um cético, seja acadêmico, seja pirrônico, é frequentemente sujeito a tais mal-entendidos. De qualquer forma, parece-nos possível que uma doutrina probabilista não-dogmática, como a que julgamos ser a de Carnéades, comporte legitimamente semelhantes desdobramentos, como ocorre no pirronismo.

Conclusão

Nossa incursão pela filosofia da chamada nova Academia buscou, como dizíamos de início, delimitar um núcleo duro de genuíno ceticismo nas posições de Arcesilau e Carnéades. Durante nosso trajeto, procuramos, nos momentos que nos apareciam como mais adequados, devidamente apoiados nos resultados da análise, esclarecer o quanto nos parecia haver de mal-entendido em algumas críticas feitas pelo pirrônico das *Hipotiposes Pirronianas*, quando dirigidas especificamente a esses dois filósofos. Diferentemente do que pretende o pirronismo, Carnéades não fez asserção dogmática da não-apreensibilidade, pois ele retomou a posição rigorosa de Arcesilau em favor da suspensão de juízo, tendo utilizado sua propalada capacidade dialética para, em nome dessa posição, estender a crítica do dogmatismo ao amplo leque das diversas filosofias. Foi com essa intenção apenas – mostrar que, se há uma sabedoria, ela consiste em suspender o juízo – que, como vimos, já Arcesilau veiculava a não-apreensibilidade, nisso, como chega a reconhecer Sexto Empírico, não diferindo do pirronismo. E nos parece que Carnéades, retomando a "hercúlea tarefa", como diz Cícero, de afastar o assentimento dogmático, segue a mesma via. Ao mesmo tempo, com sua doutrina do probabilismo, esse filósofo retoma do antecessor a empresa de responder ao desafio dogmático de um critério de ação sem assentimento e dogma, e julgamos que, apesar da inegável presença de elementos de tendências dogmatizantes nos textos que expõem a doutrina, especialmente o excerto do primeiro livro *Contra os Lógicos* de Sexto, há motivos para concluir em favor da existência neles de uma versão não-dogmática originalmente carneadiana. Versão essa que só se vislumbra e compreende quando tomamos esse excerto de Sexto como complementar ao que expõem sobre o tema importantes páginas do segundo livro dos *Academica* de Cícero, e o lemos devidamente alertados pela descrição menos ambígua que tais páginas transmitem. O que permite preservar Carnéades, e provavelmente também Clitômaco, da acusação de que a preferência por certas representações como mais ou menos prováveis resulta em posição dogmática. Também neste caso, tratou-se de mostrar, ao contrário do que diz Sexto Empírico, uma semelhança profunda.

E essa semelhança fundamental, por assim dizer, de doutrina, se acompanha de uma progressão conceitual também semelhante, por sua vez desenvolvida mediante estratégias de argumentação um tanto diferentes.

Progressão conceitual semelhante: de fato, se as análises aqui desenvolvidas fizerem sentido, será correto dizer que tanto pirrônicos como acadêmicos extraem de sua crítica ao dogmatismo, especificamente à teoria estoica da representação apreensiva e da apreensão, uma lição positiva, que instaura, respectivamente, o fenomenismo e o probabilismo como instrumentos de explicação e justificação de suas próprias posições e da ação sem dogma. Em ambos os casos, essa lição, para além das variações de terminologia e ênfase, consiste em perceber que é possível reconsiderar o dado, cuja dimensão especular e objetiva a crítica tornou objeto de suspensão, num sentido desprovido de comentário dogmático, apenas na justa medida em que nos é dado, como *páthos* que, no fenomenismo pirrônico, se torna um simples "aparecer", um fenômeno, e, no probabilismo acadêmico, se entende como representação, mas apenas provável, dizendo-se também como um "aparecer verdadeiro". Também em ambos os casos, o estoicismo comparece privilegiadamente no horizonte da crítica e, por isso mesmo, fornecerá, talvez em intensidade diferente, mas sempre determinante, o ponto de referência para essas duas formas de recuperar e depurar o dado. Estratégias de argumentação diferentes: enquanto, por um lado, a mais bem desenvolvida crítica pirrônica à representação apreensiva dos estoicos, nos modos de suspensão de juízo de Enesidemo, evoca os cinco modos de Agripa e explora dificuldades intersubjetivas de caráter formal, como relatividade, círculo vicioso, regressão ao infinito, resultantes da tentativa de resolver o conflito de representações originadas do mesmo objeto, os acadêmicos, por outro lado, Carnéades sobretudo, perscrutam a doutrina da representação em seu âmago e dirigem o olhar crítico para aquilo que, nessa doutrina mesma, se apresenta, para além da própria dimensão subjetiva da representação, como componente *stricto sensu* subjetivo do processo do conhecer e apreender: o próprio intelecto em sua função de ativamente dar assentimento. Essa subjetividade estrita, seus argumentos do sonho e alucinação ousam eleger como lugar crítico, como última instância de julgamento e decisão acerca do problema da objetividade do dado. A ela o filósofo em *epokhé* por assim dizer retornará, movido agora pela intenção de nela descobrir, na relação visceralmente subjetiva que o intelecto sustenta com suas representações, uma característica, um aspecto que lhe permita relê-las, distingui-las e codificá-las como critérios de escolha prática. Esse aspecto, essa característica, ele a encontra na distinta força, vivacidade, intensidade, clareza ou nitidez com que se apresentam, com que afetam o intelecto, que pode então constatá-la em si mesmo, como um evento seu, sem transpor a linha fronteiriça que separa esse fato mental de sua problemática relação de adequação com o objeto de origem. Semelhante reformulação formal autoriza a que se proceda na vida prática como antes, com a diferença de que aqueles mesmos conteúdos que pautavam a conduta não mais o farão porque "apreensivos" do real, mas em virtude apenas daquela especial vivacidade – para retomar o corajoso e talvez imprudente vocabulário do probabilismo, em virtude apenas de seu "aparecer verdadeiro".

Reiteradas as principais conclusões e resultados a que chegamos, parece-nos que duas interrogações se impõem, decorrentes dessa presença de uma acepção forte de subjetividade que distingue o procedimento dos acadêmicos.

Em primeiro lugar: em que sentido se pode e, portanto, em que sentido não se pode afirmar que tal concepção de subjetividade aproxima os acadêmicos dos modernos, como aqui se pretendeu defender? Para compreender como se deve expressar a aproximação, observe-se que, na chamada filosofia moderna, parece possível destacar uma espécie de conceito geral de subjetividade que recobre doutrinas filosóficas em muitos pontos incompatíveis, mas que compartilham uma certa visão comum do sentido e função da análise filosófica. É o caso de filosofias que concebem como importante, como incontornável mesmo, a questão dos limites do conhecimento, como o cartesianismo e as filosofias empiristas que a ele se contrapõem. Lembra-nos um importante leitor de Descartes, M. Gueroult, a propósito do projeto desse que se considera espécie de fundador da modernidade filosófica, que, desde as *Regras para a Direção do Espírito*, já se põe para o filósofo a tarefa de determinar o alcance e os limites de nosso conhecimento e já se afirma o intelecto como ponto de partida do conhecimento. E acrescenta: "o estabelecimento desse princípio que se formulará na segunda Meditação da seguinte maneira: o Cogito é o primeiro dos conhecimentos, o espírito é mais fácil de conhecer do que o corpo, pois o espírito se conhece sem o corpo, mas o corpo não pode se conhecer sem o espírito, abre a era do idealismo moderno e inverte o ponto de vista escolástico".[1]

---

[1] (*Descartes selon L'Ordre des Raisons*, Paris, Vrin, 1953; vol. I, p. 16). Sobre o tema dos limites do conhecimento, diz a oitava Regra: "Ora, para não

Contudo, para divisar o alcance da "inversão" que a subjetividade moderna instaura e suas distintas possibilidades de compreensão e exploração, não basta recorrer às primeiras verdades das *Meditações*, pois elas são, na verdade, apenas a primeira e talvez mais genial maneira de pensá-la, que motivará a posteridade a, retomando-lhe a inspiração, criticar-lhe a aplicação e os resultados. Como observa o próprio Gueroult, "esse primado da reflexão sobre si, erigida em princípio metódico para a determinação dos limites de nossas faculdades, marca a impregnação do empirismo pelo cartesianismo". E após observar também a semelhança com o projeto kantiano, acrescenta: "essa subordinação de todo o empreendimento filosófico à determinação do poder de nosso entendimento e de seus limites não se encontra nos grandes cartesianos: Espinosa, Malebranche, Leibniz".[2] Tal fato é significativo para o que nos interessa aqui destacar: concebida na origem como "princípio metódico" que norteia a busca pelos limites do conhecimento, a subjetividade inaugurada por Descartes ganha, por assim dizer, vida própria, a ponto de tornar-se, para a posteridade, sobretudo instrumento para a elaboração da própria crítica do cartesianismo, e não recurso explorado por seus continuadores. Até ironicamente, mas não por acaso, retomar-se-á a intenção declarada das *Regras*, por exemplo, em Locke e seu *Ensaio acerca do Entendimento Humano* ("Carta ao Leitor" e na Introdução), bem como na primeira seção da *Investigação acerca do Entendimento Humano* de Hume. E em ambas essas influentes obras, reafirma-se

---

ficarmos sempre na incerteza quanto à capacidade da inteligência e para que ela não trabalhe em vão e ao acaso, antes de nos prepararmos para conhecer as coisas em particular, importa uma vez na vida ter investigado cuidadosamente de que conhecimentos a razão humana é capaz. Para melhor o fazer, entre as coisas igualmente fáceis de conhecer, é por aquilo que há de mais útil que se deve encetar a inquirição" (*Regras para a Direção do espírito*, Lisboa, edições 70, 1989, p. 49).

2 (*Ibid.*, pp. 15-6).

a necessidade de encontrar os limites do conhecimento, agora, contudo, para denunciar como apenas aparentemente científicas certas teses veiculadas por determinadas filosofias, entre as quais contam o próprio cartesianismo. Mas isso se faz, como deixam claro os títulos mesmos, a partir de uma análise do intelecto.³

Pode-se então entender o conceito moderno de subjetividade a partir de uma perspectiva metodológica, que contorna as profundas diferenças doutrinais o bastante para que nele se vejam contempladas filosofias tão díspares como o cartesianismo e o chamado empirismo. Eis aí o que se denominara há pouco de conceito geral de

---

3   Em Locke, veja-se a Introdução do *Ensaio*: "Quando conhecermos a nossa própria força, saberemos melhor o que intentar com esperanças de êxito; e quando tivermos examinado com cuidado os poderes de nossas mentes, e feito alguma avaliação acerca do que podemos esperar deles, não tenderemos a ficar inativos, deixando de pôr nossos pensamentos em atividade, pelo desespero de nada conhecermos; nem, por outro lado, poremos tudo em dúvida e renunciaremos a todo conhecimento, porque algumas coisas não são compreendidas (#6)...Foi isso que deu, no início, nascimento a este *Ensaio acerca do Entendimento*. Pensei que o primeiro passo para satisfazer várias indagações, às quais a mente do homem estava apta para tender, seria o de investigar nossos próprios entendimentos, examinar nossos próprios poderes e ver para que coisas eles estão adaptados (#7)" (*Ensaio acerca do Entendimento Humano*, São Paulo, ed. Abril, 1978). Quanto a Hume: "O único método de libertar a instrução, de uma vez, dessas questões abstrusas, é investigar seriamente a natureza do entendimento humano e mostrar, a partir de uma análise exata de seus poderes e capacidade, que absolutamente não está apto a tais assuntos remotos e abstrusos (#7)...Torna-se, portanto, parte não insignificante da ciência simplesmente conhecer as diferentes operações da mente, separá-las umas das outras, classificá-las sob suas próprias rubricas e corrigir toda essa aparente desordem em que se veem envolvidas, quando tornadas objeto de reflexão e investigação. Essa tarefa de ordenar e distinguir, que nenhum mérito tem, quando executada a propósito dos objetos externos, os objetos de nossos sentidos, cresce em seu valor, quando dirigida às operações da mente, proporcionalmente à dificuldade e esforço com que deparamos ao executá-la. E se não podemos ir além dessa geografia mental, ou delineamento das partes e poderes distintos da mente, é ao menos uma satisfação chegar a tanto (#8)" (*An Enquiry concerning Human Understanding*, Oxford, 1902).

subjetividade, que se pode expressar recorrendo, por exemplo, às palavras que utiliza outro importante leitor de Descartes, tão importante quanto Gueroult, palavras que julgamos poderem ser estendidas ao que pretenderam os empiristas: "os critérios de reconhecimento, que são as garantias metódicas da verdade, são pensados na esfera da subjetividade, primeiramente de forma autônoma e independente". Haverá, assim, uma "inspeção de ideias, um percurso pelo interior das representações".[4] Essas palavras não permitem apenas explicar o ponto de partida do caminho que conduz ao *Cogito*: passam também por feliz comentário sobre o enfoque mediante o qual, por exemplo, Hume analisa o intelecto e nele encontra uma explicação para o fenômeno da certeza e da crença em "questões de fato", seguindo então direção que o afasta diametralmente do cartesianismo.

Ora, é nesse sentido eminentemente metodológico, mais geral e, ao mesmo tempo, rigoroso e preciso de subjetividade, que nos parece possível aproximar os céticos acadêmicos dos filósofos modernos, tanto de um Descartes, como de um Hume. O prisma pelo qual os acadêmicos, Carnéades particularmente, enfocam e analisam os estados de sonho e alucinação propõe uma exigência que em nada nos parece diferente do que encontramos nesses filósofos. Detectar, como vimos, no assentimento do intelecto, em seu ato voluntário, a instância última de decisão do problema do critério de verdade, proibindo assim a influência daquilo mesmo que é agora objeto de suspeita, o eventual e problemático valor objetivo das representações, também significa estabelecer que, "na esfera da subjetividade", tal critério se investigue "de forma autônoma e independente".

Contudo, sabemos que, no caso dos acadêmicos, essa análise do tema da representação e seu poder de apreensão, pautada por uma exigência subjetiva estrita, se concebe desde sempre como meio de

---

4 Franklin L. e Silva: *Descartes – A Metafísica da Modernidade*, São Paulo, ed. Moderna, 1998, p. 9 e 10.

evidenciar a não-distinguibilidade das representações e de, *ipso facto*, introduzir a necessidade de uma suspensão de juízo, suspensão que porta sentido e função bem distintos daqueles que essa ideia apresenta na *primeira Meditação* de Descartes, como um momento preparatório indispensável para a descoberta das verdades mais fundamentais, cujo estatuto será doravante inquestionável. Tal diferença, a nosso ver, não compromete a semelhança mencionada; mas chama nossa atenção para o fato de que a noção moderna de subjetividade possui também significado mais específico. No caso do cartesianismo, como se pode ver, veicular tal noção significa também evocar um "polo irradiador de certeza",[5] que permita estabelecer, como dizia Gueroult, verdades que se obtêm no espírito, nessa esfera autônoma que, nessa mesma medida, se vai revelando imune à dúvida. Aqui, a originalidade cartesiana produz um abismo intransponível ao cético acadêmico. "Clareza e distinção", características que o acadêmico já pode ver nas representações de um ponto de vista novo – eis a essência do probabilismo –, produzem persuasão e crença, mas nunca verdade, exceto, como vimos, enquanto um "aparecer" no intelecto. Ora, esse "aparecer verdadeiro" de certos conteúdos no intelecto, agora será, com Descartes, índice de verdades primeiras, no sentido absolutamente rigoroso da expressão, aquele mesmo que ao acadêmico se mostrava necessariamente objeto de suspensão. Numa palavra, "clareza e distinção", no cartesianismo, já são critério de verdade. A simples ideia de um critério de verdade em qualquer sentido "subjetivo", grande inovação do cartesianismo da qual o *Cogito* é a expressão mais plena, não pode fazer sentido para um cético acadêmico antigo, sob pena de perder-se a distinção mesma com o dogmatismo, sem cuja crítica o acadêmico não teria por que empreender qualquer

---

5   Franklin L. e Silva, *op. cit.*, p. 7.

processo de subjetivação que o levasse a elaborar um sentido para a ideia de autonomia do subjetivo. Nesse sentido mais específico em que se relacionam subjetividade e verdade, a aproximação com outra espécie de subjetividade, aquela presente em Hume, parece mais frutífera, pois, como vimos, o conceito acadêmico de crença prenuncia aspectos importantes da concepção humiana. Não é por acaso que isso ocorre, pois também Hume vê seu projeto filosófico, nalguma medida, como uma crítica e denúncia da pia esperança, que é também cartesiana, de uma verdade absoluta. Como vimos, na comparação entre o francês e o escocês, o projeto é de mesma formulação e intenção geral, mas os resultados, além de distintos, são, para Hume, inconciliáveis. Isso estabelece uma semelhança maior entre ele e os acadêmicos: a vivacidade do dado no intelecto como que substitui esse ideal de verdade, faz-lhe a própria crítica, tornando-o "abstruso". Mas há ainda uma distinção significativa com os acadêmicos que reaproxima Hume de Descartes, expressão mesma da característica original da filosofia moderna: se os céticos acadêmicos *chegam* a uma subjetividade plenamente desenvolvida com a doutrina do probabilismo, os modernos *partem* dela, nela veem, desde o início da análise filosófica, seu terreno, por assim dizer, natural. De qualquer modo, parece-nos que, se tivéssemos de inscrever a filosofia da nova Academia, de Arcesilau a Carnéades, no quadro da filosofia moderna, caberia afirmá-la como uma forma de filosofia da subjetividade de corte humiano.[6]

---

6 Não se pretende aqui sequer sugerir que filósofos como Descartes e Hume articulam suas filosofias tendo em seu horizonte essa subjetividade que vemos presente nos acadêmicos. Seria tentador, mas provavelmente apenas uma divagação sem a base textual mínima, sugerir que Descartes, quando elabora suas *Meditações*, o faz objetivando afastar uma forma que lhe pareceria espúria e condenável de desenvolver a ideia de subjetividade; como também o seria, propor que Hume, quando define crença no vocabulário da vivacidade, ou adota essa vivacidade como critério para distinguir ideias e impressões, o faça deliberadamente retomando o probabilismo. É certo que

Finalmente, em segundo lugar: não acabamos retornando ao dogmatismo? Acabamos de comparar a filosofia da nova Academia a duas figuras da subjetividade, a duas filosofias que a terminologia mais recente classificaria, independentemente das diferenças, como duas formas de "mentalismo", duas maneiras de assumir uma tese forte, a da distinção entre o "mental" e o "não-mental". Não é, então, o probabilismo acadêmico a primeira versão do mentalismo? A objeção poderá talvez soar pertinente para o pirrônico, que com razão lembrará que o conceito mesmo de representação deve ser objeto de suspensão, como também deve sê-lo qualquer pronunciamento acerca da relação entre corpo e alma, ou entre corpo e mente. Parece-nos que a resposta à questão não é uma única. Um cético moderno coerente, um pirrônico contemporâneo, provavelmente condenaria qualquer forma de distinção dessa natureza, ainda que operasse apenas com fins pragmáticos. Mas o faria porque, sendo pós-cartesiano, qualquer forma de filosofia da subjetividade a ele se apresenta como parte de um conflito filosófico, conflito cuja história incorporou a inovação cartesiana e seus desdobramentos críticos. O mesmo não se pode dizer do probabilismo acadêmico: tal subjetividade, em virtude do próprio contexto filosófico que permite vislumbrá-la – o realismo otimista e tranquilamente objetivo da doutrina estoica –, só lhe pode aparecer como uma instância *filosoficamente neutra*, de

---

os *Academica* foram fonte utilizada por Descartes e que Hume foi assíduo leitor de Cícero. Mas, além do problema de saber se tinham acesso à obra de Sexto diretamente, e a que textos, suas referências ao ceticismo em geral, ou particularmente aos acadêmicos, não seriam animadoras. Descartes, como se sabe, vê no ceticismo sobretudo as "dúvidas céticas" que é preciso refutar. Quanto a Hume, que chega até a afirmar-se um filósofo "acadêmico", sua filiação, a julgar pelos comentários elogiosos sobre os acadêmicos que abrem a quinta seção da *Enquiry*, quando não louvam neles apenas sua atitude intelectual – falar de dúvida e suspensão de juízo, prevenindo-se contra a precipitação –, são, na verdade, elogios à própria filosofia humiana – manter as investigações nos estreitos limites do entendimento e ligá-las a preocupações da vida prática (# 34).

maneira análoga àquela que permite ao pirrônico assumir seu fenomenismo. Não há, a nosso ver, incompatibilidade entre a posição autenticamente cética dos acadêmicos e sua noção embrionária de subjetividade, porque esta não podia ainda ser vista como uma tese filosófica passível de crítica. O acadêmico não se posiciona perante o estoico como Hume o faz perante Descartes, munido desde o início de um enfoque subjetivo positivo, comum e incontestavelmente legítimo. Ele o *descobre*, como consequencia de uma crítica que vem de suspender o que há de filosófico. Isso, parece-nos, isenta-o de dogmatismo, ao mesmo tempo que nos mostra até onde terá sido possível aos antigos pensar uma ideia cuja plena elaboração, ao que parece, necessitava ainda esperar por um novo universo intelectual.

Não custa lembrar, contudo, que a dimensão "positiva" do ceticismo antigo, tanto o fenomenismo pirrônico como o probabilismo acadêmico, devia, em virtude da permanente tarefa dialética que em primeiro plano sempre se impõe, ocupar lugar secundário nos próprios textos que faziam circular a filosofia cética. Isso também explica que o ceticismo penetre, floresça e exerça influência na filosofia moderna sobretudo como um conjunto de argumentos, de dúvidas, em sua face negativa. Ora, como a modernidade filosófica se empenhará, inicialmente, sobretudo em refutar os argumentos céticos – a ponto mesmo de, com Descartes, para tanto fundar a filosofia do sujeito –, parece-nos que a subjetividade dos acadêmicos estava, ao fim e ao cabo, fadada à obscuridade.

Bibliografia

ANNAS, J. "The Heirs of Socrates", *Phronesis*, Vol. XXXIII/1, 1988.

_____. e Barnes, J. *The Modes of Scepticism*. Cambridge Univ. Press, 1985.

BETT, R. "Aristocles on Timon on Pyrrho: the text, its logic and its credibility", *Oxford Studies in Ancient Philosophy*, vol. XIII, 1994.

BRÉHIER, E. *Chrysippe et l'Ancien Stoïcisme*. Paris, PUF, 1951.

_____. *História da Filosofia*, tomo I, fasc. II. São Paulo: Mestre Jou, 1977.

BROCHARD, V. *Les Sceptiques Grecs*. Paris: Vrin, 1969.

CÍCERO, *De Natura Deorum – Academica*, with an English Translation by H. Rackham; Harvard Univ. Press – William Heinemann, Cambridge – London, 1979.

_____. *Cuestiones Académicas*, textos latino y español; Introducción, traducción y notas de Julio Pimentel Álvarez. Universidad Nacional Autónoma de México, 1980.

_____. *Des Termes Extrêmes des Biens et des Maux (de Finibus)*, texte établi et traduit par J. Martha, 2 vol., "Les Belles Lettres". Paris: 1967

_____. *Les Devoirs (de Officiis)*, texte établi et traduit par Maurice Testard, 2 vol., "Les Belles Lettres". Paris: 1974.

COUISSIN, P. "L'Origine et L'Évolution de L'EPOKHE", *Revue des Études Grecques*, 42, 1929.

_____. "The Stoicism of the New Academy", *The Skeptical Tradition*, Univ. California Press, 1983 (publ. orig.: *Revue d'Histoire de la Philosophie* 3 (1929)).

DAL PRA, M. *Lo Scetticismo Greco*. Milano: F. Bocca, 1950.

DECLEVA CAIZZI, F. "Pirroniani ed Accademici nel III secolo A.C.", *Aspects de la Philosophie Hellénistique*, Foundation Hardt, Genebra, 1985.

DESCARTES, R. *Regras para a direção do espírito*. Lisboa: Edições 70, 1989.

DIÓGENES LAÉRCIO. *Lives of Eminent Philosophers*, vol. I; trad. R. D. Hicks; Harvard Univ. Press, London, 1972

EVERSON, S. "Epicurus on the truth of the senses", *Epistemology – Companion to Ancient Thought: 1*, S. Everson (ed.). Cambridge University Press, 1990.

FÓCIO. *Bibliothèque*, texte établi et traduit par René Henry, tome III, "Les Belles Lettres". Paris, 1962.

FREDE, M. "Stoics and Skeptics on Clear and Distinct Impressions", *Essays in Ancient Philosophy*, Oxford, Clarendon Press, 1987; publ. orig. in *The Sceptical Tradition*, M. Burnyeat (ed.), Univ. California Press, 1983.

_____. "The Skeptic's Beliefs", *Essays in Ancient Philosophy*, Oxford, Clarendon Press, 1987; publ. orig. *Neue Hefte für Philosophie, Aktualität der Antike*, Heft 15/16, 1979, pp. 102-129.

_____. "The Skeptic's Two Kinds of Assent and the Question of the Possibility of Knowledge", *Essays in Ancient Philosophy*, Oxford, Clarendon Press, 1987; publ. orig. *Philosophy of History*, R. Rorty, J. Schneewind, Q. Skinner (eds.), Cambridge Univ. Press, 1984.

GLUCKER, J. *Antiochus and the Late Academy*, Hypomnemata 56, Göttingen, 1978.

GOLDSCHMIDT, V. *Le Système Stoïcien et l'Idée de Temps*. Paris, Vrin, 1985.

GUEROULT, M. *Descartes selon L'Ordre des Raisons*. Paris: Vrin, 1953.

HEGEL, G. W. F. *Lecciones sobre la historia de la filosofía*. México: Fondo de Cultura Económica, 1955.

HUME, D. *An Enquiry Concerning Human Understanding*, L. A. Selby-Bigge (ed.), Oxford at the Clarendon Press, Seg. ed., 1902.

IOPPOLO, A. M. *Opinione e Scienza – Il dibattito tra Stoici e Accademici nel III e nel II secolo a.C.* Napoli: Bibliopolis, 1986.

_____. *Aristone di Chio e lo Stoicismo Antico*. Napoli: Bibliopolis, 1980.

LÉVY, C. "Scepticisme et dogmatisme dans l'Académie: 'L'ésoterisme d'Arcésilas", *Revue des Etudes Latines*, LVI (1978).

LOCKE, J. *Ensaio acerca do Entendimento Humano*. São Paulo: Abril, 1978.

LONG, A. "Socrates in Hellenistic Philosophy", *Classical Quarterly* 38 (1), 1988.

_____. & Sedley, D. *The Hellenistic Philosophers*, 2 vol. Cambridge University Press, 1997.

MACONI, H. *"Nova Non Philosophandi Philosophia* – A review of Anna Maria Ioppolo, *Opinione e Scienza"*, *Oxford Studies in Ancient Philosophy*, n. 6, 1988.

PLATÃO. *Oeuvres* Complètes, *tome I: Introduction – Hippias Mineur – Alcibiade - Apologie de Socrate – Euthyphron – Criton*. Texte établi et traduit par M. Croiset. Paris, "Les Belles Lettres", 1970.

PLUTARCO. *Reply to Colotes in Defence of the Other Philosophers (Adversus Colotem)*, William Heinemann, London.

_____. *Stoic Self-Contradictions*, William Heinemann, London.

PORCHAT PEREIRA, O. "Ceticismo e Argumentação", *Vida Comum e Ceticismo*. São Paulo: Brasiliense, 1993, p. 213-54.

ROBIN, L. *Pyrrhon et le Scepticisme Grec*. Paris: PUF, 1944.

_____. *La Pensée Grecque et les origines de l'esprit scientifique*. Paris,:Albin Michel, 1963.

SEDLEY, D. "The Protagonists", *Doubt and Dogmatism: Studies in Hellenistic Epistemology*, Oxford, 1980.

SEXTO EMPÍRICO. *Works of Sextus Empiricus in four volumes*, ed. R. G. Bury, Harvard University Press – William Heinemann. Cambridge, Massachusetts – London. Vol I: *Outlines of Pyrrhonism* (*Hipotiposes Pirronianas*), 1976; vol. II: *Adversus Mathematicos* VII e VIII, 1983; vol. III: *Adversus Mathematicos* IX – XI, 1968.

SILVA, F. L. *Descartes, a Metafísica da Modernidade*. São Paulo: Moderna, 1998.

STOUGH, C. Greek Skepticism, Univ. of California Press, 1969.

STRIKER, G. "The Ten Tropes of Aenesidemus", *Essays on Hellenistic Epistemology and Ethics*, Cambridge University Press, 1996 (publ. orig. *The Skeptical Tradition*, M. Burnyeat (ed.), Oxford Univ. Press, 1980).

_____."On the difference between the Pyrrhonists and the Academics", *Essays on Hellenistic Epistemology and Ethics*, Cambridge University Press, 1996 (publ. orig. *Phronesis* 26 (1981)).

_____. "Sceptical Strategies", *Doubt and Dogmatism: Studies in Hellenistic Epistemology*, Oxford, 1980.

_____. "Epicurus on the truth of sense impressions", *Essays on Hellenistic Epistemology and Ethics*, Cambridge University Press, 1996 (publ. orig. *Archiv für Geschichte der Philosophie* 59 (1977)).

TAYLOR, C. C. W. "All perceptions are true", *Doubt and Dogmatism*, Oxford University Press, 1980.

WILLIAMS, M. "Descartes and the Metaphysics of Doubt", *Essays on Descartes' Meditations*, University of California Press, 1986.

Esta obra foi impressa em Santa Catarina no verão de 2013 pela Nova Letra Gráfica & Editora. No texto foi utilizada a fonte Adobe Caslon em corpo 10,5 e entrelinha de 15,5 pontos.